中国最美

全国老龄工作委员会办公室 ◎ 编著

老人

Excellent Senior Citizens
IN CHINA

辽宁人民出版社

图书在版编目（CIP）数据

中国最美老人 / 全国老龄工作委员会办公室编著.
—沈阳：辽宁人民出版社，2015.9
　　ISBN 978-7-205-08372-4

　　Ⅰ.①中… Ⅱ.①全… Ⅲ.①新闻报道—作品集—中
国—当代 Ⅳ.①I253

　　中国版本图书馆 CIP 数据核字（2015）第 218196 号

出版发行：辽宁人民出版社
　　　　　地址：沈阳市和平区十一纬路 25 号　邮编：110003
　　　　　http://www.lnpph.com.cn
印　　刷：辽宁彩色图文印刷有限公司
幅面尺寸：165mm×230mm
印　　张：19.5
字　　数：200 千字
出版时间：2015 年 9 月第 1 版
印刷时间：2015 年 9 月第 1 次印刷
责任编辑：马　辉　韩　喆
封面设计：先知传媒-郝　强
版式设计：先知传媒-杨　雪
责任校对：吴艳杰
书　　号：ISBN 978-7-205-08372-4
定　　价：45.00元

让老有所为蔚然成风

李立国

　　党中央、国务院历来十分重视老有所为工作。在上世纪80—90年代就开展了全国"老有所为精英奖"的评比表彰工作。自1999年我国进入老龄社会后，专门下发文件，将支持广大离退休专业技术人员更好地发挥作用放在重要位置。党和国家领导人多次在不同场合以不同形式强调了要重视发挥老年人的作用。2003年以来，全国老龄委在全国范围内组织开展了"银龄行动"，鼓励老专家、老知识分子积极参与西部大开发，支援边疆、支援贫困地区的经济发展。新修订的《中华人民共和国老年人权益保障法》和《中国老龄事业发展"十二五"规划》中也提出了要扩大老年人社会参与，发挥老年人的专长和作用，保障老年人参与经济、政治、文化和社会生活。

　　今年，全国老龄办在全国范围内开展了"老有所为"先进典型人物的宣传活动，对积极应对人口老龄化，弘扬中华民族传统美德，鼓励老年人参与社会，为老有所为营造良好社会氛围，具有重要意义。刚才，听了四位"最美老有所为人物"代表和地方老龄工作者、全国性老年社会组织代表的发言，我很受启发，很受教育。

邬沧萍教授，是新中国人口学和老年学的创始者和奠基人，健康老龄化和积极老龄化的探索者和实践者，今年93岁了，依旧活跃在教学科研的第一线，著书立说，非常了不起。尉凤英老人，先后受到五任国家领导人的接见，被称为"毛主席的好工人"，退休不退岗，活跃在关心下一代战线上。姚梅芳同志，连续五年参加上海援助新疆的"银龄行动"，为新疆当地医院培养出了技术过硬的护理团队。陆良八老，三十年如一日守山种树，诠释了当代愚公精神，他们创造的花木山林场，是一笔巨大的物质财富，更是一笔精神财富。喻朝芬老人，退休后投身社区工作，帮助流动人口和移民子女解决就近入学问题，帮教吸毒人员使他们走上致富路。魏世杰同志，坚守科学信念、热爱科普事业，几十年如一日为全民科普事业默默奉献。李贺同志，始终将困难职工记心头，多年来坚持扶贫济困。杨格桑同志先后创建了四个协会，保护环境，推动登山健身运动和少数民族地区音乐事业的发展。岗祖同志，在反对分裂，维护社会稳定和民族团结方面做出了突出贡献。运起荣老人是天津河西区老年协会和马场街道老年协会的会长，在开展社区公益服务中发挥了重要作用。

我们每一位"最美老有所为人物"，离岗不离心、退休不退志，始终保持昂扬的精神状态和饱满的事业激情，在平凡的岗位上做出了不平凡的贡献，在积极应对人口老龄化，促进社会主义和谐社会建设等方面发挥了积极表率作用，展示出了当代中国老年人的时代风采和良好精神风貌，为全国2亿多老年人和我们所有人树立了学习的榜样，谱写了"老有所为"新篇章。

多年来，我国老年人积极响应党和国家的号召，投身老年志愿服务事业。当前，在全国范围内开展老有所为活动的全国性老年社会组织已发展到14家，其中部分社会组织已经形成了纵向到底、横向到边的省、市、县、乡、村五级网络体系，今天，参加我们会议的老年大学协会、老体协、老科协、老教授协会等老年社会组织，都在组织老年人参与社会、实现老有所为工作中做了大量具体的、卓有成效的工作。活跃在基层的48万个老年协会组织，涉及维护稳定、志愿服务、环境保护、社区共建、宣传教育等各个方面，老年志愿者人数近2000万人。"银龄行动"开展以来，累计参加的老年志愿者达500万人次，受益群众3亿多人次，创造经济价值80多亿元。同时，各地的老年志愿服务活动蓬勃发展，奥运、世博、亚运等大型活动和抗震救灾中都留下了老年志愿者的身影，展现了当代老年人的风采，为社会稳定、经济发展贡献了自己的力量。事实证明，广大老年人年老志不老，依旧可以发挥余热，参与社会，实现自己的人生价值。

当前，我国已经进入人口老龄化快速发展时期，全国老年人口已达到2亿人，60—69岁的低龄老年人有1.12亿人，占老年人口总数的57.7%。今后平均每年增加1000多万老年人，年均增长速度达到3.28%，大大超过总人口的0.66%的增长速度。到 2025 年，老年人将达到 3 亿，2050 年前后将达到全国总人口的三分之一。与此同时，老年人的身体健康，寿命预期越来越长，老年人的文化水平越来越高，城市老年人大专以上学历占城市老年人总数的 10% 以上，并且以较快的幅度增长。老年人参与社会的意愿日益提高，目前，参与社区公益事务和社会志愿服务的老年人达到老年人总数的 20%，全国基层老年协会覆盖了全国 65% 的社区。充分发挥老年群体的主动性和创造性，最大限度地发挥老年群体的潜能，实现老有所为，既是老年人体现自我价值的重要途径，也是我国积极应对人口老龄化的必由之路。

"最美老有所为人物"是老有所为的突出代表，既是老年人学习的标杆，也是值得我们全社会学习的榜样，体现了人的每一个生命阶段对社会责任的担当，在广大老年朋友中乃至全社会都有着很强的示范带动作用。希望更多的老年人向"最美老有所为人物"学习，积极参与到"老有所为"工作中来，用自身的奋斗历程，精神追求，模范行动为全社会做好表率。希望广大老年人把实现"老有所为"的理想与实现中华民族伟大复兴的中国梦结合起来，发扬学无止境的精神，继续加强知识技能的学习和道德情操的修养，通过老一辈人的示范，带动家庭和社会共同努力，实现代际和谐、社会和谐。希望广大老年人把"老有所为"的奉献精神和践行社会主义核心价值观结合起来，树立发扬自尊、自信、自强、自立的精神，要坚信人老心不老，坚信事在人为、乐观向上，坚信可以在晚年继续实现自己的人生价值，继续打造出彩人生，传播正能量，为社会主义精神文明建设贡献宝贵的精神财富。希望广大老年人把"老有所为"的具体行动和国家积极应对人口老龄化结合起来，坚持积极健康的生活理念和方式，加强身心锻炼，以积极的姿态应对老年期的到来，通过参加老年社会组织和老年志愿队伍，开展老年互助服务，为老年人自身营造良好的养老环境。

各全国性老年社会组织有着广泛的群众基础，是老有所为事业中的一支有生力量，是开展老有所为工作的重要依靠力量。希望各老年社会组织要把自身建设和老有所为事业结合起来，把引导广大老年人广泛参与社会作为发展的重要目标，充分发挥自身的组织优势、平台优势，在弘扬尊老敬老助老文化和传统美德、积极开发老年人力资源、组织有利于老年人身心健康的文体活动等方面发挥更大作用。

老有所为是促进人的全面发展的应有之义，是社会文明进步的重要标志，是老年知识分子和老年人劳动得到尊重的具体体现。全社会要营造良好舆论氛围，要大力宣传"最美老有所为人物"的先进事迹，让全社会广泛了解老有所为工作对于国家应对人口老龄化、对于老年人自身发展的重要性和特殊性，在全社会都要形成支持老年人参与社会发展的强大合力，形成人人理解、尊重、关心、帮助老年人参与社会，支持老有所为事业的良好社会风尚，让老有所为蔚然成风。

各级老龄部门要更加重视老有所为工作，要积极协调解决老年人参与社会所遇到的实际困难。要大力加强老年人社会保障，切实维护老年人合法权益，使他们延年益寿、生活得更好。要制定切实可行的政策措施，注重吸引有意愿的老年人发挥余热，鼓励优秀的老年人才参与社会发展。要为老年人实现老有所为优化环境、创造条件、排除障碍、提供支持，为老有所为开辟更大的发展空间。

老年朋友们，老年时期是生命的重要阶段，进入老年时期的人们积淀了丰富的阅历和经验，对于社会发展和个人的生命价值有更深刻的思考和认识。在新的历史条件下，广大的老年人必将大有可为，也必将大有作为。希望广大的老年人老骥伏枥，志存高远，树立自信，通过自身的示范，传播正能量，积极投身到经济发展和社会建设中，通过各种方式实现老有所为，为经济社会发展再立新功。

（民政部部长、全国老龄委副主任、全国老龄办主任李立国在学习"最美老有所为人物"座谈会上的讲话摘要）

目录
MU LU

目 录

目录
MU LU

一　最美老有所为人物

　　这十七位可敬的老人，在应当安享晚年的年龄仍然保持饱满的热情，在自己热爱的岗位上、工作上、生活中、社会中发挥能力与力量。在可以放松下来，享受人生的时候，依旧努力去拼搏，让周边的世界变得更美好。他们从点滴做起，踏实走过脚下的每一步路。正是这种宝贵的无私奉献精神，使他们的形象深为动人；他们老而弥坚、壮心不已的拼搏精神，关爱他人、奉献社会的高尚情操，真正做到了老有所学、老有所为、老有所乐。

邬沧萍 | 这位已经自知夕阳之晚，仍致力于研究人口与老年学三十多年，其间不曾有一刻停歇的老人，用他的后半生为中国老人的福祉孜孜以求，风雨兼程。

邬沧萍：致力"生""老"
之学的传道授业解惑者

颁奖词：研学唯精，一心存报国家志
桑榆未晚，众口争夸矍铄翁

爱国，中学时埋下的一粒种子

邬沧萍 1922 年生于广州，今天已经是年满 93 岁的高龄老人了，用邬沧萍先生自己的话讲，他的一生比较幸运，除了在香港当公务员的两年时间，其他时间都在读书。邬沧萍一生与书结缘，读书、教书、编书、写书，无一不精。本文亦从邬沧萍的读书说起。

今天土生土长的广州人一定听说过广雅中学，这所学校的前身，是清朝两广总督张之洞于 1888 年创办的广雅书院。广雅之名，取"广者大也，雅者正也"的意思，即要培养学识渊博、品行雅正的人才。在办学理念上，张之洞针对科举弊端，提出"五主五不"原则："以贯通古今为主，不取空论性理之学；以践履笃实为主，不取矫伪经济之学；以知今切用为主，不取泛滥词章之学；以翔实尔雅为主，不取浮靡之学；士习以廉谨厚重为主，不取嚣张。"这种理念不仅在当时，即便时至今日，依然是实用而超前的。其间广雅书院几经变动，到了民国元年（1912）时，学校已经更名为广东省立第一中学。1928 年，国学大师梁簌溟出任广东省立一中校长，并在张之洞"五主五不"原则基础上提出了"务本求实"的四字校训。而邬沧萍正是在这样一所历史悠久而目标

聊到开心处，邬老总会露出招牌式慈祥笑容。

高远的学校中，度过了自己的中学时期。

邬沧萍在回忆自己的中学生涯时说："学校里也有很多进步教师……当时还有一些进步刊物，包括邹韬奋主编的《生活》杂志，很多学生都读。这些书在当时属于半禁书，因为蒋介石要先安内再攘外。当时还很倡导传统文化，我们要学《孝经》。所以，当时是各种思想交织的时代，但爱国主义占主导。我记得，我读初一的时候广雅中学曾经全校罢课，要宣传抗日。但是日军后来开始侵犯华南，从大亚湾登陆以后，广雅中学就搬到顺德了，我也跟着去。我们当时在广雅唱的歌都是抗日救亡歌曲，很多人后来就直接参加革命去了。到后来日军深入广东，高一下学期，我随家人迁到了香港。"这段回忆，非常清晰地交代了三件事情，一是邬沧萍在校时的广雅思想开放，兼容并包，既重视传统文化，也允许其他的思想风潮存在；二是随着抗日战争的爆发，爱国主义成了广雅师生的核心价值观；三是由于日军的进攻广东，邬沧萍没有在广雅读完高中，随家人去了香港。应该说这三点对邬沧萍日后的人生均产生了深远的影响，尤其是第二点，直接影响了邬沧萍在美国留学后的选择。当时邬沧萍的妻子在哥伦比亚大学攻读历史系博士学位，儿子也在美国出生，算是美国公民，父母就成为美国公民的监护人。当时中国在美国的留学生超过了 2000 名，真正回国的不到十分之一，但邬沧萍和钱学森、邓稼先们一样响应了 1950 年党中央关于海外爱国知识分子回国参加祖国建设的号召，于 1951 年回到北京。邬沧萍说："我之所以选择回国，是因为中学念书的时候，包括后来在香港，我都受一些进步势力的影响。中学里有很多进步的教师、学生，我受到爱国主义的影响。后来到香港读大学，又在海关工作，我看了一些进步书刊，也一直受到香港进步报纸的影响……"在邬沧萍的成长和读书生涯中，"爱国主义始终是主流"。

　　1941 年，随家人来到香港的邬沧萍考入了岭南大学经济系。岭南大学当时是一所教会大学，抗日战争爆发后，岭南大学没有像一些国立高等院校那样随着国民政府西迁，而是于 1938 年 8 月中旬，在广州沦陷前夕，迁往香港继续发展。1941 年 12 月，香港沦陷，时为校长的李应林率领岭南大学师生辗转逃亡至粤北韶关。在国民政府和美国基金会的协助下，岭南大学最后在曲江大村复校，并将校园命名为岭大村。后来战事日渐蔓延，岭南大学只好由曲江转移往东江梅县。由于没有像很多高校那样一次性地长途跋涉迁往中国西部，岭南大学师生在抗日战争时期多次辗转，过程艰苦异常，住的都是临时校舍，泥巴盖的窝棚。直到 1945 年抗战胜利，岭南大学的师生才得以重新回到广州康乐的校园。值得一提的是，香港著名武侠小说家梁羽生在这一年也考入了岭南大学的化学系，不久转入了经济系。

　　邬沧萍曾说："我在岭南大学经济系毕业的时候，印象最深刻的是就业问题。抗战八年，基本上就没什么经济，还有点通货膨胀。而且大的资本家都是官僚主义，找事做很难。但是因为当时聚集了很多青年，国民政府要网罗人才，就举行考试，所以我毕业以后就报名考了三个试，包括海关、出国留学和公务员考试。我没有后台，父母早亡，只能靠考试。当时海关有八年没招人了，以前这被认为是所有年轻人最好的就业机会，叫'金饭碗'。考试很严格，全用英文，考海关比考清华难得多。我在广州考了第一，之后分配到香港九龙海关就职。"岭南大学虽然几经波折，但因为其是教会大学，教学基本是外语，所以邬沧萍能够以广州第一的成绩被海关录取并不稀奇。虽然有了"金饭碗"，但是留学作为当时所有毕业生最高的梦想，依然使得邬沧萍在海关工作了两年之后选择了出国深造。

1948 年，邬沧萍自费去美国留学，在纽约大学念工商管理。纽约大学的工商管理研究院在当时极负盛名，因为校址就在华尔街，很多教授都是华尔街的高管。邬沧萍只用了两年时间就拿到了纽约大学的工商管理学硕士学位，并修完了博士学位的全部课程。不过当时的欧美留学生中，有一种倾向是求学而不求学位，最有名的一个持此观点的学者就是曾在岭南大学任教的陈寅恪，陈寅恪曾在德、法、美等多国留学，但终其一生连个"学士"学位也不曾获得，用陈寅恪自己的话说："考博士并不难，但两三年内被一具专题束缚住，就没有时间学其他知识了。"正是怀着这样的想法，邬沧萍没有把博士论文写完就回国了。不过在纽约期间，他还取得了哥伦比亚大学统计学的第二学位，正是这个不算起眼的第二学位，不仅成就了邬沧萍留学归国后的第一份工作，更为邬沧萍日后研究人口学奠定了基石。在美国时，邬沧萍偶尔会跟进步的同学讨论关于中国的问题，同时还阅读过很多马列主义的书籍，包括《大众哲学》，有时也参加一些进步活动，比如庆祝中华人民共和国成立。

1951 年，邬沧萍和妻子、孩子迫不及待地踏上了归国的轮船。之所以并没有在新中国成立之初立即返回国内，是因为当时孩子刚刚出生，不能长途旅行。"1951 年，到了孩子一岁、稍微能够旅行的时候，我就和爱人从美国回到了中国。"

人口，是命题，更是生命

　　回国后，邬沧萍由教育部分配到了辅仁大学经济系，当时辅仁大学的校长是中国现代著名历史学家、宗教史学家、教育家陈垣。1951年时，邬沧萍是纽约大学的工商管理学硕士，也就是今天社会上特别受追捧的 MBA，但是当时的中国搞的是计划经济，而不是市场经济，邬沧萍所学的工商管理学在中国并无用武之地。对此，邬沧萍说："我们学的股票、公司会计、金融学、银行学全都不行了，只剩下一些技术上有用的东西，像会计学、统计学这些。那时候中国在政治上是完全的'一边倒'向苏联，连英文都认为没用，都得学俄文。回来后，教育部有位领导跟我们说：'你们在国际书店都是文盲。'现在似乎不能想象。回来以后我们都学了俄文，因为英文底子好，所以我俄文学得很快，能随便看书。我在美国除了学 MBA 以外，还在哥伦比亚大学学了统计，一回来我就教统计。统计是属于技术类，当时认为它阶级性比较弱。"次年的 1952 年，中央人民政府仿照苏联模式，对全国旧有高等学校的院系进行全盘调整，邬沧萍所在辅仁大学和他的母校岭南大学都在这次院系调整中被撤销，辅仁大学经济系与北京大学、清华大学、燕京大学的经济系一起被并入了刚刚成立不久的中央财经学院，邬沧萍也随之去了中央财经学院。但仅仅过了一年，国家决定撤销中央财经学院，部分师资并入中国人民大学。这样，邬沧萍又随北大、清华、燕京和辅仁的老教师赵锡禹、戴世光、王传纶等人到了他曾经"想都不敢想能去"的人大任教。邬沧萍尚未回国之时就曾听说，中国人民大学是中国第一所新型社会主义大学，"它吸收的教师全都是革命、进步的青年和知识分子，都是从北京、天津等地到解放区的学生"。

　　回国初期的邬沧萍虽然有纽约大学工商管理学和哥伦比亚大学统计学的双学位，但是他所学的工商管理学对当时社会完全没有用处；无论是抗日战争，还是解放战争，邬沧萍都没有参加，他不是一个来自解放区的革命者，他只是一个响应了党和国家号召回国的具有欧美留学背景的知识分子。正是由于这种心态，邬沧萍一时还没有完全融入新中国社会主义建设的氛围中，他觉得自己达不到加入中国共产党的条件，所以转而加入了中国民主同盟。早在抗日战争时期，邬沧萍对中国共产党和中国民主同盟都有着好的印象。在香港时，邬沧萍一直阅读民盟的机关报《华商报》，到了美国后，又大量阅读了《大公报》《文汇报》等进步报刊。邬沧萍认同民盟坚持国共合作、坚持进步、反对分裂的一贯原则。为了适应并融入国内热火朝天的社会主义建设，回国后的邬沧萍始终坚持进步。到人大任教以后，邬沧萍将很多时间用来听党课，人大非常重视政治思想教育工作，组织全体人员学习马克思主义。"我每周至少两个晚上，每晚至少两三个小时参加马克思主义基础理论课的学习，雷打不动。每学期，我们还要参加一次口述形式的考试，连续四年八次考试，我都刻苦学习，以全优的成绩毕业。"邬沧萍回忆说："吴玉章校长给我们讲党课，我们所有师生在数九隆冬的时候，都是穿着一件棉袄，每个人带一个小马扎，在文化广场露天听报告，很冷的，一讲就是一两个小时。"

1953年我国着手进行大规模的经济建设，开始执行发展国民经济第一个五年计划，迫切需要翔实的人口资料，中央决定于1953年对全国进行第一次人口普查。作为中国人民大学统计系的教师，邬沧萍有幸参加了这一历史性的人口普查。最后统计的结果出来，举国震惊，全国的人口超过了6亿。结果一出，很多学者都提出了人口过多的批评，其中以邬沧萍的几位人大同事、著名的社会学家陈达、李景汉、吴景超尤为集中，但在当时，苏联学者"人口多、增长快是社会主义优越性的体现"的完全意见压倒了马尔萨斯的"人口论"（苏联因为地广人稀，所以一直鼓励生育），一些持"人口论"的学者也因此受到了批判。关于人口的讨论，一直延续到了1957年的"反右"运动开始，持"人口论"

的学者多被打成"右派"才宣告结束。这件事对邬沧萍的影响很深,在50多年后的2012年6月21日纪念马寅初先生诞辰130周年座谈会上,邬沧萍还回顾了这段历史:"新中国成立后,我响应党的号召,从美国回国参加革命,在中国人民大学从事统计学教学工作,有幸参加1953年的全国第一次人口普查。1954年,我国公布了1953年的普查结果,全国人口数量超过6亿,大大超过我国过去普遍认为的4.75亿人口。6亿人口的数字,立即引起了全国的专家学者和人大常委会的热议。在讨论中,马寅初先生的意见,在理论和实际结合上,说得最为完整。……他论证在中国的国情下,人口过快增长不利于国家的经济发展和人民生活改善,旗帜鲜明地反对当时认为人口增长快是社会主义制度的客观规律,有必然性,也是优越性表现的观点。他提出'控制人口数量,提高人口质量'的正确主张,为我国七十年代全面推行计划生育提供了理论基础。"或许也是因为这件事,邬沧萍开始对中国的人口问题产生了思索。

　　"反右"运动开始后,国家开始加强对教师的思想改造,尤其是像邬沧萍这样的从欧美归来的"资产阶级知识分子"。1957年,北京市委动员一批知识分子下乡跟工农结合,进行思想改造,人大第一批去了六七百人,邬沧萍是其中的积极分子。在北京西山四季青乡南平庄,邬沧萍领取的虽然还是学校的工资,但是生活完全是农民式的,不读书、不做研究,与农民同吃、同住、同劳动,开始慢慢认识了自己之前所处的"不劳动阶级"。在南平庄当了一年农民后,1963年,"四清"运动开始,邬沧萍又到湖南湘潭的易俗河镇改造了一年,条件比南平庄更艰苦。到了1970年10月,北京市革命委员会一纸命令,中国人民大学停办,在走"五七道路"的口号下,所有人大教师均被下放到江西省余江县的刘家站"五七"干校接受改造,"我的夫人和两个孩子也都被下放到了不同地方,整个家就这样四分五裂了。"邬沧萍教授说,"但我一直是一个乐观的人。我就想着,正好换个环境吧,响应'知识分子要与工农兵结合'的号召。当时我还成了插秧能手、劳动模范呢。"三年之后，邬沧萍再次从江西的农村返回北京，回到人大。

　　1972年，从"五七"干校返京的邬沧萍真正转向了人口学。邬沧萍的转向缘起1971年联合国恢复了中国的合法席位。中国加入联合国以后，要履行很多联合国的义务，其中很重要的问题就是人口问题。当时全球人口飞速增长，人口与贫困、污染成为世界三大难题之一（即英文所谓的"3P"：Population，Poverty，Pollution）。联合国非常重视人口问题，仅有的几个委员会里就包括一个人口委员会。因为加入了联合国，我国也开始着手准备参加1974年召开的世界第三次人口会议，国家计委也组织人来研究人口问题。此前经过1952年的院系调整，社会学、人类学和人口学等学科相继被取消，加之"反右"运动中，人口问

邬沧萍在联合国检查团中。

题从学术问题演变为政治问题，甚至成为"禁区"，国家一时找不到研究人口问题的学者，想到此前批判马尔萨斯人口论时，人大的学者最多，计委就找到了人大停办前的工经系主任徐伟立。经徐伟立和李宗正、刘铮商量，从工经系、法律系、经济系等挑选了十几个人组成研究小组，由刘铮任负责人，邬沧萍因为长期教授统计学，且懂外语，就为这个小组做一些翻译工作。当时很多人并不愿意再研究人口问题，人口研究此前是"禁区"，有风险，为此，领导曾征求过邬沧萍的意见，邬沧萍认为，研究人口虽然有风险，却能够实现自己在美国留学时的理想："我想中国这样穷有两个原因：经济不发达是一方面，人口多也是一个原因。我早就认为中国并不是像过去所说的那样'人口众多、地大物博'。中国地大但物并不博。我在美国读书的时候研究过中国的人均国民收入。研究结果表明 1936 年是旧中国最好的一年，但收入还是很低，那年中国的人均国民收入是 36 美元，而美国是 2000 美元多一点，相差近 60 倍。所以当时我就认定人口多是中国提高人均收入的一个大障碍，必须改变。"就这样，顶着政治的风险，背负运动的教训，怀揣报国的志愿，邬沧萍开启了他一生最为辉煌的人口学的研究。

研究小组在 1974 年世界人口会议结束后就散了，但由国务院文教办牵头，联合北京市委、计划生育办公室三家单位在人大院内联合成立一个研究人口的常设机构人口研究所。研究小组中的人，没有几个人愿意留到这个研究人口的新部门，只有邬沧萍和刘铮留了下来。邬沧萍本也可以回去继续教统计，但是他觉得中国当时并不缺少统计方面的人才，留下来研究人口比研究统计对国家的帮助更大。当时人大还没有复校，资金有限，研究所只有半间房子办公。名义上属于北京经济学院，但是人都是人大的。人大复校后，人口研究所就回到了人大。

就是在这样一个起初只有半间屋的人口研究所，邬沧萍和他的同事们却填补着当时中国之于联合国最重要的科研空白之一。因为人口问题被联合国看得很重，所以联合国启动了人口基金项目，拿出专门的资金用于研究全球的人口问题。中国是人口大国，弄不清楚中国有多少人，全世界的人口就没法算出来，所以联合国的人口基金很大一部分用来资助中国的人口普查。而人大的人口研究所作为当时国内唯一的人口研究机构，接受联合国的捐款最多，图书资料也最多。人大创办了中国第一个人口机构——人口研究所，创办了第一个人口学系，创办了第一个人口学学刊——《人口研究》，创办了中国第一个国际人口学培训机构。后来陆续有科研院所加入到人口学的研究，但是人大的人口研究始终处于领先地位。人口研究所先后被定为全国人口学研究中心、全国人口学资料中心、中国人口学教学与培训中心。

1979年2月，刘铮和邬沧萍在《人民日报》共同发表了新中国第一篇人口学理论文章《人口非控制不可》，这篇文章也为之后新时期人口科学的蓬勃发展吹响了号角。同年3月，由邬沧萍起草，他和刘铮、林富德共同署名给国务院写了一份人口研究报告——《对控制我国人口增长的五点建议》，建议中提出：要用经济等各种手段控制中国人口的增长，提倡一对夫妻只生一个孩子，坚决杜绝生三个孩子。这个建议也是新中国第一个送交到国务院的关于人口研究的报告。据邬沧萍回忆："这个建议通过当时计生办一个副主任送到国务院，国务院也作为讨论文件，两次登在《内部参考》里，发给各个省委，然后也在中央经济工作会议上散发了。"

人口研究，对于很多人来说都是一个非常小众甚至不起眼的命题，不过就像联合国几个委员会里就包括一个人口委员会一样，人口问题从来不是小事，不仅战争、饥荒、瘟疫等这些人类历史上的浩劫都与人口问题息息相关，就是吃饭、就业、住房这些普通的社会生活，也离不开人口的话题。正是由于在邬沧萍等人的推动下，中国实行的计划生育，使中国13亿人口的到来时间推迟了4年，世界60亿人口日到来的时间也推迟了4年，中国成为世界上生育率下降最快的国家之一。邬沧萍曾

2011 年在岭南大学北京校友会上，邬老作为学长讲话。

说："我们在谈改革开放 30 年成就的时候，没有谈人口，我认为也是不公正的。因为如果不是控制了人口，少生了三四亿，中国绝没有今天这段发展机遇，光是吃饭、就业、住房问题就难办得多。"

善待老人，一个国家文明的象征

　　随着邬沧萍研究人口的时间愈久，一个对于中国似乎更重要，也更紧迫、更难于解决的重大命题摆在了邬沧萍面前：人口的老龄化。而当上个世纪 80 年代初，邬沧萍开始由人口学转向老年学并在全国最先提出要研究老龄问题时，他自己也已经过了花甲之年。邬沧萍的转向说起来既顺理成章，却又难能可贵。说其顺理成章，是因为随着计划生育政策的实施、全民生育率的下降，老龄化是一种不可阻拦的趋势，作为一名长期从事人口学研究的学者，这种趋势应该是可以预测的；说其可贵，是因为在人大人口研究所中，邬沧萍是第一个明确转向老年学研究的人。在中国已经开始步入老龄化社会的今天，邬沧萍的这种未雨绸缪、居安思危的士子情怀不得不让我们感到由衷的钦佩。

1983 年，邬沧萍开始专门从事老年学和老龄问题研究，是中国最早专门从事这两门科学研究和教学的学者之一。

1984 年，邬沧萍被国务院学位委员会批准为博士生导师，至今已经有硕士、博士研究生 50 余人。同年，邬沧萍在《人民日报》发表了《老龄问题和我们的对策》一文，提出"人口老龄化是必然趋势""从现在起就应该重视老龄问题"等前瞻性的观点。

1986 年，在邬沧萍的倡导下，全国成立了中国老年学学会，邬沧萍出任首任会长。

1987 年，邬沧萍撰写的《老年学的形成、研究对象和学科性质》一文在《中国人民大学学报》上发表。这是新中国成立以来，第一篇全面系统介绍老年学的论文。在长达 6000 多字的文章中，邬沧萍指出，老年学已是一门国内外公认的独立学科，他提出老年学分支学科包括老年医学、老年生物学、老年人口学、老年经济学、老年社会学、老年心理学和老年精神病学等。

1994 年，在邬沧萍等人的努力下，几经筹备的中国人民大学老年学研究所正式成立，这是经教育部批准的中国高校第一个老年学专业研究和教学机构。由此，中国老年学学科建设正式拉开帷幕。

自 20 世纪 80 年代以来，邬沧萍专著、合著、主编、副主编、翻译学术书籍 20 多部（本），公开发表论文、文章 200 多篇。邬沧萍还先后获得国家教委第一届社会科学一等奖、第二届社会科学三等奖，北京市社会科学一等奖 3 项，二、三等奖多项，获历次国家计生委、中国人口学会一、二等奖多项，中国老年学学会特别奖、一等奖多项，1995 年第二届中华人口奖（科学奖），2000 年中国老教授协会十大教授科教兴

邬老和他的年轻学生们。

国奖，2012 年首届吴玉章人文社会科学终身成就奖。

在邬沧萍的带领下，人大老年学研究所先后承担了联合国、全国老龄办、国家社科基金、国家统计局、北京市老龄委等各层面的重要研究课题和委托课题，诸多成果获得国家级或省部级奖励，出版的《社会老年学》《中国人口老龄化过程研究》《人口老龄化过程中的中国老年人》《中国家庭养老研究》《家庭养老制度的传统与变革》等一系列教材和研究成果，已经成为国内开展老年学教学研究的必读书目。

……

早在上个世纪 80 年代初，邬沧萍就曾在中国最早提出我国将会面临"未富先老"的观点，这个观点也成为邬沧萍老年学研究的重要命题之一，这一命题的现实意义和重要性在今天已经获得了越来越多的关注，在接受光明网记者的采访中，邬沧萍再一次强调了"未富先老"这个严峻的话题，全文很长，本文只能略作节选：

　　我认为"未富先老"是中国老龄化的特点。具体来讲，"未富先老"指的是我国在经济不够发达、人民生活不够富裕的条件下，65 岁及以上老年人口比例已达到 7%，提前步入老龄社会的社会现状，即我国的工业化还没完成，人口老龄化就提前到来了。进入 21 世纪，各国都已经认识到，人口的老龄化将是必然趋势。但是一般来说，发达国家的人口老龄化出现在工业化、现代化基本完成以后。人口结构出现老龄化现象时，这些国家的工业化程度、劳动生产率和人均国民收入都已达到相当高的水平。一个国家如果经济实力强大，物质生活水平普遍较高，在步入老龄社会时，就能够动用更多的财力来应对人口老龄问题，这可以形象地概括为"边富边老"。而我国的现实国情非常特殊。我国还是个发展中国家，在新世纪初，人口结构已变成老年型，而人均国民生产总值还不到今天许多发达国家的十分之一。换句话说，我国老龄社会是在经济仍然不够发达，工业化、城市化尚未完成的情况下到来的。究其原因，一方面是由于死亡率的迅速下降；另一方面，也是由于教育的普及、生育观念的转变和计划生育政策的推行，才使得生育率在很短时间内降到较低水平。在生育率和死亡率同时下降，整个社会的生产力和社会经济水平又跟不上的情况下，我国的人口老龄化必然呈现"未富先老"的特点。……中国长期处在积贫积弱的局面，导致身体素质普遍不高，必然加剧人口老龄化，这一点跟其他的国家不一样。而且，很多慢性病都有潜伏期，到老年以后，这些病症就会出现。所以，健康老龄化是应对人口老龄化的自然结果，老龄化带来的一些问题，原因就是老而且不够健康。在这种情况下，提倡健康老龄化和积极老龄化，非常有必要。要照顾的老龄人多了，发展就受到影响，如何处理好发展和养老二者的关系，才是应对老龄化的有效策略。因此，积极应对老龄化，第一要务是发展，发展的倾向是社会主义市场经济，手段就是提高经济效益和质量，说得再通俗一点，就是提高劳动生产率，没有劳动生产率的提高，就没法两面兼顾。在这个意义上讲，老龄产业应该是题中应有之义。……提高劳动生产率是我们应对老龄化的一张王牌。只有提高劳动生产率，产生大量的财富，我们应对老龄化才有保障；只有提高劳动生产率，我们才能给工人发更多的工资，我们的家庭才有更多的储蓄。因此，我们积极应对老龄化的核心就是发展经济。……应对老龄化，一个是提高劳动生产率，一个是提高全体人民的健康水平，最要紧的还是提高劳动生产率。

2005 年，邬沧萍正式退休了，作为中国现代人口学和老年学的开拓者和奠基人之一，邬沧萍被中国人民大学授予首批荣誉教授称号，2009 年又被授予中国人民大学首批荣誉一级教授称号。

邬沧萍虽然名义上退休了，但实际上他的生活并没有因此有多少的改变，真正称得上是退而未休。截至 2015 年，已经年满 93 岁的邬沧萍依然担任着人大老年学博士生导师、清华大学对外交流中心兼职教授、《人口研究》名誉主编、《人口与经济》顾问、《老龄科学研究》学术顾问等职务。此外，一些全国部委和全国性老龄社会组织的学术研究活动，只要条件允许，邬沧萍也会有请必到。从退休到现在，邬沧萍已经先后出版了五本专著:《人口学学科体系研究》《邬沧萍自选集》《从人口学到老年学》《老年学概论》《老龄社会与和谐社会》，获得教育部人文社会科学二等奖，北京市教委、北京高教精品教材奖，国家出版基金项目，新闻出版总署迎接党的十八大重点图书等奖项。

2012 年邬沧萍和杜鹏共同主编的《老龄社会与和谐社会》一书由中国人口出版社出版，全书共 50 万字，是邬沧萍老年学研究的最新研究成果。《老龄社会与和谐社会》集中论述了如何建立和完善我国现行的有关老年人生存和发展的法律、法规、制度和政策体系，包括社会保障、健康维护、家庭养老、养老和为老服务、老年人教育和社会参与等内容；详细阐释政府、企业、社团、社区、家庭和老人自己的社会责任；为当代中国提出了积极应对人口老龄化的发展目标和美好愿景。关于这本书，邬沧萍说："老龄化社会是全世界发展的客观趋势，越发达的国家越易老龄化，老龄化并不可怕。应对老龄化，一方面社会需要提高劳动生产率，提高养老的物质条件；另一方面老年人自身应当做到健康老龄化、积极老龄化。而健康老龄化的本质就是生活独立和自理，将不能自理的时间压缩到最短。通过坚持教学和工作，我也在研究人的潜能到底有多大，人的记忆和思维能力何时才能真正地衰退。"

作为一位已经93岁高龄的老人，邬沧萍的身体却非常健康，这可能与他长期研究老年学有关，在邬沧萍所在的小区，每天早晨7点钟左右，居民们总能看到他在健身锻炼的场景。对此，邬沧萍曾不无自豪地说："我记忆里面从来没有因病住过医院，没有请过病假，没退休的时候每天都是十二点以后睡觉，经常出国坐飞机，一下飞机就参加

邬老90寿辰时，人民大学和中国人口学会共同主办了庆祝他90寿辰从教60周年的学术研讨会。

会议。……我认为养生，就是世界卫生组织提出的饮食平衡、科学健身、心理平衡等等，最要紧的是坚持。……过去我刚搞老年问题研究的时候，100 岁都是按百万分比计算，现在有些国家已经变成万分比，我国个别地区也有万分比的。现在 90 岁是千分比，80 岁是百分比，都比过去大大提高，将来 100 岁都不算回事。"邬沧萍的老伴已经去世多年了，儿女们又都在美国，邬沧萍其实是一个名副其实的"空巢老人"，但 93 岁的他生活完全能够自理。

胡适曾在文章中引用过朋友的一句话，后来常有人将其作为胡适的观点立论，即"你要看一个国家的文明，只消考察三件事：第一，看他们怎样待小孩子；第二，看他们怎样待女人；第三，看他们怎样利用闲暇的时间"。小孩子和女人，对于当时一个刚刚经历了多年战乱的国家和社会而言，自然需要呵护和爱。而今天的中国社会，女人们逛街、美容、旅游、网购，俨然超过了半边天；小孩子更不消说，唯独需要可以作为文明标杆的眼光看待的，应该是老人。

很多介绍邬沧萍老人的文章结尾，都会援引当代诗人臧克家的名句"老牛自知夕阳晚，不待扬鞭自奋蹄"（原诗为老牛亦解韶光贵，不待扬鞭自奋蹄）来总结邬沧萍先生的晚年。的确，这位已经自知夕阳之晚三十多年，并且又致力研究夕阳之晚三十多年，其间不曾有一刻停歇的老人，用他的后半生为中国老人的福祉孜孜以求，风雨兼程，套用几年前一部很热门的电影标题，致我们终将到来的老年。我们每一个人或许都应该向为了我们的晚年而奉献了自己全部晚年的邬沧萍老师致敬。

运起荣 | 他是一个平凡的人，怀着平凡的心态，做事的立足点，也都是为了平凡的人，尤其是老人。

运起荣：一心为老，奉献终身

> 颁奖词：壮志长酬，建言总有铿锵韵
> 激情不减，为老犹发璀璨光

运筹守法，起身普法

　　天津，是中国近现代史上绕不开的一座名城。1860 年，英法联军占领天津，列强先后在天津设立租界。1895 年，袁世凯在小站练军，揭开了清军编练近代化的序幕，徐世昌、冯国璋、王士珍、唐绍仪、曹锟、段祺瑞等人一时齐聚天津，日后形成了影响中国十余年的北洋集团。民国初年，包括黎元洪和溥仪在内的大量下野政客和清朝遗老进入天津租界避难。1928 年，国民革命军占领天津，设立天津特别市。1930 年，天津特别市改为南京国民政府行政院直辖的天津市。也是在这一年的 1 月，运起荣出生在天津宝坻运家庄的一个农民家庭，因为年龄太小，上个世纪 30 年代的天津城对他来说，没有丝毫的印象，唯一能够记起的，就是卢沟桥事变之后，日军对天津城的肆意烧杀抢掠。

　　从 1945 年 8 月起，运起荣先后在天津私营大华染厂当实习生和职员。作家陈杰写过一部名为《大染坊》的长篇小说，颇为巧合的是，里面的主人公陈寿亭主持的染厂也叫大华染厂，而且也曾开到天津。运起荣在工作中也有着一股陈寿亭那样的拼劲儿和钻劲儿。运起荣入党时间是 1949 年 11 月 (当时天津党组织尚未公开)，至今已是有 66 年党龄的老党员了。提起运起荣入党的事，是有一个思想认识升华的过程的。天

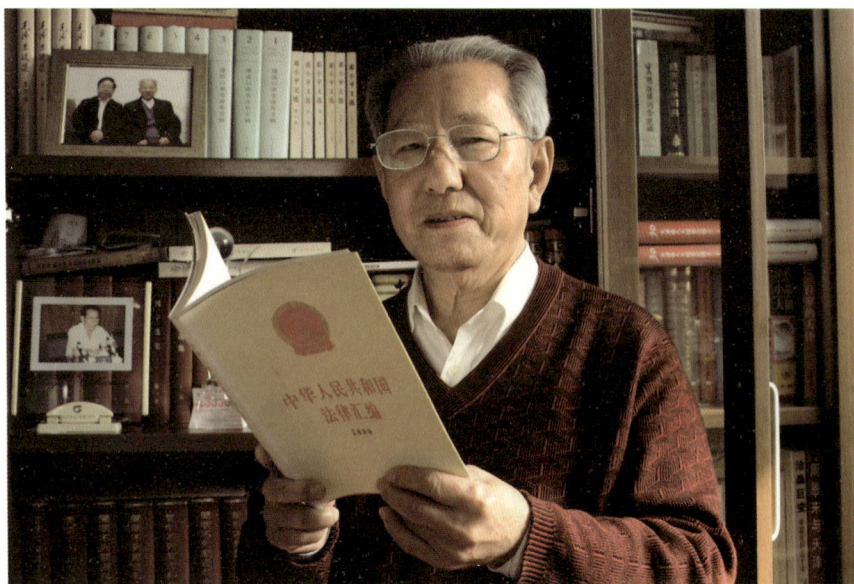

爱读书，尤爱读法律相关书籍，照片为运起荣在家中书架前。

津解放不久，有两位驻厂的老干部见他工作积极，便动员他入党。当时，他对党认识不够清楚，拿不定主意，经找到一位信得过的农村老党支部书记咨询，给予他的是充分肯定。后来又经过那两位老干部的精心培养，使他对党有了明确的认识，便主动地申请入了党，成为大华染厂第一个入党的人。由于当时厂里只有两名党员，区委将附近四个工厂的党员组成联合党支部，指定他为党支部书记。1950 年下半年，本厂的资方以"经营情况不好"为由拖欠工人 3 个月的工资。他以劳方代表身份多次依法据理力争，迫使资方补发了所拖欠的工资，这是运起荣第一次通过法律手段维护工人的合法权益。

1951 年 11 月，运起荣调到了天津市第九区委办公室，从此开启了他的仕途生涯。在第九区委办公室工作时，运起荣参与起草了一批向市委的报告和其他区委文件。1954 年 12 月，运起荣调到了天津市委办公厅，先后任干事、科长、副处长、处长、厅副主任和厅机关党委书记。

在市委办公厅工作时，参与起草了一批向中央的报告和其他市委文件。1987 年 4 月，运起荣调到天津市人大常委会，曾任市人大常委会常委和市人大常委会法制工作委员会主任。在市人大常委会工作时，除了作为市人大常委会组成人员参与对"一府两院"的监督以外，还参与制定了一批地方性法规。

工作之余的运起荣，除了要读一些与本职工作有关的书，历史类和文学类的书也是他阅读的重要组成部分，他常读的有《中国简明通史》《毛泽东评点二十四史》及传统的"四大名著"。此外，儒家经典著作《大学》《中庸》《论语》《孟子》，运起荣青年时便曾读过，现在还经常复读。

运起荣一直把读书学习当作一种追求，他说："读书学习使我增加了知识，也给我带来了乐趣。毛主席谈到学习时说：'坚持数年，必有好处。'我对这话深有体会，深感学习的确好处很多：一是可以增德，因为'玉不琢不成器，人不学不知行'（指德行）；二是可以增才，因为书如药，药医愚，非学无以广才；三是可以增寿，因为学必用脑，而脑是物质，愈运用愈发达，不运用则退化。有人说'学习是健康俱乐部'，言之有理。"

运起荣不仅读得多，写得也多，尤其是在退休后，他成为天津市人大常委会机关刊物《天津人大》的重要作者之一。据不完全统计，从 2002 年以来，运起荣在《天津人大》上已经发表了近 50 篇文章，在 2002 年、2003 年和 2004 年，连续三年几乎每期都有他的文章见刊，近年来，运起荣在《天津人大》发表的文章更倾向于理论学术，如 2013 年 1 期的《坚持人民主体地位》，2013 年 3 期的《从往事谈起——浅议立法与监督》，2014 年 4 期的《坚持依法治理 建设美丽社区》等。这些文章，有的还被收入了《中国改革成果通报》和《改革发展文论》中。

1996 年，运起荣的理论专著《勤廉论札》一书，由天津百花文艺出版社出版。2001 年，他又出版了《联想》一书。

荣在用法，老更维法

退休前，运起荣是天津市人大常委会法制工作委员会主任，正是这个职务，奠定了退休后的运起荣"老更维法"的使命感。

1995 年，已经年满 65 岁的运起荣正式退休。作为一名有律师执业证书的律师，他始终坚持义务为老年人提供法律上的帮助。一方面以讲座的形式给老年人普法，提高老年人的法治意识，充实老年人的法律知识；另一方面，他又有求必应，竭尽全力为当事老人维护合法权益。20 年间，运起荣利用自己的法律专长，先后为干部、群众讲过宪法、民法通则、民事诉讼法、物权法、老年法、婚姻法、继承法、消费者权益保护法和城市居民委员会组织法等法律知识。在此期间，运起荣为居民无偿提供法律咨询和代写民事诉状等超过 700 人次。请运起荣提供法律援助的人中，年龄最大的是一位 95 岁的老人。他因为和自己的儿子发生了房产纠纷，从河北区慕名来到河西区找到了运起荣请求援助。事后，老人问他："您这里收费吗？"他说："我这里从不收费。"老人感动得握紧他的手说："太感谢了，希望您能活到 110 岁！"

运起荣替老人们进行法律维权，不仅坚持分文不取，而且坚持凡事尽量化解矛盾、止息诉讼、协商解决的原则。也因此，运起荣不仅为国家节省了法律资源，也减少了老人们走法律程序而耗费的精力。老人王地有处房子此前出租，租期要到时，想为儿子结婚用，不再外租了。老人和租房者说明了情况，可租房者因为经济拮据，短期内无法拿出再租房的钱。无论王地老人怎么解释，对方就是不腾房。老人为此事上火着急，寝食难安。万般无奈之下，经朋友推荐，老人找到了运起荣。运起荣了解完情况后，经过深思熟虑为王地提出了两种解决的方案：一是通过协商，作一些让步，帮助对方解决一些实际困难。二是走法律程序，

在老年协会任会长期间，运老和大家一起推动成立了天津市河西区老协研究会，并任首位会长。

因为事实清楚，证据确凿，法院一定会判令对方将房子归还，但是这个方案的周期会长，这样婚房一定被耽搁了。王地最终接受了运起荣提出的第一套方案，帮助对方找到了一处房子，并垫付了 3 个月的房费。对方有感于王地的诚意，很快就搬走了。事后，王地带着一幅画找到了运起荣，说："我知道你从不收谢礼，我不能破了你的规矩。这幅《长寿图》是我们三位喜欢书画的老人自己弄的，诗是我写的，纸和笔墨的成本不过几块钱，希望你能收下我们的一点儿心意。"这幅画的下方画着一个寿星老儿，上方则是王地自写的藏头诗："运筹守法，起身普法，荣在用法，老更维法，寿构和谐，星亮万家。"把藏头诗的每句头一个字连起来便是："运起荣老寿星"。运起荣非常喜欢这个礼物，并把它挂在了家中客厅最明显的位置，用以激励和鞭策自己更好地助老维权。

　　1997年，已经退休了的运起荣受天津市老龄委的委托，主持起草了《天津市实施〈中华人民共和国老年人权益保障法〉办法（草稿）》。在起草的过程中，他向天津市人大常委会领导同志提出起草这部实施性法规的指导思想，并建议从天津市的实际出发，通过立法切实解决一些实际问题，真正起到对法律"拾遗补缺"的作用，改变"小法抄大法"的做法。运起荣的这些建议被悉数采纳了。1998年，这个实施办法草稿经数易其稿后，由天津市人民政府提出议案，提交天津市人大常委会审议时，获得了全票通过。正是由于运起荣在这次工作中所表现出的认真负责的工作态度和严谨的工作作风，获得了天津市领导的肯定。时隔几年，运起荣又应天津市民政局的邀请，参与起草了《天津市养老事业促进条例（草稿）》。

　　1998年5月5日，也就是马克思诞辰180周年纪念日，运起荣和其他12位居住在河西区马场街劳卫里社区的离退休老干部一起，成立了老同志理论学习组，运起荣被大家推举为组长。从1998年老同志理论学习组成立之日起，运起荣便担任学习组的主讲，每月授课2次，遇到重大事件还要加课。截至目前，这个学习组已坚持了17年，运起荣授课近500次，政治理论、时事政治、法律法规都囊括在内。2013年5月25日《光明日报》第3版以"银发'同学'求学不辍　社区'老同志理论学习组'坚持学习15载"为题报道了运起荣和他的老同志理论学习组。

　　在长期的维法实践中，运起荣越发认识到：一个人，即便是再忙碌，再用心，精力毕竟是有限的。所以，运起荣退休后的20年间一直积极参与法制活动，不仅撰写20多篇有关法制方面的论文，而且向来实事求是、敢于直言，展现了他作为一名老法律工作者的风骨。2008年，全国人大常委会决定修订老年法，当征求意见稿下发后，运起荣对意见稿第二章中要求子女必须"常回家看看"的条款提出了不同意见。日后，全国人大的一位领导到天津调研时，在座谈会上，运起荣再一次表示了对这一条款的反对。运起荣坚持认为："常回家看看"是道德的范畴，应该通过教育加以引导。同时，法律条款中对回家看望老人缺乏具体标准，多长时间、什么频率，都无法界定，而立法所必需的针对性、可行性、可操作性，后两者都并不符合。将子女"常回家看看"立法的目的是促使子女尽到子女应该承担的责任，也就是尽孝，可"常回家看看"并不是衡量子女孝顺与否的唯一标准。有的子女即使无法经常回家，却也能通过其他方式表达对父母的爱，而反之，有的人即使是在父母身边，但相处得并不和谐。所以，法治和德治虽然相通，但并不等同。座谈会结束后，运起荣的发言得到了很多与会者的认同，运起荣说："他们不说，我说。白说，也说。说多了，不白说。"

寿构和谐，星亮万家

2004 年对于运起荣，对于天津市河西区马场街，乃至对于中国老年人活动的开展都是重要的一年。这一年，正是在国家对老龄事业发展的高度关注和重视背景之下，天津市河西区马场街老年人协会成立了。这一年，已经过了古稀之年的运起荣被推选为马场街老年人协会第一任会长。运起荣常说："活着要干，错了就改，改了再干。干，就得像个干的样子。只有像个干的样子，才能干出个样子。"在马场街老年人协会，运起荣凭着他的这种精神，真的干出了样子。

刚当选首任马场街老年人协会会长后，运起荣起草了《马场街老年人协会章程（试行）》，2006 年换届前，他又根据几年的老协工作实践和老协工作的发展变化情况，起草了《马场街老年人协会章程（修订稿）》，后经街老协会员代表大会审议通过施行。为了使老协为老年人服好务，他提出要把调研作为老协工作的首要一招，努力提高"知老度"，熟知老年人之所想、所需和所急。10 年来，他同老协理事会其他同志一道，认真地帮助老午人学习、维权、健身和开展文娱活动等。

为了增强老年人的身心健康，他每年都要主持举办马场街老年人健康
"万米行"和文娱展示活动。至2014年，马场街老年人协会"健康万米
行"活动已经成功举办了十届，成为马场街名副其实的"亮点"和"品
牌"，活动本着"参与、快乐、绿色、健康"的宗旨，获得了越来越多
的老年人的青睐并积极参与其中。每年的重阳节，运起荣都要带领街坊
和社区老协成员到一些耄耋老人和特困老人家中进行慰问，使被慰问者
和他们的家人很受感动。为了依靠老年人做好老协工作，经运起荣提议
建立了马场街老年人"人才库"，把一批热爱公益事业又具有不同特长
的老年人吸纳入了老年人"人才库"，发挥他们的作用。运起荣还以个
人的亲身体会，在不同的场合，多次发言介绍了老协工作的经验，并且
就老协的特点、作用和如何做好老协工作等在《中老年时报》上发表了
文章，得到了老龄工作者的赞许。

老协研究会成立大会上，运起荣接受记者采访。

2014 年 7 月 16 日，在马场街老年人协会成立十周年纪念会上，作为会长的运起荣不无感慨地回顾了马场街老年人协会的发展历程、主抓方向、取得成绩及缺点不足：

马场街老协于 2004 年 5 月 11 日成立，至今已经十年有余。起初，我们既不知道老协是干什么的，更不知道怎样干老协工作。经过摸着石头过河，边干边学边琢磨，逐渐悟出一些道理，理出一些头绪，积累一些经验。

一、经过十年的实践，我们对老协形成了以下认识：1. 老协的性质。老协系自我管理、自我服务、自我教育、自我监督的老年人组织。2. 老协的方向。老协的方向是"服务老年人，依靠老年人"。3. 老协的位置。街老协在街党工委的领导，街办事处、区老龄办、区老协的指导和各社区党组织及居委会的支持配合下开展工作。4. 老协的主要任务。一是组织和引领老年人进行自我教育；二是组织和引领老年人开展文体活动；三是帮助老年人维护自身合法权益；四是鼓励支持老年人参与社区建设和社会发展。

二、基于上述认识，我们主要抓了以下几个方面的工作：一是助老维权。主要工作有三点：1. 举办法律知识讲座。2. 鼓励支持具有一些法律知识的人，为老年人无偿提供法律咨询和代写民事诉状等服务。3. 依照老年法的有关规定，帮助一些老年人调解在家庭赡养和扶养方面发生的民事纠纷。二是助老有为。主要是依照老年法第七章的有关规定，推动各社区老协同社区党组织和居委会一道，发动组织更多的老年人走出家门，参与社区建设和社会发展，实现老有所为。三是助老学习。四是助老快乐。

三、这十年工作中，我们着力把握了以下几点：一是建章立制。街老协 2004 年 5 月成立时，制订了《马场街老年人协会章程》，2007 年 6 月换届时，对这个章程作了修订。二是处理好三个关系：争取与支持的关系、组织与参与的关系、会同与协同的关系。三是老协理事会成员保持良好的精神状态。

四、综观以往，街老协工作尚有不尽如人意之处。1. 在推动组织更多老年人参与社区建设和社会发展方面差距较大。2. 有的重点工作没有做好，事与愿违。3. 街老协对社区老协布置工作多，具体指导帮助不够。（有删节）

发言结尾，运起荣作了一首《马场老协之歌》作为对马场街老年人协会成立十年的纪念：

> 老协全心为老人，
> 老人老协一家亲。
> 老协搭台老人演，
> 歌声舞姿情意真。
> 万米之行跨健步，
> 昂首挺胸抖精神。
> 学习聊天心敞亮，
> 说长道短论古今。
> 手工艺品书画展，
> 精品悦目走笔新。
> 九九重阳庆佳节，
> 妪翁感同暖如春。
> 老协专为老人立，
> 老人老协不离分。

2011 年和 2013 年，运起荣又先后担任了河西区老协研究会会长和河西区老年人协会会长。为进一步加强老协工作理论研究，促进老协工作不断上水平。2011 年 3 月 15 日，河西区老协研究会成立，运起荣被推选为首任会长。河西区老协研究会吸纳了全区 13 个街和 166 个社区老协会长，开创了天津市老协研究会的先例。

在运起荣的领导下，河西区老年人协会的工作思路、工作重点和工作办法，得到了河西区、天津市乃至全国老龄主管部门的肯定。2013 年，河西区老年人协会被全国老龄办授予了"敬老文明号"称号。

2014 年 5 月 5 日《中老年时报》头版还报道了题为《河西区召开老年人协会会员代表大会　让老人从"社区人"变成"社团人"》的新闻稿。

除了老协的工作，运起荣还有很多社会兼职，中央电视台在为运起荣做专题的时候，就把专题名取为《忙人运起荣》。

从 2005 年起，运起荣成为河西区委形势政策与理论宣讲团成员，其间，写了 30 多篇宣讲提纲，多次在干部、群众中宣讲。

2006 年，运起荣担任河西区马场街劳卫里社区义务制居委会主任，这是他非常喜爱的一个职务，因为他觉得这个工作能够近距离地接触社区建设，更好地为老年人服务。上任伊始，他就提出了"为了居民，依靠居民"的工作思路和创建"文明、和谐、平安、整洁"社区的工作目标。有一年，为解决劳卫里社区 140 多户居民冬季供暖问题，运起荣想尽办法，奔走各方，获得了市里的"特批"，使这里的居民得以温暖过冬。经过实践，运起荣对如何做好城市社区居委会工作提出一套比较系统的见解，并于 2012 年在河西区各社区居委会主任培训大会上作了讲解，得到市、区主管部门和与会人员的赞同。

从 2008 年起，运起荣连续被选为天津市人大常委会机关离退休干部党支部书记。他一直把思想建设放在首位，坚持在拥有 90 多名老党员的群体中弘扬正能量，在思想和行动上与党中央保持高度一致。在大家共同努力下，离退休干部党支部先后荣获天津市创先争优标杆党支部、创先争优先进基层党组织、离退休干部"五好"党支部，并连续 6

年被评为市人大常委会机关先进党支部。

2012 年，运起荣被聘为天津外国语大学欧洲语言文化学院学生党支部校外导师。受聘当天，运起荣就为欧洲语言文化学院全体学生党员做了专题讲座。讲座中，运起荣从理解天津精神入手，与同学们一起分享了精神实质和内涵，并结合自身经历，通过对雷锋精神的诠释，强调作为一名学生党员要有坚定的理想，发扬雷锋同志不怕苦不怕累的奉献精神。运老旁征博引，用具体事例向同学们强调要居安思危，严格要求自己，不满足、不懈怠，保持党员队伍的先进性与纯洁性。

……

运起荣身兼 9 个义务性职务，的确是太忙了。刚退休的时候，老伴儿就感到，怎么退休了比上班还忙？随着运起荣社会职务越来越多，对

运老受邀为天津外国语大学欧洲语言文化学院的师生做讲座，同时被受聘为学院党支部校外导师。

家里事儿管得越来越少，老伴儿时常有些抱怨。每当这时，运起荣总会笑着说："夕阳无限好，难得老来忙！""干部有退休之日，共产党员没有退休之时呀，在外边多干一点，就是对社会做一点贡献，家务事今后我尽量也多干一点。"生于 1930 年的运起荣，今年已经年满 85 岁，但却精神矍铄，四肢康健。提到他的养生秘诀，运起荣有自己的"养老三字经"，即多学、多做、多练。多学就是读书学习，读书历来被运起荣视为生活的第一需要；多做就是工作着是美丽的，所谓但行好事，莫问前程；多练就是坚持每天清早到公园快步走，至少一万步。

在接受《夕阳红》节目采访时，运起荣说："我的宗旨就是，活着勤学，多做奉献，呼吸停止，无悔无憾。我就是这么干，这就是我的宗旨，我的人生观，我的价值观。"

虽然运起荣退休前曾任天津市人大常委会常委、法制工作委员会主任，退休后又身兼数职，除获得了中央宣传部、全国老龄办颁发的"最美老有所为人物"的荣誉外，还获得了有关方面授予的"全国优秀志愿者""天津市离退休干部先进个人""天津市十佳护老标兵""天津市先进老龄工作者""天津市优秀宣讲员""天津市十佳孝德楷模""天津市河西区十大法治人物"等称号，但运起荣仍让人感到他是一个平凡的人。正是因为他是一个平凡的人，怀着平凡的心态，做事的立足点也都是为了平凡的人，尤其是老人。老人，在我们看来，世界最平凡，也最伟大的词语莫过于此。套用奥斯特洛夫斯基的话，他晚年的整个的生命和全部精力，都献给了当代世界上最壮丽的事业——为人晚年的福祉而努力。

尉凤英

任何一种关于劳模的解读中，如果不提工人，这种解读就是苍白而没有色彩的。一本中国的劳模传里如果没有尉凤英，就是一本不完整的劳模传。

尉凤英：东北劳模的印记与传承

> 颁奖词：历雨经风，不褪工人好本色
> 传薪带火，犹称时代老英模

劳模，一个神圣而光荣的称号

劳动模范，简称劳模，是我国授予在生产建设中成绩卓著或有重大贡献的先进人物的一种光荣称号。这段话是《现代汉语词典》中对劳模的解释，社会上对它还有另一个层面的解读，即劳模是工人阶级的优秀代表，是民族的精英、国家的栋梁、社会的中坚、人民的楷模。相比而言，后一种表述更让人亲近，因为在任何一种关于劳模的解读中，如果不提工人，这种解读就是苍白而没有色彩的。这就像在一本中国工业的典籍中，没有收录沈阳的铁西区一样。没有尉凤英的劳模传，就是一本不完整的劳模传。

尉凤英 1933 年生于雷锋的第二故乡辽宁省抚顺市。尉凤英的父亲在她 3 岁的时候就去世了，母亲只能依靠打零工、挖野菜甚至捡破烂艰难地把包括尉凤英在内的三个孩子拉扯成人。带着这样的童年经历，尉凤英在 1953 年技校毕业后考入沈阳东北机器制造厂当工人后，她深深地感到这份工作来之不易，更懂得吃一顿饱饭并不那么稀松平常。尉凤英曾说："解放了，能吃饱了，有工作了，我总觉得身上有股使不完的劲，当时没别的想法，就是要报恩！"报恩意味着义无反顾和不求回

青年尉凤英已是厂里的业务骨干。

报。1953 年 1 月 27 日，尉凤英到厂报到了。上班的第一天，尉凤英对师傅说："您分配我干啥都行，我有力气，不怕脏，不怕累！"

当时的沈阳东北机器制造厂是一家大型的军工企业，由于厂子以生产军工产品为主的特殊性质，所以知道的人并不多。今天已经更名为辽沈工业集团有限公司的沈阳东北机器制造厂始建于 1937 年，在该厂漫长的历史长河中，曾经生产出了我国第一台两千四百马力氮氢气压缩机这一重要的民用产品，揭开了我国机械加工史上新的一页，轰动了全国。1958 年 8 月 20 日，《人民日报》头版头条刊登了题为"小蚂蚁能啃大骨头、小机床能造大机器"的消息，并配发了社论《谁说蚂蚁不能啃骨头？》，高度赞扬了东北机器制造厂这一创举。所谓时势造英雄，1953 年正值抗美援朝战争时期，作为一家大型的军工企业，沈阳东北机器制造厂担负了重要的支持前线生产任务，心怀报恩念头的尉凤英很快融入到了全厂热火朝天的工作氛围之中。尉凤英每天早来晚走，加班加点，入厂不到 3 个月，就可以独立操作机床了。即便如此，有时候因为工作量大，仍无法按时完工。这种状况促使了尉凤英在工作之余把更多的精力放在了钻研技术上。一次，尉凤英受到农村用簸箕簸黄豆和建筑工人用筛子筛沙子原理的启发，做出了半自动搬把和自动分料器模型。仅此一项技术，就使尉凤英的工作效率提高了80%，提前118天完成了全年的生产任务。

作为一个女人，结婚和生子是生命中最重要的两件大事，然而这两件事对于工作至上的尉凤英来说，都非常简单。1958年1月1日，尉凤英与本厂的技术员老卢结婚了。关于结婚她曾回忆说："组织上给办的结婚，就去照了个结婚照，1958年结的婚，当时为了迎接第二个五年计划，我们都一心忙工作，结婚就是草草了事的。"而对于生子，尉凤英则说："当时有那种说法，女同志生孩子容易影响工作，我当时做团内工作，就不想让他们这么说，为了不让别人发现，我就穿宽松的衣服，而且我也一直都没有检查过。结果一生孩子，大家都惊了。"按当时厂里的规定，哺乳期的女职工每天可以给孩子喂两次奶。而尉凤英却一次都不喂，因为在她看来，如果给孩子喂奶，一天她就会少工作两个小时，一年下来就是两个月，这不是她的行为方式。于是尉凤英只好与婆婆商量，给孩子喂牛奶。的确，尉凤英不是一个合格的妻子，不是一个合格的母亲，但她是一个合格的职工、合格的共产党员。

自从尉凤英研制成功了半自动搬把和自动分料器模型，她受此鼓舞，开始热衷于生产技术的革新。

为了研制自动送料机，因为驱动转动部分像机车轮拐转动，尉凤英特意跑到铁道附近蹲着观察，结果被机车喷出的雾气弄得一脸雾水，不过自动送料的效率变成了原来手工送料的5倍；尉凤英独创的纱锭轴承垫圈工艺，由车制改为冷冲压加工，提高功效14倍。尉凤英几乎无时无刻不把心思放在研发工作上，她梳头时，看到多齿的木梳就联想到车床的单刀切削，于是研制出四刀切削……"六角车床""半自动开关""自动送料退料杆"等相继被尉凤英研制成功，从1953年到1965年，尉凤英个人共完成技术革新177项，其中重大技术革新58项；尉凤英和她创建的"红专大队"全体成员先后完成技术革新项目700多项，创造直接经济价值185.5万元。这些对于一个仅仅是技校毕业的女工来说，简直可以称为奇迹。在这种勤奋而高效的工作状态下，尉凤英只用了434天的时间就完成了第一个五年计划的工作量，进而又用了120天的时间，完成了第二个五年计划的工作量。1964年，尉凤英被命名为"工人工程师"。

人们常说，失败是成功之母，有过多少次的成功，就一定会有更多次的失败，这些话在尉凤英的身上体现得更加明显。尉凤英日后在接受采访的时候，当被问起最难的事情是什么时，她说："经常试验失败，当时也年轻，有时候还会哭。毕竟新东西很少能一次成功的。"一次，为了抢进度，尉凤英加大了进刀量，随着"咔嚓"一声响，刀折了，活儿坏了，眼泪也瞬间从尉凤英的眼中涌了出来。

是金子总要发光，尉凤英就是散落在沈阳东北机器制造厂里的一颗金子，伴随着一项项革新技术的诞生，尉凤英成了厂里众人瞩目的焦点。1953年，尉凤英被评为沈阳市劳动模范，1954年，尉凤英加入了中国共产党，从机器制造厂，到沈阳市，再到辽宁省，乃至全国，劳模这个光荣的称号开始与尉凤英一生相随。

宏大岁月的生命浮沉

属于尉凤英个人专有的时代划分，应该从1956年四五月间尉凤英获得了全国先进生产者称号，即日后的全国劳模为开端，直至1976年"文革"结束，时间整整20年。

在当代关于尉凤英的所有文章中，尉凤英曾受到过毛泽东主席的13次接见是一定要提及的，这在当时是一种至高的荣耀，在今天听起来更像一段传奇。

1955年9月，尉凤英作为军工厂的代表参加了社会主义青年建设积极分子代表大会，当时参加会议的还有哈尔滨铁路管理局昂昂溪机务

段机车司机孙士贵、上海第十七棉纺织厂细纱车间挡车工人黄宝妹、江
苏省东辛农场拖拉机手宋春奎、中国人民解放军防空军战士王文进等全
国各条战线上的优秀代表。1955 年 9 月 28 日，是尉凤英一生中最难忘
的日子，因为就在这一天，尉凤英生命中第一次见到毛主席。时间是下
午 3 时，心情是激动得无以言表。此前的 5 月 27 日，大会通知，毛主
席要接见与会代表，闻讯尉凤英和很多人一样都激动得跳了起来。为了
将自己最好的精神面貌呈现给毛主席，尉凤英用牙缸装上了热水作为简
易的熨斗，把裤子熨了好几遍。夜里躺在床上也无法入眠，一心只盼早
一点见到毛主席。通知规定接见时间是下午 3 点，2 点出发，可大家早
已迫不及待，吃完午饭，还不到下午 1 点，代表们就都上车了。被接见
的代表们按姓氏笔画排列，等候主席接见。"尉"字笔画较多，尉凤英
自然要排得靠后。当毛主席走进会场的刹那，尉凤英发自内心地感受到
了毛主席所带给她的荣誉，也体会到了她此前努力的价值。经过了漫长
的等待之后，毛主席终于走到了尉凤英面前……当毛主席与尉凤英握手

尉凤英对徒弟们关怀备至，照片中她正在家中为徒弟题字。

之后，早已经热泪盈眶的尉凤英告诉自己，回去一定要更加努力工作，争取再次见到毛主席！

短短几年间，尉凤英完成了从一个吃不饱饭的穷孩子到受到党和国家最高领导人接见的巨大转变，这种变化，或者说是这种力量，是中国共产党，是新社会，是毛主席赋予尉凤英的，尉凤英唯有心怀感激，心怀报恩。尉凤英靠自己的头脑和双手，在那个宏大的岁月中让自己成就了一段宏大人生。很快，1956年4月30日至5月10日，全国先进生产者代表会议在北京举行，尉凤英作为全国先进生产者再一次受到了毛主席的接见。1959年10月25日至11月8日，全国工业、交通运输、基本建设、财贸方面社会主义建设先进集体和先进生产者代表大会，即全国群英会在北京举行，尉凤英第二次当选全国先进工作生产者。先后受到毛主席接见13次，尉凤英说，每次受到毛主席的接见，都给她增添了无穷的力量，都是一次巨大的鼓舞和鞭策。毛主席对她的教导使她刻骨铭心。在以后的几十年的岁月里，无论是在什么情况下，她始终告诫自己，要为毛主席争光，为中国工人阶级争光。

1964年，尉凤英出席第三届全国人民代表大会第一次会议，大会休息时，周恩来总理把东北的三位劳模介绍给毛泽东主席，说："这是咱们工人阶级的代表。"毛主席非常高兴，微笑着把他温暖的大手伸向个头高高、穿着中式蓝棉袄的尉凤英，仔细地问她的年龄、工作和生活。第二天，毛主席和尉凤英亲切握手的照片作为头版头条登载在《人民日报》上。1965年5月9日，《人民日报》发表社论《向毛主席的好工人尉凤英学习》，尉凤英成为与毛主席的好战士雷锋、毛主席的好干部焦裕禄齐名的全国先进人物。

1968年5月，尉凤英以沈阳东北机器制造厂工人工程师的身份出任辽宁省革命委员会副主任。时值"文革"，尉凤英也像一艘顺流而行的航船，不可避免地驶入了政治的旋涡之中，难得的是工人出身的尉凤英在"文革"中保持着清醒的头脑，在工作和生活上依然是工人本色。

日后，当尉凤英回忆往事的时候，她说："咱们在两点上没有辜负党。一是政治上，除了党的文件或《人民日报》上的话咱照着讲了，咱没整过任何人，也没帮任何人去整人。咱也没为自己办过任何事，包括子女的事。二是经济上，咱没伸手要过，也没有得过任何个人的好处。"这两点，对于一个儿时父亲早逝家中吃不饱饭，一个工作中只求上进报恩以厂为家，一个将全部奖金都捐给生产并拒绝了福利分房的尉凤英来说，并不稀奇。

1969年国庆节，尉凤英作为全国工人阶级的代表，登上了天安门城楼，并发表了讲话。而后，周总理把尉凤英和刘胡兰的母亲、董存瑞的父亲等革命烈士家属，请到中南海小住几天。他们刚刚住下的第一天傍晚，周总理和邓大姐就来住地看望大家，据尉凤英回忆，周总理走到大家床铺边，弯下腰，伸出他那只不能再伸直的手臂，摸摸床铺的薄厚，又把手伸进铺好的被子，试试冷暖，才转过慈祥的面孔说："秋天，北京的气候挺凉的，被褥一定要厚一些才行。"尉凤英先后两次给总理写信，汇报她对国家的忧虑，汇报自己的工作和学习情况。每次，周总理都委托邓大姐给她回信，并鼓励她给毛主席写信，鼓励她实事求是，活到老，学到老，千万不要忘了自己是工人出身。

1977年初春，已经担任了全国妇联筹备组副组长的尉凤英向党中央写报告，要求到基层工作。此时的她随着"文革"的结束，变得更加清醒，在中国宏大岁月的近20年浮沉，已经过了不惑之年的尉凤英一定是体味到了40多岁的她所希望的人生和属于自己的生

尉凤英展示自己的书法，笑逐颜开。

活。经中央批准，尉凤英回到了家乡辽宁，担任辽宁省工会副主席。一年之后的 1978 年，恰逢党的十一届三中全会在北京召开，曾任中共东北局第一书记的宋任穷同志代表中共中央书记处找尉凤英谈话，表达了对尉凤英的信任。1980 年，尉凤英改任航天部沈阳 139 厂副厂长、厂工会主席。重新回到故乡的尉凤英以其一如既往的工作作风，又先后被沈阳市总工会和国防工业工会评选为"模范职工之友"和"为推进改革搞活企业做出突出贡献的优秀领导干部"。

能挑千斤担，不挑九百九

1993 年，年满 60 岁的尉凤英平静地选择了退休。不过对于尉凤英而言，她人生的希望、热情和信仰，丝毫没有因为退休而停止，她晚年的生活依然只有一个目的：发挥自己的余热，为党，为国家，为社会，为人民继续服务。

退休后的尉凤英一边积极参加社会公益活动，被聘为沈阳市关心下一代工作委员会成员、沈阳市皇姑区"五老"（老干部、老战士、老专家、老教师、老模范）报告团的副团长，为机关、企业、部队、学校作报告；一边主动与有关部门研究科技项目，为社会经济发展做出自己的贡献。

从 1989 年至今，尉凤英已经累计作了 1000 余场报告，现场听众超过 30 万人次。尉凤英的演讲中，最能够体现她毕生精神的讲稿叫作《继承艰苦奋斗的光荣传统，是我一生不懈的追求》，这也是她演讲最多的讲稿。为了演讲，尉凤英也在不断地学习新的精神、新的知识，并将这些学习所得融入自己的演讲之中，使听众不仅感受到老一代劳模艰苦奋斗、无私奉献的光荣传统，更能够懂得要用自己辛勤的双手劳动努力，为改革开放、振兴东北老工业基地做出应有贡献，共圆中华民族伟大复兴的中国梦。"那时的人，心中从不计较'我'字！"每到一处演讲，尉凤英总爱把这句话反复强调。尉凤英还被 50 多所大中小学聘为校外辅导员、德育教师和名誉校长。她经常去沈阳的二十中学、四十七中学等校参加"英雄中队"建设活动，受到广大师生的热情拥护。

2013 年 4 月 28 日，对于尉凤英来说，又是一个让她热血沸腾的日子。在这一年五一国际劳动节即将到来之际，中共中央总书记、国家主席、中央军委主席习近平专程来到全国总工会机关，看望全国各条战线、各个时期、各行各业的劳动模范代表，与全国劳模同庆五一节，共话中国梦。来参加座谈会的包括全国 31 个省（区、市）的 26 位全国劳模、39 位全国五一劳动奖章获得者。此时已经是中国航天科工沈阳航天新星机电公司退休劳模的尉凤英又一次应邀参加了座谈会。座谈会结束后，习近平总书记来到劳模中间，同大家一一握手，亲切交谈。与尉凤英握手时，总书记亲切地嘱咐她要多保重身体，尉凤英则激动地回答

尉老喜欢把有纪念意义的照片装裱好挂在墙上，这是她在家中的照片墙前。

被评为"最美老有所为人物"后，尉凤英在央视网发布厅接受主持人敬一丹访问。

总书记："总书记提出的实现中国梦，也是我们老劳模的心愿，在党中央的领导下，中国梦一定会实现。"

2011年春节前夕，时任辽宁省委书记、省人大常委会主任王珉同志在到尉凤英家走访慰问后，深情地说："我省的劳动模范和先进人物是中国特色社会主义建设者的优秀代表，集中反映了辽宁人民的优秀品格，全面展示了我省工人阶级和劳动群众的时代风采。要高度重视和发挥劳模的示范作用，大力营造劳动光荣、知识崇高、人才宝贵、创造伟大的良好社会风尚，把伟大的劳模精神化作推动辽宁全面振兴的强大动力。"这些嘱咐和赞颂是党和国家对尉凤英一生奋斗的肯定。

退休后的尉凤英，除了与有关部门研究科技项目、参加社会公益活动外，想得最多也是做得最多的一件事儿是如何带好徒弟，传承劳模精神。让尉凤英备感欣慰的是，经过她的辛勤培养，她的徒弟中已经有夏云龙、陈海新、夏志国等三人获得过全国劳动模范的荣誉称号，这堪称发生在尉凤英身上的进入新世纪后的传奇。

　　仅仅是在沈阳市沈河区房产局"110"房屋报修中心，尉凤英就有38个徒弟，其中"110"房屋报修中心主任夏云龙2007年2月正式向尉凤英拜师。8年多来，夏云龙早已经记不清尉凤英来过"110"中心多少次了，他只记得，只要尉凤英来了，所有在岗的徒弟都会争先恐后地向师傅汇报工作，尉凤英所带给徒弟们的不仅是她毕生工作中的宝贵经验，也有她对徒弟们人生信念的传递，更有生活上母亲般的照顾。在尉凤英精神的指引下，沈河区房产局"110"报修中心的38个队员以他们过硬的业务水平、高度的责任感，长期坚持有求必应，全心全意为百姓排忧解难，房子漏雨、下水道堵塞、上水管断裂……只要有电话打来了，中心工作人员30分钟之内必到现场。对于军烈属、特困户等弱势群体，不仅减免维修费用，队员们还会提供生活上的援助，因为他们是尉凤英的徒弟，遇到这种情况，他们会想，如果是师傅，她会不会这样做，如果她会这样做，那我们就一定要这样做。几年间，"110"中心已经有多人加入了中国共产党，并被选为劳动模范。2010年，夏云龙被评为全国劳动模范，在谈到尉凤英对他的影响时，他说："师徒之间传递一种好的思想，不一定非得从技艺上来传承，她也要将一种好思想、好作风传承给下一代。"

　　2014年11月30日，沈阳城的第一场雪下过之后，尉凤英放心不下，给徒弟陈新海打了一个电话，叮嘱他："雪后路滑，开车可要小心啊！"对于这件小事，陈新海始终记忆犹新，他说："师傅的关怀无微不至，我总能感到一股暖流在心中流淌。"正是在尉凤英无微不至的关怀和教诲下，陈新海从有着"劳模摇篮"的沈阳机床集团数以万计的职工中脱颖而出，被评选为全国劳动模范。自1982年，陈新海从技校毕业投入到机床生产以来，始终坚持在一线岗位，兢兢业业，勤勤恳恳，像他的师傅尉凤英一样，在平凡的岗位上做出了超凡的业绩，成为一名受到海内外尊敬的修理国外尖端设备的"中国医生"。近10年来，因陈新海的劳动而节省下来的维修成本达到2000多万元，间接为企业创造价值近亿元。

沈阳机床集团董事长、中国经济年度人物获得者关锡友曾自豪地说："有了陈新海，我们进口设备就有保障，他是企业的宝贝疙瘩！"

朝阳的夏志国也是尉凤英的徒弟，他被称为朝阳市里起得最早的人之一，他所从事的工作是城市道路清扫保洁和管理，每周至少有三天，夏志国和他的同事都需要在凌晨1点多钟起床，来为这座城市美容。自从2011年夏志国正式拜尉凤英为师，二人就开始了清扫路面垃圾自吸车的研制工作。朝阳市是辽宁省内经济相对落后的城市之一，从沈阳到朝阳的交通并不便利，每次去朝阳，尉凤英都要坐上5个多小时的火车，4年间，经过反复的尝试，无数次的失败和改进，夏志国和他的团队克服了经费少、任务重等因素，终于研制出了新一代自吸车，并获得了国家专利。夏志国说："永不满足，坚持创新。这就是师傅的特点，她常说，你按部就班地做一些东西，一天一天一年一年，工作就相当于倒退。"

在徒弟眼中，尉凤英不仅是他们的师傅，更是他们的亲人、母亲，尉凤英也在她的徒弟们身上，看到了自己当年的影子。每当有徒弟取得了新的进步和成绩，尉凤英总是无比的欣慰和自豪。"能挑千斤担，不挑九百九，"尉凤英说，"对党和人民的事业，我有多大劲使多大劲，能干多长时间干多长时间，小车不倒只管推。"一生只求奉献、勇于创新、辛勤工作、淡泊名利的尉凤英实际上从来没有因为退休而停下自己前进的脚步，哪怕是歇一歇。

尉凤英的人生曾经荣耀至极，到了晚年，半生的光环逐渐褪去的时候，当那些曾经在她身上有过深刻印记的前辈、伟人、师长们逐渐逝去并化为历史的时候，尉凤英的劳模本色依然那么清晰。尉凤英更像是一颗具有顽强生命力的花种，只要社会给予她土壤，无论是解放初期共和国贫瘠的土地，还是新时期东北白山黑水间的沃土，她都能开出鲜艳而朴实的花朵。

《幽窗小记》中说："宠辱不惊，看庭前花开花落；去留无意，望天空云卷云舒。"承载这句古话，尉凤英再合适不过。

李 贺

他没有豪言壮语，没有惊天动地，只有默默奉献，几十年默默地以他的方式为这个国家和人民谋得了和谐与幸福，他为习近平总书记"空谈误国，实干兴邦"的讲话作了最好的诠释。

李贺：不忘初心，方得始终

颁奖词：解难排忧，本是中华追梦者
　　　　扶贫助弱，诚为大爱代言人

　　"男儿何不带吴钩，收取关山五十州。请君暂上凌烟阁，若个书生万户侯？"这首《南园十三首·其五》是唐朝大诗人李贺的名作，相信很多人都曾读到过。诗人在作品中极力抒发了战乱时局男儿的报国之志，千百年来伴随着饱经沧桑的祖国成为一代又一代中华儿女传唱的名篇。1000 多年后的今天，在中国东北的吉林市，也诞生了一位李贺，他虽无缘为国横刀立马、驰骋疆场，却几十年默默地以他的方式为这个国家和人民谋得了和谐与幸福，为习近平总书记"空谈误国，实干兴邦"的讲话作了最好的诠释。

悲悯，工会主席的必修课

　　1963 年 8 月，刚刚年满 20 周岁的李贺进入了吉林石化集团北方化工总公司（简称吉化北方公司），吉化北方公司的前身是吉化公司厂办的集体企业，李贺入厂的时候厂子刚刚成立不久。20 世纪 60 年代，北方大规模的工厂有很多，比如李贺所在的吉化北方公司，仅工人就数万人。如此庞大的员工数量，工会工作尤为重要。中国共产党历来重视工会工作，而李贺能够从上班的第一天起就从事工会工作，应该说厂里对他抱有很高的期望，同时，为全厂职工谋福祉的重担也落在了他的肩上，一背就是 40 年。

从进入厂工会工作的第一天起，李贺就将代表和维护职工群众的合法权益的工会基本职责牢记于心。工会工作的职能主要有四点：维护、建设、参与、教育。即维护职工的劳动经济利益和民主权利，吸引和组织职工参加经济建设和改革，代表和组织职工参与国家和社会事务管理，帮助职工提高思想道德素质和科学文化素质的职能。几十年间，李贺始终牢记着工会工作宗旨，心系全厂职工群众，将大部分的精力放在为职工群众，特别是为困难职工排忧解难办实事上。

吉化北方公司是 20 世纪初以吉化的职工配偶、子女为主体组建的集体企业，但随着国家由计划经济转向市场经济，进入 20 世纪 90 年代后，北方公司遇到了前所未有的困难，而就是在这个特殊时期间的 1992 年，带着领导的信任和重托，李贺成为北方公司的工会主席。当时的北方公司，仅困难户就有 3215 户，李贺工作的艰巨程度可想而知：有的家庭交不起学费，孩子念不起书，有的家庭甚至连饭钱都凑不足。而这些还不是最糟糕的，下岗职工朱玉梅的孩子得了重病，竟然因为交不起钱而死在了母亲背上。

每当有职工找到工会，李贺都会详细了解每户家庭的困难情况，为此他特意建立了特困职工备忘录，治病、低保金、上学、养老、就业、住房等诸多问题都一一记录在案。虽然工会并不能解决很多问题，但是李贺通过耐心的开导、时常的关怀，还是让每一名找到工会的困难职工都感到了温暖。他们信任李贺，有时候走在马路上见到了李贺，也会跟他说上几句，李贺尽可能地想方设法为大家排忧解难，有时候他还自掏腰包，以解对方的燃眉之急。

特困职工李春梅因为患有肺结核病，反复住院 12 次，光是病危通知单医院就下发了 20 次。就在李春梅手术当天，李贺四处筹措了 2.8 万现金和一些营养品来到医院。因为都姓李，医院的大夫对李春梅说："你爸对你真好。"早已经眼含热泪的李春梅解释说："他不是我爸，是我们工会主席，但我多么想喊他一声爸爸。"就这样，厂工会和李贺照顾了李春梅6年之久，后来一位与李春梅病情相似的通化民政局退休干部试成了一种草药，李春梅服后病情也同样得到了控制。为这件事李春梅万分感慨地说："没有李主席，我早就不在人世了！"

松江化工厂是吉化北方公司的下属企业，厂子因为经营不善已经许久开不出支，而偏偏该厂职工朱云辉又遭遇车祸，失去了双腿和左臂，生活完全无法自理。朱云辉的妻子无法承受突如其来的打击，抛弃了朱云辉和未成年的女

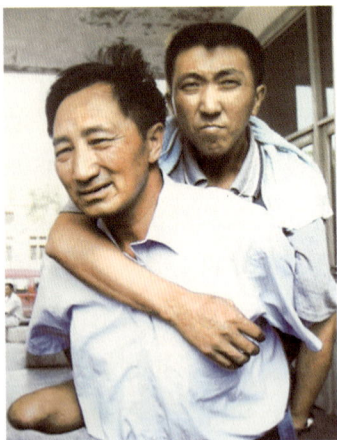

失去双腿和左臂的职工朱云辉，受到李贺十多年无微不至的帮助。

儿。身为厂工会主席的李贺再一次挺身而出，从2000年开始，李贺几乎负责了朱云辉的衣食住行等生活琐事。李贺为朱云辉办理了低保金并申请孩子的助学金，每天都要去朱云辉家做饭、倒便盆、收拾卫生，包括背朱云辉下楼洗澡、剪头，为他安装固定电话，购置彩电和药品。逢年过节，李贺不忙的时候，还要提着水果和食物去朱云辉家陪他过节。有一次，正赶上李贺在给朱云辉倒便盆，朱云辉的母亲来了，她握着李贺的手说："谢谢李主席，你对云辉比我这当妈的还好！"2003年，长期卧病在家的朱云辉得了严重的肾衰病，李贺从家中取出了仅有的3000元生活费，替朱云辉缴付了住院款。因为治疗得及时，朱云辉的病情得以稳定。朱云辉说："我多次下决心要死，可是有李主席在，我就不能死，我这样死了对不起他对我的关心和照顾。"朱云辉之所以还坚强地活着，放不下的还有他的女儿。为此，李贺多次与吉化技工学校的领导联系，使朱云辉的女儿顺利进入了吉化技工学校就读，学校还免除了她的三年学费。

卢凤春是北方公司下属的松南机械厂的退休职工，由于家中丈夫、儿子、儿媳相继去世，多年来卢凤春一直和小孙女吴洋相依为命。2000年7月，孙女吴洋考上了市里的省重点中学，可本来就已经节衣缩食过苦日子的卢凤春根本拿不出吴洋的学费。李贺听说后，主动上门找到了卢凤春，对她说："老姐姐，再穷再苦也不能亏了孩子，不能让贫穷延伸到下一代，有我在，不能让孩子失学。"同时，李贺将事先准备好的7000元钱交给了卢凤春。几年后，吴洋考入了大学，李贺又承担了吴洋每年4000元的学费，四年下来又是16000元。吴洋说："没有李贺爷爷，我不可能上大学，更不可能有今天的工作。"如今，吴洋已经成为一名人民教师，用自己的辛勤教学反哺社会带给她的关爱。

自从1992年李贺担任北方公司工会主席以来，他为职工群众所做的实事无法计数，他组织兴建过扶贫住宅，让98户没有房子的特困职工搬进了新家；他提议建立了扶贫助学基金，让1000多名困难职工子女能够继续他们的学业……这些数字罗列起来，对写者而言只需要写下几十个字，然而对于李贺来说，每一个数字的背后都是一个充满温情、关爱、挚诚的感人故事。在工会工作的人，其职业类似报道社会新闻的记者，工会工作者比其他人更需要良知，更需要忘我，更需要一点感性的认识和同情心，因为他们所接触的常常是社会的最底层，良知、忘我、感性和同情心，合在一起，或许就是一种对人类的悲悯。罗素说：有三种简单而强大的情感主宰着我的一生：对爱的渴望、对真理的探求和对苦难大众的悲悯。对于李贺老人而言，悲悯的情怀主宰了他的一生。

再就业比就业更重要

下岗，原指人或物从原有的岗位撤换掉。20世纪90年代中后期，由于历史的原因，在此前国家统包统配的就业制度下，国有企业超负荷承担了青年的就业安置任务，使得企业的效率下降，久而久之，企业积重难返，无以为继，必须将过多的员工从企业分离出去，也就是所谓的"下岗"，当这种被企业分离的人员越来越多，下岗也成为一种特殊历史时期的社会现象。尤其是在国有企业较为集中的东北，下岗更成为一时间社会最主要的矛盾之一。下岗即意味着失业，由于当时下岗职工的主体年龄偏大，再就业并不容易，这样一些家庭的生计就出现了问题。作为工会主席的李贺每天面对一些下岗的特困家庭，比任何人都心急如焚，替下岗职工找工作也成了李贺当时的第一大心愿。

一段时期内，北方公司下岗职工高达 28000 人，这也就意味着有一万多个家庭已经陷入了没有经济来源，并且这些家庭原本就并不富裕，很多都是特困家庭。作为工会主席，李贺要为这 28000 人找出路，他向厂领导建议成立再就业服务中心。对此，厂领导是支持的，只是北方公司此时已经债台高筑，拿不出钱给李贺筹建再就业服务中心，只能提供一个破旧的老厂房。李贺想，有总比没有强，再就业服务中心不能等了。就这样，李贺和他的再就业服务中心上路了。由于没有经费的支持，中心的一切成本都需要李贺自己想办法，为此，他动用关系，四处筹措，东挪西凑，能省则省，房子改造装修所需的大部分物质和人力都是他"讨"来的，沙子、水泥、涂料、玻璃、电线都没花厂里一分钱。经过几个月的忙碌，一个 300 平方米装饰一新的再就业服务中心就建成了。

但是比办公场所这种"硬件"更难的是再就业服务中心"软件"的开发，房子好盖，就业的信息和服务才是重中之重。李贺想，北方公司是吉化的下属企业，吉化是吉林省的大型国有企业，下属子公司不计其数，李贺骑着自行车一家一家联系，这是一种最直接的再就业联系方式，此外就是到市就业局和劳务市场大量收集用工信息。在掌握了大量的用工信息后，李贺首先对信息进行考察，辨别其真实性和可行性，然后再从北方公司的下岗职工中筛选条件符合的推荐给用工单位。为了能

李贺在家中总结工作内容。

够事先对用工单位有进一步的了解并不让求职的人空跑，李贺经常多次往返于再就业中心和用人单位，将最准确的信息传递给下岗的工友，他还组织大家进行安全考试培训和求职的一些基本训练。下岗的工友成功再就业后，李贺还要定期到用工单位回访，解决再就业中所遇到的实际问题，并总结经验，在下岗工友和用工单位之间起到润滑剂的作用。再就业服务中心在成立的第一年，就为 816 名下岗职工找到了新工作，实现了再就业。

　　除了为下岗职工的再就业牵线搭桥，李贺在长时间的了解和摸索中还发现，在下岗职工中，有很多是具有很高的技能并具有一定开拓性的人才。为了最大限度开发这些工友的能力，并拓展新的用工渠道，李贺还积极帮助其中的一些人走入社会创业的队伍之中，并在他们的创业过程中给予帮助。

　　下岗职工李森林、宗涛都有心创业，在办理营业执照时遇到困难，找到李贺，李贺觉得二人都是难得的人才，就决定倾力帮忙。为此，李贺多次跑去市建委、省建设厅和吉化公司等部门，为宗涛办来了安防技术有限公司执照，为李森林办来了森林工程机械有限公司执照。下岗女工陈艳华要创办饮品公司，可是从温州购进的设备不合格，李贺就帮助她与温州厂家交涉，最终迫使对方更换了设备。后来陈艳华资金不足，李贺把家里仅有的 35000 元定期存款提前取出借给她。最终，陈艳华不辜负李贺所望，精心组织生产，企业有了蓬勃的发展，安置了下岗职工

300 余人，陈艳华常说："李主席这么帮咱，可一顿饭也没吃咱的。"下岗职工王守忠创办了一家农业科技开发公司，在缺少资金购设备时，李贺多方奔走，用自己的信誉担保，为其无息借款 20 万元，安置下岗职工和农村富余劳动力 40 余人。下岗女工王忠方创办了芦荟开发公司，李贺用自家的房证作抵押，有人对李贺说："你傻呀！王忠方万一还不上贷款，你的房子不也没了吗？"李贺回答："为了帮助下岗职工，我会豁出一切的，大不了再租一个小房子住。"李贺还经常到王忠方的公司，帮她解决遇到的各种困难。在李贺的帮助下，公司研制出芦荟面粉等 6 项国家专利，并安置下岗职工 200 余人。从 2005 年至今，李贺为创业企业跑设备检修、宅区整治、供热改造等活源 200 余项，产值达 4000 余万元，安置下岗失业人员 800 余人。

坐落在吉化住宅区的广西街农贸批发市场是吉林市一个安置近千人就业的大型再就业基地。由于时间久了，设备老化，冬天的时候暖气不热，水果蔬菜常被冻坏，个别业户经常到区、市政府上访，但是毫无结果。2013 年 10 月，正在医院做疝气手术还未出院的李贺得知后，提前出院走访了大量业主，写成了详实的材料和可行性方案上交给有关部门。此事获得了吉化矿区事业部的高度重视，将广西街农贸批发市场的供热管网改造列入了民生工程之一，投入 280 万元，最终稳定了这个再就业基地的千余名下岗职工。

2003 年至 2007 年李贺当选为吉林省第十届人大代表，5 年间，李贺提出关于就业、扶贫等民生问题的议案、建议 25 件，件件得到答复和处理，使扶贫工作得到了更高层次的政策支持。李贺针对东北老工业基地厂办大集体企业在向市场经济转型中出现的困难，提出了《要积极解决集体企业债务负担过重和改制难的问题》《要给集体企业下岗职工办理优惠证，解决其就业和稳定问题》等建议，并通过全国人大代表带到全国人民代表大会上。此后，国家和吉林省先后出台了厂办大集体改革试点工作指导意见，集体企业下岗职工享受到办理优惠证、减免税费、社保补贴等优惠政策，惠及全省数万名下岗职工。

李贺说："我把困难职工当作兄弟姐妹，有的甚至当作孩子来看，退休后，我本应去上海、北京与老伴儿及子女团聚同享天伦之乐，但是我与困难职工、下岗职工的感情难以割舍，最终我选择一个人留在吉林，继续帮助那些有困难的人。"对于一个社会而言，再就业比就业更重要，而正是由于李贺十余年间认真负责的精神，8000 多下岗职工通过再就业服务中心成功获得了再就业的机会，再就业服务中心也因此成为江城吉林的招工品牌。

勤为人师，俭为世范

作为一家效益并不好的大型国有企业干部，李贺的工资不高，又没有什么额外的经济来源，但他却能够长期资助一些下岗的家庭和贫困职工，这离不开他的勤俭精神，李贺正是继承了中华民族勤俭节约的优秀传统。

李贺自小长在农村，家里条件不好，从上学起，就养成了节省的好习惯，他的作业本从来都是两面写字，基本找不到空白的地方。对于纸张的这种节俭习惯一直保持到了今天。李贺说："那时候纸太珍贵了，同学们撕下来的纸，有一面没写字的我都收起来订好了继续用，到现在我写东西也是先用一面有字的纸。"李贺开始刻意收集办公废纸，缘起于 2004 年单位机关搬迁。当时仓库里留下了不少旧文件、复印纸，一个负责同事给李贺打电话问他需要不需要，李贺放下电话就去了仓库，忙了近一个小时，收拾出两麻袋废纸，都拉走了。回来后，李贺把这些废纸裁订好捐给了贫困家庭的孩子。此后，李贺每隔一段时间，就去北方公司下属的几个机关单位收废纸，复印纸、晒图纸，甚至是过期的挂历，只要是上面有能写字的白底，李贺就都收走。时间长了，大家被李贺的这种行为感动，一方面在用纸上较之以往大大节省，另一方面有了

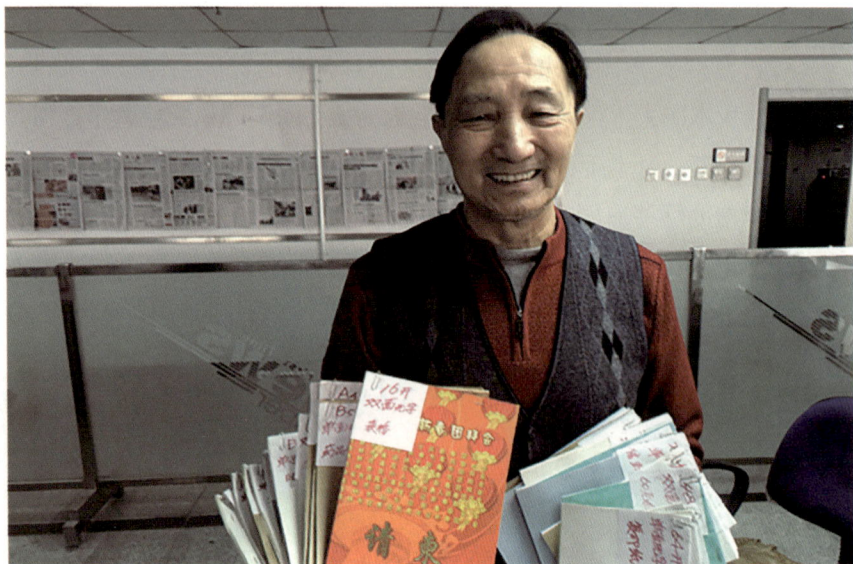

废纸本也有规划，李贺对整理废纸已总结出经验。

废纸也替李贺收好，等他来取时方便。

　　有一年，长春大学特教部的盲人学生急需盲文纸练习本，李贺也想为盲人学生做点事情。他知道盲文纸要够厚够硬，就想到市就业局贴出的招工简章很符合，李贺就立即赶到市就业局讨要不用的招生简章，就业局的人常与李贺打交道，对这件事也很支持，一会儿就找出了一大捆。回到家，李贺连夜裁剪装订，连着自家的挂历纸，共做出1000本16开的盲文纸练习本。吉林省孤儿学校50年校庆的时候邀请李贺参加，李贺赶制了1000个练习本带给学校的孩子们。2008年汶川地震，李贺除了捐款还向灾区捐了近2000个练习本，李贺说："捐款，我力量有限，但捐练习本，我就能帮助更多的孩子了。"10年来，李贺用坏了5个订书器、9把剪刀，共制作各式练习本近5万本。"做这个挺累，有时整到半夜一两点钟，但我真是乐此不疲。"李贺说。时任吉林市委书记的朱忠民同志在听说了李贺的事迹后对他说："你给困难学生送去的不仅是学习本子，更重要的是送去了勤俭节约艰苦奋斗的精神。"省政府因为李贺勤俭的事迹，责成机关事务管理局从建设节约型社会的高度，号召全省各级机关开展向李贺学习的活动。

一次，李贺去北京参加活动，遇到一位在工人日报社工作的朋友，两个人就唠起了李贺收废纸一事，后来对方主动打电话让同事收集了办公废纸，还送到印刷厂用机器裁好，装了满满两大包，交给李贺。当李贺抱着两大包废纸回到家时，小孙女问他："爷爷，你给我买什么礼物了？"李贺却无言以对，他觉得最对不住的，就是自己的家人。

2008年10月6日，远在上海的儿子打来电话，告诉李贺，老伴突发脑溢血去世了。这个消息犹如晴天霹雳一样将李贺击倒了。中国有句古话，"子欲养而亲不待"，作为丈夫的李贺因为长年将时间和精力留给了贫困和下岗职工，对家里的照顾远远不够，他本想等自己再也干不了了再回到妻子身边陪她，但事与愿违，老伴永远离开了李贺。儿女们劝他在上海安度晚年，李贺再三思考，因丢不掉对困难职工的牵挂，丢不掉干了十几年的扶贫事业，他毅然决定留在吉林，把有生之年继续奉献给弱势群体。

吉林市龙潭区档案局的陈佳若同志曾到李贺家参观拜访，回来后，他写了一篇题为"从档案走进李贺"的文章。在文章中，他从李贺多年积累下来的学习笔记、论文集和专业期刊写起，将李贺的精神分为五点：一是他的珍惜自己精神，二是他的积累精神，三是他的追求进步精神，四是他的艰苦朴素精神，五是这几种精神融合而成的为党分忧为民解困的精神。在谈到李贺艰苦朴素的精神时，作者写道：

从李贺档案看李贺俭朴的精神。李贺的俭朴也是极令人佩服的品格。李贺的学习笔记，很多都是利用各种材料认真装订而成的，他没有为了成为摆设，为了纪念而采用好本子来记笔记，如果说他有心，也是有心展示朴素，这不是一种很美的展示吗？他对自己，对贫困职工都是这样做的，他利用一切可以利用的时机搜集各种可以订本子的材料，利用闲暇时间，为孩子们订本子。这不仅给了孩子们本子，更给了孩子一种精神，给了社会一种风气。如果我们每个人都有这样一种愿望，都有这样一种行为，我们的社会将是多么美好，我们的民族精神将会更加可贵！

2012年，吉林市委、蛟河市艺术团以李贺的先进事迹为素材，创作了六幕大型话剧《工会主席》，在省内外演出100多场，感动了千万观众，在全社会引起轰动效应，并获得中国话剧艺术唯一专业奖项金狮奖。从开始工作至今，李贺先后获得全国"五一"劳动奖章、全国送温暖先进个人、吉林市特等劳动模范等众多荣誉称号，并到人民大会堂及全国各地作事迹报告，受到党和国家领导人亲切接见。全国总工会、中石油集团公司、吉林省、吉林市等各级组织先后作出了向李贺同志学习的决定。中央电视台、《人民日报》等诸多媒体报道了他的先进事迹。面对荣誉，已经年满72岁的李贺说："一辈子助人为乐做好事是我的人生坐标，我会一直留在吉林市，有生之年继续帮扶弱势群体。"

在今天，下岗已经成为过去式，成为中国当代历史的一页，这里，我们想替中国难以计数的下岗职工向李贺老人表达真挚的感谢。不忘初心，方得始终，这就是李贺老人以下岗职工的尊严、生计为己任的有为人生。

姚梅芳

"我虽然年纪大了，但脑子里还有边疆同胞们需要的护理知识，趁我双脚还能步履自如，我想自己还可以帮得到他们。"青年时代，姚梅芳走上了学医的道路，她将自己的大半生都献给了祖国的医疗卫生事业，用一颗医者的仁心挽救了无数病患的生命。

姚梅芳：智勇仁义的当代楷模

> 颁奖词：梅骨知春，医护援疆多硕果
> 芳华不老，城乡携手暖边陲

效法乡贤，危难时刻显身手

1945 年，历尽苦难的中华民族刚刚迎来抗击日本帝国主义侵略战争的伟大胜利，在风景如画的黄浦江畔，一户普普通通的姚姓人家里诞生了一个健康的女婴。刚刚痛饮完庆祝抗战胜利的美酒，便迎来了新生命的诞生，双喜临门的姚家人乐不可支地为新生儿取名为"梅芳"，希望她长大后能够像江南大地处处盛开的梅花一样高洁、芬芳。青年时代，姚梅芳走上了学医的道路，她将自己的大半生都献给了祖国的医疗卫生事业，多次奔赴祖国最急需医护人才的地方，用一颗医者的仁心挽救了无数病患的生命。

姚梅芳的家在江苏省松江县仓桥乡（今上海市松江区永丰街道），这是一座风光秀美的千年古镇。过去，这里有个非常浪漫的名字："云间"，明末抗清的英雄夏完淳就诞生在此，直到今天，许多人读着他的就义诗《别云间》，仍旧会热泪盈眶，充满敬佩。姚家是典型的中国传统家庭，姚梅芳的长辈经常用家乡诞生的这位英雄的事迹来教育姚梅芳，从小，姚梅芳的心里就种下了为国奉献、爱国爱民的种子。1958年冬季，新中国的社会主义建设正热火朝天，姚梅芳的家乡松江被从江苏省划归上海市管辖，她从此由江苏人变成了上海人。当时的中国，刚刚从连年战火带来的创伤中恢复没有多久，祖国的各项事业都急需大量人才，而其中，最为突出的就是医疗卫生事业。从小立志像夏完淳一样报效国家的姚梅芳，一直期待着能够到祖国最需要的岗位去实现自己人生的价值，于是，她毫不犹豫地报考了当地的护理学校，经过几年的学习生涯，60年代初，姚梅芳以优异的成绩顺利毕业，被分配到位于上海市主城区的第二军医大学第一附属医院儿科工作。

第二军医大学是全国、全军最有实力的医疗护理人才培养基地之一，而一附院作为二军医直接管理的医疗机构，更是受到十分的重视。在当时，很多优秀的学子在毕业后都被分配到一附院来工作，那个年代的一附院，真可谓桃李满园，人才济济。和许多同人相比，姚梅芳仅仅是一个地方护校的毕业生，业务知识水平一开始就和那些二军医毕业后直接分配来的人差了很多，但是，姚梅芳从小就养成了像夏完淳一样坚毅、不服输的性格，为了迅速提高技术水平，她一方面虚心向许多前辈请教，一方面和同在儿科工作的一些同学利用业余时间互相在脚背、手背、手指间练习小静脉穿刺，除此之外，她还找来了一些做试验用的兔子，在兔子长长的耳朵上练习专业技术。苦心人，天不负，经过长期的刻苦钻研，姚梅芳终于练出了一手静脉穿刺术的绝招，在二军医举办的战伤救护技术操作比赛中，姚梅芳从近千位参赛选手中脱颖而出，一举摘得桂冠，其成绩比许多当年二军医直接毕业的同行还要高出很多，令所有人为之赞叹。

儿科护理不同于成人，由于孩子的身体各组织脏器都未完全发育成熟，进行手术的难度比为成人做手术要大得多，稍有差池，往往就会酿成难以挽回的悲剧，这就更加考验医护人员的耐心和专业技术水平。孩子是一个家庭的希望，姚梅芳从走上医护岗位的第一天开始，便深深认识到自己肩上责任的重大，她在努力修炼自己业务水平的同时，时刻提醒自己一定要耐心、冷静，时刻要求自己本着对患者负责、对患者家属负责、对祖国和人民负责的精神，做好自己的本职工作。有一天，医院

姚老师与护士们分享自身感悟。

接诊了一位 3 个月大的重症肝炎患儿，可怜的孩子送到医院时，已皮肤焦黄，奄奄一息，正游走在死亡的边缘。由于这个孩子的静脉走向无法辨清，几次换人输液都失败了，这个时候，人们想到了姚梅芳。姚梅芳接过针头，首先仔细、认真地在患儿前额耐心地摸索着静脉的位置，当她终于抓准了静脉的走向之后，便毫不犹豫地抓起卫生棉签蘸上酒精进行消毒，而后果断下针，最终一针穿刺成功，孩子的生命终于得到了保全。这次手术，姚梅芳做得干净、漂亮，令在场的护士一片惊叹："真是神枪手！"

1983 年，已经担任了急诊室护士长的姚梅芳在为 1 床一位即将出院的病人办完手续后，突然发现病人脸色苍白，出现了不好的征兆。情况紧急，姚梅芳二话不说，主动为病人测血压、数脉搏，发现血压为正常值的低限，脉率稍快，肠鸣音却很活跃，病情随时有再度恶化的可能，她当机立断，诚恳地劝病人继续留院观察……就在当夜，病人发生消化道大出血，被送到外科进行紧急手术，由于发现及时，病人终于从鬼门关上被拉了回来。10多天后，这位病人特意来到急诊室，热泪盈眶地跪倒在救命恩人面前，一个劲儿地磕头道谢……

　　一年夏天，一位高烧41℃的女病人在内科观察室输液，由于病人对打针十分抵触，几次拔掉针头，当班护士无奈之下，只好请护士长协助。姚梅芳一到病人身旁，就发现这个病人面色暗黄，两眼呈惊恐状，躁动不安，并有意避开查体。面对这样棘手的病患，姚梅芳不急不躁，她首先耐心询问了病人的病史，经过冷静分析，她发现病人口中的描述与其体征不符，于是，她严肃而又亲切地向病人说明不如实报告病情的危险后果，并表示为其保密。姚梅芳的真诚终于打动了心事重重的患者，主动解开裤带给她看，只闻得一股恶臭扑鼻而来。原来，病人未婚先孕，在那个年代，"生活作风"问题甚至是可以被判处死刑的严重问题，这个病人发现怀孕后极度恐惧，便瞒着所有人私自用中药堕胎，引起宫腔内感染，直接导致其发烧3天，无尿1天。姚梅芳立即作出判断：这正是急性肾衰的典型症状，如果不及时救治，病人就将因此丧命！病情就是命令，姚梅芳立即让值班护士通知妇产科，自己则迅速建立静脉通路，积极抢救……1周后，病人病情终于平稳，摆脱了近在咫尺的死亡威胁。1989年的一天，晚8时左右，正在值班的姚梅芳接到骨科电话：一位因车祸骨盆骨折的病人经急诊收治后，补液、输血达1万多毫升，血压仍测不到，病情危重。挂上电话，姚梅芳立即赶到骨科现场，当询问到腹腔穿刺未见出血时，她眉头一皱，就发现事情不太对劲。她随即解开休克裤，用注射器在右中腹作腹腔穿刺，果然抽吸出了大量不凝血。大家迅速准备好了进行手术的工具，术中发现，这位病人的肝脏破裂，腹腔中竟有3000多毫升积血，正是由于姚梅芳处置及时，经过手术，才使病人转危为安。事后，一位骨科教授问姚梅芳："你怎么知道要解休克裤做腹腔穿刺？"姚梅芳答："因为我试穿过休克裤，腹部皮肤会抬高，影响进针的深度，内出血抽不出。不解开休克裤抽血，不但不管用，还会耽误病情，而那样的病人，晚一时就很可能造成他彻底留在手术台上。"

姚梅芳就是这样，她怀揣着对人命负责的大仁大勇，不管多少次面对人命关天的时刻，她都能够咬定青山不放松，不管多严峻的考验，她也能迎难直上，最终克服困难。她的头脑冷静似水，而她的心肠，却炽热如火，正是二者的完美结合，她才能够临危不乱，当机立断，最终成为无数生命垂危者的拯救者，为他们保存了生的希望。

慧眼识蹊径，与时俱进护苍生

姚梅芳不仅是一个勇者，也是一个智者，她从来不会像有的人那样照本宣科、墨守成规，而是在自己勤学苦练的基础上，勇于探索，不断创新，积极探寻救治人命的更佳办法，并且紧密结合工作实践，提高了工作的效率，也因此使更多的人命得到拯救。50多年来，姚梅芳家里的专业书籍堆得可以开一座小型书店，所记的笔记、演算的草纸装满了好几个大瓦楞纸箱，而这些，正是她上下求索的鲜活见证。从小儿输液导管的改进、注射器清洗器的发明、环氧乙烷消毒方法的引进、手术室接送病人对接车的设计，到一附院及后来的长海医院急诊紧急手术前移的率先提出、国内首次骨髓型急性放射病的成功护理、国内临床护理支持系统的率先成立，无不浸透着姚梅芳的心血和汗水，她用她的创新成果，大大提高了护理工作的质量和效率，给更多的患者谋来了福祉，也进一步推动了祖国医疗卫生事业不断迈上新的台阶。

早在姚梅芳还在儿科工作时，她就发现小病人们没有专用的输液导管，而正常的输液导管是给成人设计的，用在儿童身上，很容易造成剂量过大、滴速过快，不仅浪费了资源，还会给孩子们的病情甚至以后的成长发育带来许多负面的影响。在当时的国内，由于苏联背信弃义地撤走援华专家，而美国等技术较为成熟的西方国家又出于对共产党人与生俱来的敌视和排斥，对社会主义新中国实施技术上的全面封锁，国内

工作记事，一丝不苟。

没有条件开发小儿专用的输液导管。如此困难的条件下，姚梅芳经过一番认真思索，打起了针头的主意。经过长时间的认真摸索，她将长7号针头当成莫菲氏滴管来使用，这样就减小了滴点，使得滴速易于掌握，克服了儿童使用成人针管所带来的负面影响。此办法一经推广，深受儿科护士的欢迎。姚梅芳在供应室任护士长时，一次性注射器还没有广泛在国内应用，她针对注射器清洗比较困难，且清洗效果不够彻底、易于造成交叉感染等弱点，收集信息，改进清洗方法，并与国内同行业中的翘楚瑞金医院合作，发明了注射器清洗器，实现了注射器清洗的半自动化。担任手术室护士长期间，根据手术室无菌要求和消毒隔离特点，她设计了手术室接送病人对接车，使得外来污染车辆和内部车辆分开，解决了推车给手术室带来的污染问题，荣获了国家专利，并投入批量生产，改善了国内许多医院的手术条件，又为国家创造了一批新的就业岗位，为经济的进一步繁荣做出了贡献。

　　附院所在的杨浦区（旧称"杨树浦"），是宝山区建区和闵行开发区成立之前整个上海市的核心重工业区，由于当时的客观条件限制，各工矿企业普遍缺乏比较完善的劳动保护设施，工伤事故较多。为争取严重创伤病人的抢救时间，姚梅芳根据多年从事急诊病人抢救的工作经验和当时一附院的实际条件，提出了一个为急诊创造手术条件、在急诊室附加重症抢救室的大胆想法。从善如流的院领导，凭着对姚梅芳人品和业务水平的信任，批准了她的建议，从 1980 年底起，凡危及生命的严重创伤病人，需急诊做确定性救命手术的，都在急诊现场实施。事实证明，姚梅芳的这个想法是完全行之有效的，1981 年，1/4 躯体严重毁损的特重伤员陆德才等多位重危伤病员在姚梅芳提出的新方法下成功获得抢救，铁一般的事实为姚梅芳提出的"急诊紧急手术前移"措施做出了如山的铁证。一附院的这一做法，在当时的中国是史无前例的，好事传千里，全国各地先后有 82 家医院陆续到一附院观摩学习，使这一创新成果在全国得到了推广，挽救了大量重危伤员的生命。

1990 年 6 月 25 日，二军医放射医学研究室钴 60 源室 7 名工作人

和援建医院护士在一起，姚奶奶对新疆的人与地都充满感情。

员在工作中遭受大剂量钴 60 照射，除了两人因此不治之外，另外 5 人患上了骨髓型放射病，生命垂危，这就是震惊全国的"6·25 钴源辐射事件"。姚梅芳和她的团队参加了这次辐射事故伤员的救治，带领护理组连续奋战 100 多天，使两名极重度伤员在进行 HLA 半相合骨髓移植护理和 5 名中、重度伤员"全环境保护"中获得成功，创造了国内放射病救护史上的奇迹。在这次成功的救治行动过后，姚梅芳并没有休息，而是组织救护组系统总结了救护与管理经验，进行了简易层流罩"在应急条件下应用于急性放射病全环境保护"的研究。这一研究成果，为现代战争环境下战时辐射伤员的紧急救治提供了宝贵经验，荣获全军科技进步三等奖。

在中国，人们判断一个人是否可以被称为名将的标准，始终是"智勇双全"，既要有足够的勇气和意志，也要有与之相辅相成的智谋和思维。国与国之间烽火连天的战争岁月早已过去，而姚梅芳在人类与病魔抗争的无烟战场上，不仅发挥了足够的勇气和意志，在经过勤学苦练和与时俱进而得来的高超智慧和活跃思维之下，她在医疗战线上更加如虎添翼，守护了中华民族的健康，造福了神州大地的苍生。

青春献祖国，哪里需要就到哪

人们常说，悬壶济世，不仅要有一手仁术，更要有一颗仁心。何为仁？孔子有云："仁者，爱人。"作为一名医护人员，姚梅芳深知，无数病人的生死存亡，都掌握在她的手中；身为一名中国医护人员，她必须将自己的一切都奉献给生她养她的祖国，她有义务及时出现在祖国和人民需要她的地方，用自己的本领挽救自己的同胞。作为夏完淳的同乡，姚梅芳始终以这位大英雄为榜样，她身居斗室，心忧天下，将自己的爱种在了她走过的山山水水，种在了她救治过的每一位患者心中，她始终牢记着一个中国人应有的作为，当祖国召唤她的时候，她就会毫不犹豫地听从祖国的召唤。许多年来，姚梅芳不仅将自己的仁心仁术奉献给了两千四百多万家乡人，还在祖国其他最需要医护人才的地方发挥着自己的光和热，唱响了一曲青春和生命二重奏的赞歌。

1987年，已过不惑之年的姚梅芳，上有老，下有小，肩负着支撑家庭的重任。那个年代的上海，是国家改革开放的前沿阵地，她这样的成熟医护人员，可以舒舒服服地住在城市里，享受优厚的待遇。然而，那个时候中国的广大农村，特别是一些革命老区、特困山区以及东北、西北、西南、华南等边疆地区，刚刚实行家庭联产承包责任制没有多久，许多条件尤其是医疗卫生条件仍旧比较落后，在有些极特殊地区，人民公社时代甚至是新中国成立初期遗留下来的医疗设施和器械仍旧没能按时"退休"，广大农民迫切呼唤医疗条件能够得到改善。在这样的条件下，广大农村急需姚梅芳这样的专家走进田间地头治病救人。在这样的情况下，姚梅芳毅然丢下"小家"，随医疗队来到祖国最需要的地方，为那里的人民无私奉献，从无怨言。金寨县是一座深居大别山腹地的县城，归属当时的安徽省六安地区（今六安市）管辖，当年，人民解放军在刘伯承司令员、邓小平政委的指挥下，上演了一篇"千里跃进大别山"的华彩乐章，在这片土地上吹响了中国人民向国民党反动政权全面宣战的号角，而这片土地上，也养育出了方子翼、曾绍山等功勋卓著的开国名将，在中国的革命史上，金寨人民书写了极为感人的一页。然而，20世纪80年代后期的金寨县，并不像它的名字那样遍地黄金，而是全国最为贫困落后的几个县市之一，那里的人民缺医少药，渴望着有人能够改变这个现状。姚梅芳就是在这个时候跟着上海市援皖医疗队一道开赴金寨县的，她同其他医疗队员一起，跋山涉水，送医送药到老乡家里，悉心向当地老乡和卫生员们传授知识和技术，把为老区人民的一切服务都看成是对华夏故园养育之恩的点滴回报。一天深夜，一名孕妇因阴道大出血，被人抬了十几公里山路赶到卫生所，当姚梅芳从睡梦中被当地卫生员叫醒，急忙来到卫生所的时候，病人已是面色苍白，四肢冰冷，连血压都测不出来，呈严重休克状态。姚梅芳凭借着多年做静脉穿刺积累下来的丰富经验，快速而又准确地用粗针头在病人肘部正中静脉穿刺，备血，加压输液，并且迅速组织人员将患者送至有条件的最近的医院进行急救。经手术诊断，患者患的是子宫破裂合并膀胱破裂，术后需要膀胱冲洗，而那个地方没有冲洗导管，姚梅芳就像当年改造小儿用输液导管一样，用输液导管改装成冲洗导管。当地的条件恶劣，病人在手术过程中只要一步不慎，就容易引起感染，姚梅芳便大胆增加冲洗次数，不断变换病人体位……病人最终康复出院，而那时的姚梅芳，早已是筋疲力竭了。二十多年后的今天，随着国家对农村基础医疗设施升级改造力度的不断加大和新农合政策的逐步完善，金寨县的医疗卫生条件已经有了翻天覆地的变化，然而，许许多多的金寨人依旧感念姚梅芳对他们的再造之恩，他们从来没有忘了当年时时刻刻和他们在一起的那位姚大夫。据说，姚梅芳离开金寨的那一天，许许多多群众自发从各乡镇赶到金寨火车站为她送行，甚至有人从遥远的六安市区赶来金寨，许多人依依不舍地握紧了姚大夫的双手，流下了激动的泪水……

2000 年，55 岁的姚梅芳在操劳了三十多个春秋之后，终于迎来了光荣退休的一天，而这个时候的一附院，也已经更名为长海医院。许多她当年亲手带过的弟子，这时已经在长海医院身居要职，他们没有忘记姚老师当年为长海医院立下的不朽功勋和对他们的悉心栽培，将姚梅芳返聘回长海医院，从此，姚梅芳再一次坐上了熟悉的看诊台，在人生的暮年继续发挥自己的余热。本来，她可以在这里拿着不低的待遇安享晚年，然而，她仍然心系祖国的土地，仍旧在寻找着为祖国最需要的地区奉献自己的机会。十年后，这个机会终于来了，2010 年，上海市老龄委为了响应国家关于进一步推进西部大开发战略的号召，与新疆维吾尔自治区有关部门通力合作，组织了一次卫生领域老专家援疆"银龄行动"，当年逾花甲的姚梅芳在报纸上看到了市老龄委发出的征集令之后，她立即联系了杨浦区军休中心的有关领导，主动报名参加当年的第七期活动，从此，她连续五年奋战在与风沙星辰、古城红柳相伴的新疆大地，在这片多个民族兄弟姐妹安居一堂的地方，焕发了人生的第二次青春。

按照"银龄行动"的要求，参与服务的老专家们被分成多个小组，分别赴当地不同的医院援助点开展工作，而且各家医院之间相距几百公里，所以各小组之间的联络完全依赖电话。作为此次行动志愿者队的队长和党总支书记，姚梅芳经常打电话和各小组进行联系，详细了解各小组开展工作的动态情况和老专家们的身体状况，并且鼓励老专家中的党员同志在工作中发挥骨干作用，从而确保整个"银龄行动"得以顺利开展。在姚梅芳等上海老医护专家们的努力下，新疆各受援医院的就诊率大大提高。在巴音郭楞蒙古族自治州首府库尔勒市、博尔塔拉蒙古族自治州和喀什地区泽普县等地服务期间，姚梅芳总是随叫随到，有时甚至不叫也到，令人感动的是，姚梅芳总是坚持在病房耐心指导完当地护理人员后再用餐，以至于下午两点多才吃午饭成为了常事。

虽说日常的业务培训和指导工作十分忙碌，但为了能在每次参加"银龄行动"的两个月时间内为受援医院送去更多贴近当地实际情况的护理新技术和宝贵经验，在长海医院担任硕士生导师的姚梅芳又干起了"老本行"，她每周都要花至少16个小时的时间来备课。忙完医院内的事，姚梅芳还不放心，她顾不得当地医疗条件和气候环境的恶劣，经常在周末下乡义诊，深入当地乡村传播健康防病知识，用真诚的态度和耐心细致的解答获得了乡民们的一致称赞。姚梅芳每次赴疆，一去就是两个月，而患过脑梗的老伴，身边时刻不能离人。为了顺利完成党和人民的重托，她提前将老伴送至四季如春的昆明亲戚家，自己安心地赴疆服务。

新疆当地医疗卫生机构在医疗技术和院内培训制度等方面较为落后。为了尽快解决新疆同行们遇到的各种难题，姚梅芳在先后支援的库尔勒市第二人民医院、博尔塔拉蒙古族自治州人民医院和泽普县人民医院手把手地将上海的护理管理、临床护理、护理教育和护理培训知识与

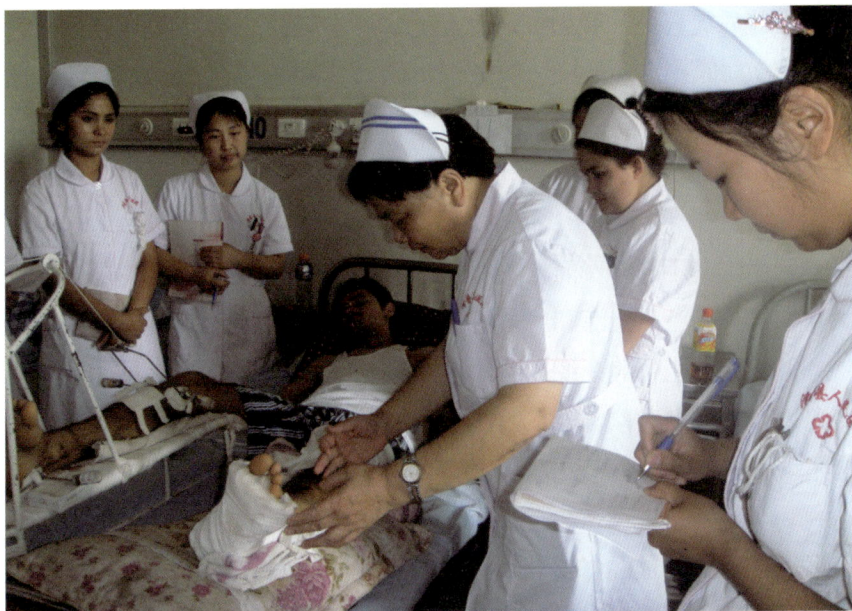

姚梅芳在援建医院为护士临床带教，她经常强调要在实践中解决问题。

经验传授给当地护理人员，并根据长海医院的"以病人为中心"的服务
理念，帮助当地医院打造出了一支支具有主动服务意识的护理团队。根
据多年来培养后辈医务工作者所积累的宝贵经验，姚梅芳因地制宜，确
立了以做好对当地医院护理人员的"传帮带"，做好护士长们的思想工
作为自己援疆期间的工作重心，帮助3所当地医院提高护士长的管理理
念和水平，由此打造出具有先进服务理念的护理团队。例如，在支援泽
普县人民医院期间，姚梅芳曾组织全院护士长召开以"如何做好科室护
理管理工作"为主题的讨论会。该院护士长们在讨论会上纷纷提出了自
己在科室护理管理工作中遇到的难点，姚梅芳对此作了深入细致的分
析，并对各位护士长提出了建设性的意见和建议，建议护士长们要正确
认识自身价值和在医院工作中发挥的重要作用。护士长们通过讨论会，
理清了科室护理管理的思路，明确了科室护理管理的目标方向和重点，
为下一步该院各项工作任务的落实奠定了坚实的思想基础。为了便于当

地医院此后更好地开展工作，她还向当地医院递交了《护理工作绩效考核方案》，细化了护理工作考核的标准、内容和分级，为当地医院护理管理工作改革提供了参考。

姚梅芳不仅仅是一位热心新疆医疗建设事业的上海老人，她还是两个新疆大学生眼中的"上海奶奶"。在了解到泽普县有很多考上大学的贫困生因交不起学费而无法上学的情况后，她当即表示要资助两名贫困生。已分别考入上海和广东两所高校的维吾尔族学生阿曼古丽·赛达买提和汉族学生杨静在经过当地有关部门的慎重选拔之后，成为与姚梅芳结对子的受助对象。为了保证这两名贫困学生能顺利完成学业，姚梅芳和泽普县教育局签订了《爱心资助协议书》，在两名贫困学生上学期间每月为她们各提供 500 元助学资金，资助金共计 6 万元。其中，需要读预科加本科的维吾尔族学生阿曼古丽获得连续 6 年资助，汉族学生杨静获得了 4 年资助。由于自己年事已高，再加上近些年来，宗教极端主义分裂势力在国际帝国主义和境内外反华势力的暗中支持下，为了把新疆从中国分裂出去，其恐怖活动跟过去相比日益频繁、猖獗，也更加不分青红皂白和丧失人性，姚梅芳甚至还向该县教育局表示，如果自己今后遭遇不测的话，会在生前将所有资助款一次性打进有关账户。与此同时，姚梅芳还时刻关注这两名贫困生的学习和生活情况，她常在电话里对这两个年轻人说，要把贫困当作人生的特殊馈赠，要在逆境中崛起，从而实现人生的自强、自立、自尊。由于两个年轻人来自较为贫困的地区，姚梅芳很担心她们无法融入上海和广东的生活，为此她经常打电话让她们以手机短信的形式及时汇报各自的学习和生活情况。如今这两名贫困生已和姚梅芳成了"忘年交"，她们不仅定期向姚奶奶汇报各自的基本情况，还将勤工俭学的心得体会都告诉老人。

"要留下永不回沪的医疗队！"这是姚梅芳经常挂在嘴边的一句话，她明白，授人以鱼，不如授人以渔，每个人的生命和能力都是有限的，只有让医疗队的技术、理念还有精神在新疆落地生根，让当地的医务工作者在学习到了医疗队的东西之后能够学以致用，一代一代永不间断地培养出属于新疆本土的医护人才，才是"银龄行动"的根本目的，否则，整个行动岂不成了华而不实的形式主义？有许多人曾经问她："您这么大岁数了不好好在家养老，非要跑到新疆去折腾干什么？"对此，她总是一笑而过，轻描淡写地说："关于'银龄行动'，我的收获远远大于付出。"早在距今已有一千九百多年的大汉王朝，为了新疆的繁荣和稳定，张骞、班超、苏武、甘英等一批批身负重托的播火者，踏着驼铃的节拍和漫漫古道，毅然奔赴新疆的土地，将文明的火种深深种植在新疆的沃土之中，建立了万世不朽的功绩，而祖国早已更加繁荣富强的今天，姚梅芳等人又踏着先辈们的足迹，为了让新疆成为祖国西部繁荣富庶之地，重走他们当年开辟的播火之路，将经济发展、人民安康的圣火再一次播向新疆的土地。当年来到这里的先辈，都是智勇兼备又热爱祖国的仁者，而如今，姚梅芳又扮演着和先辈们内容不同却本质相同的角色，难道我们没有理由把她称作和这些先辈一样的仁者吗？

古人云，智仁勇三者得兼，方可为圣。姚梅芳有勇，面对危急关头安忍不动；有智，面对困难险阻巧破迷局；有仁，面对家乡两千四百万父老乡亲，面对中华十三亿各族儿女，她用自己平凡而又伟大的贡献，为共和国尽忠，为老百姓尽孝。她的勇，挽救了无数濒临死亡的人；她的智，推动了祖国医疗卫生事业的长足进步；而她的仁，则铸成了不坏不灭的五个大字："为人民服务"。岁月不可阻挡地带走了姚梅芳的青春年华，无情地在姚梅芳的脸上刻下了千沟万壑，然而，它挡不住姚梅芳的大智大勇，挡不住姚梅芳的大仁大义，她因为始终与群众在一起，始终履行着守护人民群众生命健康的职责而平凡。但，她又因为自己的大智大勇、大仁大义，让无数的人蒙受恩惠，泽被了无数条濒临消逝的生命，她用自己一生的无私奉献大声告诉全世界：这就是中国人，这就是中华民族自古不朽的民族精神，这就是令中华民族得以屹立于世界民族之林而不倒的民族魂。

我爱家乡

喻朝芬　在社区党总支书记这个工作岗位上，她对待居民像春天一样温暖，对待工作像夏天一样火热，全心全意地带领着所在社区的广大党员、群众，忠实地践行着入党时庄重许下的誓言。

喻朝芬：仁者献大爱，春光照水西

> 颁奖词：赞党恩情，几曲歌声传处处
> 解人急困，一怀爱意胜妈妈

从农机局会计到"百事书记"

　　喻朝芬出生于 1947 年，此时正是中国共产党解放全中国的号角在神州大地上回荡之时。1949 年，随着毛泽东主席在北京天安门广场亲手升起了第一面五星红旗，2 岁的喻朝芬也和全国人民一起进入了一个全新的社会。沐浴在新时代，为人民服务的格言，从小就铭刻在喻朝芬的心中。50 年后的 1999 年，喻朝芬从贵州省毕节市黔西县农机局光荣退休，然而，她那颗为人民服务的心，却并没有随之放缓了跳跃的节奏，在社区党总支书记这个新的工作岗位上，她对待居民像春天一样温暖，对待工作像夏天一样火热，全心全意地带领着所在社区的广大党员、群众，忠实地践行着入党时庄重许下的誓言。

　　黔西县坐落在贵州省中部偏西北，毕节地区东部，浩荡的乌江从县北奔流而过，整个县域群山环抱，峰岭纵横，从空中看去，犹如九头神龙所生的狻猊在嬉戏一朵吉祥的莲花，故有"九狮闹莲"的美称。早在五六十万年前，我们的先祖就已经在这里繁衍生息，汉末三国时代，蜀相诸葛孔明亲率大军远征南中时曾经过此地，留下了许多保存至今的历史遗迹。两万五千里长征的路上，黔西人民与工农红军结下了深情厚谊，无私无畏地支持着救国救民的子弟兵。新中国成立以后，勤劳勇敢的黔西人民用自己的双手，全心全意地支持着祖国一日千里的社会主义建设。在这奇山秀水之间，汉、彝、苗、白、布依、蒙古、仡佬、回、哈尼等18个民族同胞，在此同耕一片田，同饮一江水，互帮互助，和谐共生，喻朝芬就出生在这样一片洋溢着田园牧歌般氛围的美丽土地上，黔西人淳朴善良的民风，从小就在她的心里刻下了坚实的烙印。

长辈从喻朝芬幼年开始就教给她与人为善、为他人着想、帮助别人、甘于奉献的传统美德。成年后，喻朝芬在黔西县农机局财务科会计的工作岗位上踏实肯干，任劳任怨，而且利用闲暇时间，阅读了大量马克思主义经典著作，此外，雷锋、孟泰、黄继光、邓稼先等人的事迹也是她最喜欢了解的。她从这些阅读中接受了许多闪耀着人性光辉的先进思想，认识了作为一个人活在这个世界上的意义。这些"营养品"在时时刻刻滋润着她，日后，喻朝芬曾回忆，这对于她今后的工作、生活产生了关键性的影响，她就是在这些精神食粮的鞭策下，时刻牢记自己共产党员的身份，将为人民服务进行到底的。

喻朝芬的家住在县城东北部的水西村，在她还是县农机局工作人员的时候，她就以善良纯洁的心灵和乐于助人的崇高品德，在县城里面为人称颂。很多认识喻朝芬的人都说，喻大姐心肠好，人实在，做事那个认真劲儿甚至让人都觉得心疼，只要有人需要帮忙，喻朝芬一定会毫不犹豫第一个站出来帮人家解决问题。

1999年，55岁的喻朝芬从县农机局光荣退休了，恰好此时，水西村村支书出现了空缺，全村需要从几千名居民当中重新选出一位合适的带头人。水西村村支书的工作看似容易，但实际上却远没有想象的简单。全村人的吃饭、农耕、就业、医疗、教育、生活、治安等等工作，稍有一点差池，就会影响全村的安定，可以说，谁当了村里的党支部书记，谁就要一肩挑起为这么多群众服务的千钧重担。这个时候，水西村人想到了喻朝芬。在村里组织召开的支书选举大会上，尽管还有好几个人跟喻朝芬一同参选，然而，这次选举却因为喻朝芬的参加而出现了令

办公室里挂满社区受到的各种表彰。

人惊讶的结果：除了喻朝芬本人以外，包括其他几个村支书候选人在内，所有的村民都将选票投在了她的名下！当年参加投票的村民和村支书候选人在谈起这个结果的时候都说："在我们水西村，喻大姐就是当代的活雷锋，谁家有事她都主动去帮忙，就这样的人品，乡亲们都相信她能把咱水西村给带好、管好，除了她，再也没有谁适合这个位子了！"

然而过了不久，在喻朝芬的面前出现了另一个选项。喻朝芬在黔西县农机局会计岗位上工作了 30 年，她早已成为一名久经沙场的老将，在她的手下，黔西县农机局几乎没有出现过坏账、烂账，县里、地区甚至省里搞业务竞赛和业务评比，喻朝芬总是名列前茅。20 世纪 90 年代末，黔西县上马了一批新的招商引资项目，需要大量财务岗位的人才，一家外地知名企业听说了喻朝芬的事迹后，向她开出了每月近万元的优厚薪水，聘请她为该企业驻黔西县分公司的会计部门负责人，还提出，几年后就将她调到位于东南沿海某大城市的总公司财务部门，并且为她解决住房和医疗等问题。在当时，月入近万，是许多人可望而不可即的梦想，对方开出的条件几乎没有人会拒绝。喻朝芬当然也动了心，然而经过再三的考虑，她却毅然婉言谢绝了对方的邀请，决定留在水西村村支书的任上。当时，许多人对喻朝芬的决定感到不理解，但她本人却从来没有为了自己的决定而后悔。后来，有人问过喻朝芬，为什么要谢绝这么优厚的待遇，留在家乡当一个赚不到钱还一大堆事儿的村支书呢？喻朝芬回答说："水西村是我的家，外面再好也没有家好，我岁数越来越大了，希望在我的余生为家乡故土做一点实实在在的事情，为看着我长大的乡亲们造福。乡亲们这么信任我，让我当村支书，我不能为了利益，辜负了他们的信任和期待。"

　　黔西县的县城，原来是一个叫作"城关镇"的大镇，在社会主义建设新时期，为了更好地服务县城广大人民群众，加强党和政府与人民群众的血肉联系，黔西县委县政府决定撤销城关镇，将原来的城关镇拆分为莲城、水西、文峰、杜鹃等四个街道办事处。2012年8月31日，原来的老城关镇在喧天的锣鼓和震耳欲聋的鞭炮声中走入了历史，从这一天起，新的水西街道和其他三个街道一起呱呱坠地，掀开了黔西县推动撤县设市计划浓墨重彩的第一页。新成立的水西街道，下辖8个由原来的各行政村整合成的全新居民社区，辖区居民总数4.7万多人，按照这个数据算下来，每一个社区仅看平均数，就拥有5800多名居民。水西社区是由原来的水西村和东山村两个行政村合并而成的，总人口高达1.5万多人，在城关镇时代，两个村积攒下来的问题本就不少，合并成为新的大社区之后，这些问题变得更加明显和突出，再加上这里是城乡接合部，农业人口和非农业人口所占的比例几乎一半一半，居民成分非常复杂。水西社区成立后，喻朝芬的身份从村支书变成了合并后的大社区书记，肩上的担子变得更重，责任变得更大了，她深知，自己的身上牵动的是社区万名居民的福祉。新社区成立后的各种新困难不但没有吓倒她，反而让她的斗志更加昂扬，工作热情也更加高涨了。在水西社区的办公室里，人们几乎很难见到喻朝芬的身影，她的大部分时间不是出去走访辖区内各个家庭，就是去协调辖区内各单位开展工作，还有帮有需要、有困难的群众排忧解难，而结束了一天的外访回到社区的时候，她还要处理社区的各种文字资料，紧接着还要安排第二天的工作计划，很多时候，即便到了晚上，她还要挨家挨户核实白天群众反映上来的各种情况，往往月亮高高挂在中天的时候，她才会合上眼睛。渐渐地，人们都知道喻书记特别忙，基本上哪里有事，她肯定是第一时间赶到，于是，人们送给她一个美称："百事书记"。

15 本"民情日记"的背后

在水西社区，熟悉喻朝芬的人都知道，她经常随身揣着一本厚厚的日记本，而这样的日记本，从 1999 年她担任原水西村村支书开始，就每天一页一页地写满了密密麻麻的文字，到现在，她手里的日记本，前后已经换了 15 本，翻开它的内容，你就会发现，那上面记载的全都是社区的大事小情，到目前为止已换了 15 本的"民情日记"，不仅仅白纸黑字或蓝字地写在有形的日记本上，更写在她那颗博爱、仁德的心上。

"民情日记"是喻朝芬手里的宝贝，她说："上任以来，我天天写日记，一天不少，我不欠账。即使当天生病，也要把日记写了。"通过这风雨无阻的"民情日记"，喻朝芬可以把社区的事情了然于胸，"2006年 12 月 9 日，星期六。调解杨某、彭某谈婚不成、退还彩礼的事情……"；"2012 年 7 月 10 日，星期六。雨从昨天晚上就下个不停，我五点钟就起床，心里放不下解放路 23 号 96 岁的朱玉珍老人……"；"解放路 34-41 号有上世纪修的老排水沟，一下雨就要堵，现在已经解决了"；"民安路 35-17 号的詹幺妹两口子都有残疾，是个老困难户……"

喻朝芬所在的永西社区办公区门外，如今她仍在这里辛勤工作着。

就这样，说起社区里的事，喻朝芬已经可以精确到每一个门牌号、每一个人，可以说是水西村的百科全书了。

在喻朝芬的眼里，"民情日记"不是写出来的，而是在每一次的深入群众当中"走"出来的，只有脚踏实地地走进每一个问题发生的地点，严肃认真地和辖区居民进行交流，了解他们遇到的各类实际困难，掌握发生困难的具体情况，才能够有的放矢地解决，才能够根据实际做好下一步的工作安排。晚上7点30分，央视新闻联播一结束，她和老伴就拿起手电筒出门，到白天居民反映问题的地方"溜达"，晚上去实地核实情况，第二天立即针对具体问题，安排或联系相关人员或单位，着手进行解决。

"一切依靠群众，社会就多一份安定，人民就多一份幸福。"这是喻朝芬的"民情日记"每页的天头上都有的一句话。喻朝芬手里的"民情日记"，与其说是一本"日记"，不如说是一位老党员、老干部为民服务的心路历程；不如说是一本从水西村时代到水西社区时代，人民生活如何变得越来越幸福、越来越安定的编年史。每一条日记背后，都蕴含着一段催人泪下的故事，每一条日记背后，都蕴含着一颗为人民服务的红心。16 年，15 本日记，如果将这里的所有故事都提炼出来，简直可以拍成一部数十集的电视剧，无需明星大腕，不必皓首穷经，只要让水西社区的人自编、自导、自演，就已经足够了。

水西人不会忘记，在县城里打小工的残疾人熊廷林，遭到无德老板丧尽天良、灭绝人性的欺侮和要弄，每月仅拿到如同打发乞丐一般的200 元工资，连基本的温饱都无法正常维持，生活陷入了一片黑暗的绝境，是喻朝芬在了解情况之后立刻伸出了援助之手，她查阅大量劳动纠纷方面的法律法规文件及资料，向用人单位提起诉讼，最终在劳动部门的仲裁下争回了他每月应得的1000 多元的工资。

水西人不会忘记，退休干部杨作林在第二次婚姻当中不幸遇到婚骗，两万多元财产被一个蛇蝎心肠的女人一夜之间席卷而去，是喻朝芬在得知情况后，顶着三九严寒的狂风暴雪一次又一次下乡取证，终于让作恶多端的犯罪分子得到了应有的法律惩罚，两万多元财产完璧归赵。

水西人不会忘记，一对身体残疾的姐弟不甘无所作为地老死在床，毅然选择自主创业，可是现实的困境却一次次打击着这对坚强姐弟的信心，甚至几乎葬送了他们两人生活下去的勇气，是喻朝芬在了解情况后竭尽全力，帮他们联系所有有关部门，终于帮助他们将梦想化为现实，红红火火地开办起了一家残疾人按摩中心，让生活的信心重新回到了他们的身上。

水西人不会忘记，社区劳释人员黄玉奎回家后，一贫如洗，衣食无着，是喻朝芬二话不说，自掏腰包为他添置基本生活用品，为他办理了低保，还把自家急用的棉被送给了他，又帮他找到了一份水泥工的工作，给了他改过自新、重新做人的机会；2011 年大年三十，黄玉奎不幸因突发低钾贫血离开了人世，喻朝芬在得知消息之后放弃了和家人团聚的机会，带着社区人员赶到医院，连续操劳了两天，为无亲无故的黄玉奎张罗后事。

水西人不会忘记，在全国上下齐心协力奔向伟大的"中国梦"的关键时期，为了及时将党的方针政策宣传到群众中，是喻朝芬出资创立了墙报宣传专栏，仅仅上过高中的她，却能将《公民道德建设实施纲要》编写成朗朗上口的家庭文明建设"三字经"，使老百姓易读、易记、易懂，收到很好的宣传效果；在计划生育工作中，为使党的计生政策法规深入人心，她编写了《优生优育人人夸》《计划生育靠大家》等诗歌进行宣传，使社区计生工作获得上级表彰及群众的认可；在禁毒工作中，她努力熟悉党的有关政策和毒品危害，以及怎样防毒、识毒、拒毒，还根据自己的心得编写成易记、易读的快板，并组织宣传队演出，让居民们了解到毒品的危害，树立自觉抵制毒品观念。

水西人不会忘记，北京奥运会刚刚结束，黔西县就遭到一场数十年不遇的严重低温冰雪凝冻灾害突袭，造成了十分严重的损失，是喻朝芬第一时间带领水西社区全体工作人员，冒着严寒，不分昼夜，战斗在抗灾救灾一线，并且将自己辛辛苦苦获得的一万元奖金全都拿了出来，为社区五保户、残疾人、孤儿、贫困户购买生活用品，走遍了全社区有困难的 3680 户人家，为他们送去温暖，送去关怀，光套在鞋上防滑的袜子就磨破了十多双……

她将琐碎点化成细腻，让每一个人的危难病苦都在关爱中化解；她将繁杂演变成单纯，让每一天的杂乱纷呈都在关注中浓缩；小善积成大爱，和睦生成和谐，她用一个人的力量，改变了社区一万多人的生活感受和价值信念，如果不是怀着一颗爱民、亲民的纯净之心，又有哪个人可以坚持这么久，做得这么多呢？

齐家治社，助力人居太平

曾子有云："意诚而后心正，心正而后身修，身修而后家齐，家齐而后国治，国治而后天下平。"喻朝芬这个"百事书记"，不仅在水西社区担当着一位党的基层干部、群众的带头人的角色，也是一位意诚、心正、修身、齐家的典型，她说，从小培养孩子诚实、守信、勤俭、助人等做人的基本美德，是作为一个母亲给子女最正确而深沉的爱。她借去毕节市内出差的机会，答应满足每个孩子一个要求。大儿子希望妈妈带回一套《十万个为什么》，在毕节，喻朝芬跑了4家书店都一无所获，她为此多停留了三天，辗转找到一位熟人，请他从一位老同学手中买到一套旧书，旧书好多页都已经撕烂了，她又给重新粘补好。当这套妈妈辛苦寻来的《十万个为什么》送到儿子手上时，11岁的儿子感动地说："妈妈，谢谢你！我一定要好好学习！"而喻朝芬则语重心长地告诫年

喻奶奶帮扶盲人青年。

幼的长子："儿子，妈妈只想告诉你，答应别人的事情一定要办到，这叫守信。"一向学习名列前茅的老四上高中后，成绩直线下滑到全班倒数第五，由于害怕家长责罚，女儿在妈妈面前极力隐瞒一切，这让喻朝芬看在眼里，急在心里。她向单位请假，连续跟踪女儿一星期，发现她逃课贪玩，有一天，喻朝芬对女儿说："孩子，你对妈妈说过假话吗？""没有。""爸爸在乡下管不了家，妈妈一人打两份工，整天这么起早贪黑辛苦工作是为谁？再这样下去，妈妈辞职算了。"女儿仿佛明白了一切，跪在妈妈面前，说出了真相。"你错就错在不该撒谎！今天你对我不诚实，明天你对工作、对别人都不会诚实，今后怎么做人？"这一夜，母女俩促膝谈心。一个月后，女儿的成绩突飞猛进，成为全班第二名。喻朝芬从小就教育四个孩子要有爱心，要帮助有困难的人，她家附近有一位孤老王奶奶，生活用水很不方便，她便要求四个孩子帮王奶奶解决水的问题。于是，周围邻居每天都会看见这样一幕：喻朝芬家的老大用肩挑水，老二、老三一起抬水，老四用开水壶拎水，四兄妹摇摇晃晃向王奶奶家走去……逢年过节，喻朝芬做菜都要一式两份，让孩子们给王奶奶端一份去。一家老小对王奶奶这样照顾了六七年，直到她离开人世。喻朝芬自己的生活非常俭朴，衣服常常缝缝补补，从不讲究品牌，孩子们小时候常把吃不下的饭偷偷倒掉，不懂得珍惜粮食，喻朝芬利用学校假期把他们送到乡下，让他们亲自下田插秧，收割包谷，通过亲身下田耕作，孩子们知道了什么是李绅的那句"粒粒皆辛苦"，从此以后，他们再没有浪费过一粒粮食。

　　作为一位母亲，喻朝芬不仅对自己的子女严格要求，还将母性的光辉带给社区的每一位青少年，为社区广大青少年的健康成长倾注了自己全部的心血。针对社区帮教对象多、独生子女多、老年人和留守儿童多等特点，喻朝芬一手操办起了水西社区"妈妈学校"，广泛吸收社区志愿者、离退休老干部、在职员工成为学校的义务老师，而她自己，则是这所学校的"名誉校长"兼辅导员。为了让社区里的孩子都能上学，喻朝芬四方求助、八方奔波，为社区 8 名特殊儿童办理了入户手续，并为 21 名流动人口和搬迁移民的孩子解决了就近入学的困难，让孩子们得到受教育的机会，实现了全社区适龄儿童入学率 100%。为了孩子们健康成长，喻朝芬带领社区干部清理了危害青少年的黑网吧，创办了绿色网吧，还创办了"四点半学校"，为社区双职工孩子和留守儿童放学后提供了一方安静的学习天地，创办了"社区假期补习班"，让孩子们在假期中生活、学习有着落。

喻朝芬还热切关心社区青少年的心理健康，在县城学校读书的莎莎，因受不了父母离异的打击，趁老师和同学们不备，从教学楼纵身跳下。虽然不幸中的万幸，保住了性命，但从此却落下了永久的双腿残疾。在这个花季少女遭遇如此不幸的时候，是喻朝芬为莎莎撑起了爱的天空，她带莎莎去电脑培训班报名，替她交学费，还帮她联系工作。直到今天，每次回忆起这么多年来受到喻朝芬无私帮助的经历，莎莎总是含着热泪说："是她再次给了我生命！"吸毒青年小刘是喻朝芬的帮教对象，当他沾上毒品时，以为自己的一生就这么毁了。走出戒毒所，是喻朝芬鼓励的话语、真诚的帮助让他重新燃起了生活的信心，如今小刘已成为资产达数百万元的个体户，并连续 3 年被评为社区先进青年，还积极向社区党支部递交了入党申请书。

在喻朝芬和大家的共同努力下，已有 142 名和小刘一样的青年戒毒脱瘾，终于摆脱了毒魔的残害，走向了崭新的人生。喻朝芬本就是一个情意至诚、堂堂正正的人，她不仅严格要求自己，严格要求自己的子女，还将自己的母爱推而广之，让社区所有的青少年都感受到她这位妈妈的温暖。喻朝芬治社区如治家，在她的眼里，社区就是一个大家庭，社区的每一位后辈，都是她的子孙，她用始终如一的理念治理着自己的小家，也治理着社区这个大家，正是因为她无私无畏的母爱，齐家治社，方才助力了水西社区建成平安、幸福的人居环境，让人间的温暖流入水西社区的每一个家庭！与其说她是一位"百事书记"，不如说她是

奶奶，我也好想您。

一位"百事母亲"，大家口中一声声尊敬的"喻妈妈""喻奶奶"，不正是对她辛勤操劳的最好回答吗？

喻朝芬总结说：关心群众疾苦，群众就没有怨言；及时化解纠纷，群众就没有疙瘩；用一颗公心对待人和事，就能得到理解和支持；付出真诚和爱心，失足的人定会迷途知返，无理纠缠的人就会害羞退却。16载秋冬春夏，喻朝芬的确是这么做的，她做得干净利落，做得问心无愧，做得令人感动。如今的水西社区，洋溢着一派幸福、吉祥的气氛，生活在这里的每一个人，脸上都挂着灿烂的笑容。什么是真正的和谐社区？这就是真正的和谐社区，而水西社区能够如此和谐、安宁，喻朝芬毫无疑问是最大的功臣，她用自己真实不虚的成绩，回报了大家对她的期待，她用自己勤勤恳恳的劳动，为水西人求得了太平，圆了幸福的梦，她用自己的行动，实践了自己四十多年前在党旗下许下的诺言！

诗人臧克家曾经说过，为人民做牛马的人，人民永远记住他。每一位水西人都不会忘记喻朝芬为这个社区所做的巨大贡献和牺牲，而她的事迹，也纷纷被毕节地区、贵州省以及全国各大媒体争相报道，她的美名传遍了毕节地区，传遍了贵州大地，更传遍了祖国的辽阔疆土。几年来，她先后获得第三届"中国十大杰出母亲"、2014 年全国"最美老有所为人物"以及 2015 年全国岗位学雷锋标兵等荣誉称号，后两个奖项中，她是整个贵州省唯一的获奖者。没有人会忘记英雄，这一项项荣誉，放在她身上实至名归，这是社会和人民对她的最好嘉奖！

巍巍乌蒙山，孕育着久远的传说，滔滔乌江水，流淌出神秘的河。春天来了，乌蒙山区开遍了灿烂的花朵，处处回荡着农人亮开嗓子唱起的民歌，处处闪耀着翻翻落下的银锄，这正是为了秋的收获而辛勤耕耘的动人画面！喻朝芬带领着水西社区的父老乡亲，在乌蒙山下、乌江水旁的这片热土，洒下了和谐的种子，而无数如同喻朝芬一样的耕耘者，在祖国九百六十万平方公里的大地上，播种着春的希望，养育着灿烂的未来，鼓舞着更多的人跟随着他们的节拍一道前行。在此，就以歌手黄学新的《在路上》结束全文：

你一直在路上，风萧萧的路上，
多少金戈铁马，和多少雨雪风霜；
你一定在路上，征尘依然飞扬，
你将儿女情长，折叠好藏进戎装。
你总说越是风浪，越生出从容坚强，
你拍拍我的肩膀，告诉我挺起胸膛，
我多想变得和你一样！
我想你又在路上，你走得如此匆忙，
我沿着你的目光，追赶你的方向，
我看到鲜花开满山冈！

岗 祖

对这片土地，他情意深深，对这些人民，他关怀备至，他怀着一颗感恩的心，在社区党支部书记的岗位上默默付出、无私奉献，为社区带来了平安，为居民送去了吉祥，历尽艰辛不回头，老牛拉套劲儿不松。

岗祖：守护吉祥的高原神鹰

颁奖词：和谐一片天，点亮边疆春色
　　　　奔走千家事，赢来藏汉同心

　　西藏，这片神奇而美丽的世外桃源，宛如一颗熠熠生辉的明珠，镶嵌在祖国的西南边陲，不知有多少人为了她而陶醉，也不知有多少人为了她而神往。1939 年，岗祖就出生在这片圣山耸峙、天河奔腾的土地上，少年时代，红星菩萨兵们来到了他的家乡，带领着这里的父老乡亲砸碎了封建农奴制度套在他们身上的黑暗枷锁，走向了幸福美满的新生活。从小到大，岗祖始终不曾忘记共产党、毛主席的再造之恩，"他怀着一颗感恩的心，在社区党支部书记的岗位上默默付出、无私奉献，为社区带来了平安，为居民送去了吉祥，历尽艰辛不回头，老牛拉套劲儿不松"。

建设和谐社区，殚精竭虑

　　冲赛康，在藏语当中的意思是"集市、市场"，它坐落在拉萨城区的中心地带，与名满天下的八廓街唇齿相依，象征着民族团结、民族友好的唐蕃会盟碑，就在它的不远处巍巍耸立。一千多年前，这里已是人声鼎沸、车水马龙的繁华集市，历经千年的时光流转，如今的冲赛康，已成为整个西藏自治区最大的小商品集散地，来自祖国各地的商旅之人在这里欢聚一堂，和谐共生，在改革开放的新时代，共同书写着西藏经济的新辉煌。这里，已是民族团结的窗口，这里，已是各族兄弟姐妹共同的家园，身为冲赛康社区的党支部书记，岗祖深深地知道，自己的责任有多么重大，他也深深地知道，自己的肩上，维系着居民的幸福，维系着社区的安康。

1987年，在全国经济体制改革不断深入的新浪潮中，冲赛康社区成立了。社区成立之初，党总支的全部家当仅有区区600元，不仅如此，由于社区党总支工作人员的素质参差不齐，每天的日常管理十分松散；这里的流动人口非常集中，许多居民的生活严重困难，很多人几乎家徒四壁，这也同时造成了附近的冲赛康广场脏、乱、差现象异常严重，治安秩序异常紊乱，各种治安及刑事案件频繁发生……

面对这样的情况，岗祖痛心疾首。他想：党的基层组织是党在基层开展工作和战斗力的基础，是基层各种组织和各项工作的领导核心，如果党的基层组织就这样得过且过、混吃等死的话，数千居民的幸福谁来保证，经济社会的稳定谁来保证，整个社区的长治久安又由谁来保证？他痛下决心，誓把这些不正常的乱象彻底扭转过来。说干就干，岗祖立即带着大家行动起来，人们常说，"新官上任三把火"，而岗祖的第一把火，烧向的正是冲赛康社区长期存在的懈怠、懒散等不良作风。他上任不久，社区党总支召开民主生活会，原定8点半召开的会议，很多人过了半个小时还不到会场，等所有人来齐，已经是接近中午吃饭时间了。岗祖铁青着脸，严肃地对在场的人说："我们这里是党的基层组织机构，不是散漫的自由市场！有些人总是不把党的纪律当一回事，我觉得这是极其错误的！"岗祖越说越激动，他狠狠地将拳头往主席台上一砸，把水杯的盖子都给砸翻了："连开个民主生活会你们都这样懒散，我也就大概知道你们在平时对待群众的时候是什么样子了！就你们这个样子，还怎么为人民服务？你们这个态度能为居民服好务，能让居民对共产党放心吗？如果谁不想干了，趁早把位置让出来，没有你，拉萨河还是往东流，地球也还是自西向东转！"在场的所有人，没有想到平时温文尔雅的书记竟然会动了真格，从此以后，社区召开工作会议，再也没有人敢迟到了。

有一位社区工作人员，仗着亲戚在市里当官，平时工作作风懒散，几乎没有准点上班的时候，接待群众的时候架子十足，有时甚至公然索要贿赂，社区居民说起他来，无不咬牙切齿，气愤万分。岗祖经过不断调查走访了解情况，掌握了确凿的证据，在这个工作人员毫无准备的情况下，岗祖当着所有社区工作人员和许多群众的面，宣布将他清理出社区党总支队伍。这一下，冲赛康社区炸了锅。那位工作人员怀恨在心，有一天，他带着几名社会闲散人员悄悄跟着岗祖来到了他的家，摸清了他家的所在位置，这天夜里，他看准岗祖家里没人，带着这些帮凶撬开岗祖家的大门冲了进去，将本就比较简陋的屋子砸得一片狼藉，还顺便翻走了家里存放的三百多元现金……

春节走访，岗祖书记向社区的汉族居民献哈达。

在整顿工作作风的过程中，这样的事情，岗祖遇到了不止一次，然而，这些逆流非但没有吓倒这位坚强的藏族汉子，反而更加坚定了他将工作作风整治到底的决心。在岗祖雷厉风行的整顿之下，冲赛康社区的工作作风在很短的时间内就得到了根本上的扭转，以前频繁出现的"门难进、脸难看、事难办"等不正常现象几乎一夜之间便销声匿迹，人们都说，岗祖的身上，有种松赞干布般的硬气，肯下重手，敢出狠招，在他铁腕治军的工作作风下，那些被清理整顿的人哭了，而社区几千名群众却笑了。

如今，走进冲赛康社区居委会办公楼，热心的工作人员认真地接待着每一位前来咨询办事的群众和商户，一张张灿烂的笑脸展露着社区居民的美好生活，处处展现出社区的和谐氛围，而这正是岗祖 20 多年来不断努力所结出的硕果。

整顿工作作风的这把"火"刚刚烧完，岗祖便立即点起了第二把"火"——加强党的基层组织阵地建设。

在他的带领下，冲赛康社区居委会党支部通过加强学习，加强基层组织建设，坚持党的"三会一课"等形式，建立健全了组织生活、民主评议、干部考勤、岗位责任、工作指标等各项基层党建制度，形成了完整的基层党组织建设体系。岗祖一直认为，社区作为党和人民联系最紧密的部门，"关起门来搞党建"是行不通的，只有让人民了解党建、参与党建，才能集思广益、交流融通，才能让党和群众之间的联系更加紧密，才能真正将党建工作同群众实际需要有机结合。每次搞党建活动，岗祖都会亲自邀请一些群众前来参加，请他们为社区党建工作提建议、想办法，耐心听取他们对社区党建工作的意见、建议，并根据这些意见、建议及时创新和调整工作方法，尽力满足群众对党建工作的合理诉求。岗祖不是一个形式主义者，他始终认为，党的基层组织建设不是为应付上级要求而搞的，而是保持社会长久稳定、人民幸福平安的举足轻重的项目，在他的大力主持下，冲赛康社区党总支听到了许多过去听不到的真心话，了解了许多过去没有了解或了解得不透彻的实情，"敞开门来搞党建"搞得群众心里亮堂堂，从这以后，群众对党总支工作的配合更加积极，参与热情也更高了。

社区两个字，不仅仅是党的基层组织阵地这一层含义，更重要的意义在于，它是直接关系到辖区内群众生活的基层群众自治组织。国以民为本，离开了民生谈社区工作，则一切都是空中楼阁。多年来，冲赛康社区内的治安状况一直令社区党总支感到头疼不已，岗祖上任后的第三把火，就对准了社区的治安环境。他和冲赛康派出所密切合作，当起了不是巡警的"巡警"，时不时就到社区的几个关键点位进行无预警巡查。有一次，两伙社会青年因为琐事发生矛盾，在冲赛康广场当街拿刀动棒、大打出手，被巡查路过此地的岗祖发现。岗祖立即操着还不太标准的汉语大吼一声："都给我住手！"那两伙人被岗祖的气势震慑住了，双方谁都不敢先动手，随后，赶来的派出所民警将这两伙人全部制服，并带回了派出所，一场即将发生的流血事件被迅速制止了。又有一次，社区内十几户居民家中遭到一伙盗贼入室盗窃，岗祖和社区民警先后多次到受害人家中进行走访，掌握了这伙盗贼的活动规律，几天后，这伙猖狂的盗贼再度潜入某居民家中准备实施盗窃的时候，被等候多时的岗祖和社区民警堵个正着，一个也没跑了。还有一次，一个被公安局通缉多日的逃犯从四川流窜到西藏，持刀闯入冲赛康社区疯狂实施抢劫，还捅伤了一位八十多岁高龄的老人，岗祖从派出所民警口中得到消息以后，立即组织社区工作人员配合派出所封锁了进出社区的主要通道。当疯狂的犯罪分子出现在岗祖把守的区域时，岗祖立即冲上前去缠住这个抢劫犯，并大声招呼附近的民警和工作人员上来帮忙。丧心病狂的歹徒拔刀刺伤了岗祖的左手，岗祖忍着剧痛，咬紧牙关，死死抱住那个歹徒，直到社区工作人员和派出所民警赶到将其制服。事后，受害者们集体制作了一面锦旗拿到社区办公室，将它亲手送到了岗祖的手中……

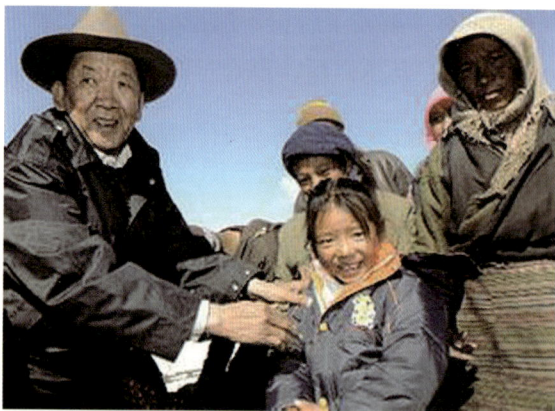

和藏民在一起时，岗祖书记十分关爱地为小姑娘整理衣服。

为了把社区的治安工作搞得更好，岗祖针对冲赛康社区的特点和时常发生的几大突出问题，主持成立了冲赛康社区居委会社会治安综合治理领导小组和拉萨地区人力三轮车管理服务公司，下设治安队、义务交警队、清洁卫生队、自行车存放处、停车场等16个服务点，并安排了148名待业青年及困难户进入其中从事服务工作，有效解决了冲赛康居委会待业青年和困难户的就业问题，有力保证了冲赛康社区治安环境的稳定。岗祖的努力渐渐收到了回报，几年以后，冲赛康社区的治安环境大有改观，变得安全多了、稳定多了，居民们的安全感更足了，对社区工作的信任度也就跟着水涨船高了。为确保社区长久稳定，岗祖和社区的工作人员还加大普法宣传力度，充分利用召开居民大会的机会向社区居民进行法律宣传，有效促进了和谐社区的建设。

岗祖在冲赛康社区书记的岗位上一干就是二十多年，这二十多年里，冲赛康人的凝聚力强了，生活富了，人居环境美了。为了社区的蒸蒸日上，他操碎了心、跑断了腿。他本来有机会获得升迁，去到更高的平台发挥自己的才干，然而，他舍不得这里的父老乡亲，舍不得朝夕相处的这片土地，他甘愿化作春泥，守护着社区和谐。对这片土地，他情意深深，对这些人民，他关怀至深，如果不是一个共产党员的信仰在支撑着他，他又怎能做得这么多、做得这么好呢？

守护民族团结，奋不顾身

2008 年，是岗祖担任冲赛康社区书记的第 21 个年头，这一年，全国上下欢天喜地，到处沉浸在一派迎接北京奥运会到来的喜庆气氛之中。然而，"藏独"分裂势力在境外反华势力的卵翼下，始终想要把西藏这块圣洁的土地从中国的版图中分裂出去。即将在中国拉开帷幕的奥运盛会，在这些分裂祖国的叛贼眼中，如同眼中之钉、肉中之刺，他们处心积虑想要破坏北京奥运会的成功举办，让西藏重新倒退回封建农奴制的悲惨时代，好重建他们可以暴戾恣睢、为所欲为的"乐园"。作为全程经历了西藏解放过程的亲历者，岗祖看透了这些人卑鄙无耻的丑恶嘴脸，当有人胆敢破坏西藏社会的和平安宁，岗祖总是第一个勇敢亮剑，带着大家同这伙匪徒作坚决的斗争。这一年的 3 月 14 日，在达赖集团的操纵下，一伙蓄谋已久的暴徒突然出现在拉萨的大街小巷，疯狂打砸抢烧，横行无忌，许多无辜的人在他们的暴行之下失去了生命，人民的财产遭到了严重的损失。冲赛康是拉萨老城的核心，这里受到的冲击十分严重，一时间，人们不敢出门，商店不敢营业，居民的正常生活受到了严重的骚扰，大敌当前，岗祖临危不惧，沉着应对，在 3 月 14 日恐怖事件发生后的三天里，他带着社区工作人员精心安排、严密组织，收留了 106 名因为暴徒作乱而无家可归的各族群众，把他们安排在社区会议室里保护起来，并且为他们免费提供食品、药品以及医疗等，及时将这里的情况汇报给上级领导和有关部门，让这些不幸的人安然躲过了这场风暴。暴徒是毫无人性的，岗祖已经多少次收到了他们的死亡威胁，甚至还有暴徒想要强行冲击社区居委会，并且叫嚣："有一个杀一个，有两个杀一双！"在这样的情况下，岗祖展现出了一个藏族人的勇敢和坚毅，他没有什么豪言壮语，却用自己的行动给了这伙匪徒一个响亮的回答：破坏人民安宁，此路不通！在各族人民的团结一心之下，暴徒的阴谋被彻底粉碎了，所有在社区避难的人，全部被岗祖他们转移到了安全地带。时至今日，当时的 106 名避难者之一、在辖区内经营理发店的四川人梅素兰女士，提起"3·14"事件时，眼里总是噙着泪花："如果不是冲赛康社区居委会，我早就没有命了，是他们给了我第二次生命……"

"3·14"事件，是对整个西藏的一次大考验，也是对冲赛康社区的一次大考验。在这场突如其来的政治风暴中，冲赛康社区屹立不摇，经受住了浊风恶浪的冲击，用实际行动再一次提升了共产党在老百姓心中的形象和信誉。风波平息后，很多人这样问岗祖，你当时有没有想过自己的安危，有没有想过自己的亲人？岗祖这样回答他们："天下兴亡，匹夫有责，我是一个中国人，也是一个中国共产党党员，在国家遭受侵犯的时候，我应该第一个站出来保护人民的安危，如果我只考虑自己，不管别人，我还配当这个社区书记，还配做一个共产党员，还配称为一个中国人吗？这样的情况，实际上就是两军交战的战场，你见过几个大敌当前主动缴械投降的中国人？如果我只考虑自己的安危，不仅我的家人会骂我，社区居民会骂我，所有的中国人也都会骂我，就算我到了那个世界，我的祖宗也会指着我的鼻子骂我。"

在岗祖的心中，民族团结始终是他心里装着的一件大事，没有民族团结，就没有社会的安宁。作为各民族杂居的区域，由于各族居民风俗习惯各不相同，经常发生或大或小的摩擦，有些甚至会引起流血冲突事件，也有一部分人，由于受到了别有用心的人煽动，甚至会在社区内进行宣扬民族仇恨、扩大民族矛盾的反动宣传，岗祖在处理这些事情的时候，始终秉持着民族平等的原则，同时也要求社区工作人员在处理涉及民族纠纷问题时，严禁带有民族偏见，要坚持公平、公正的原则来化解矛盾，严禁借机挟带私怨、扩大事端，导致矛盾的进一步激化。拉萨是一座多民族杂居的城市，而冲赛康社区由于冲赛康市场的存在，也成为了一座各民族同胞的大熔炉。在岗祖刚担任社区书记的年代，国际局势风云变幻，因为民族矛盾而引发的战争时有发生，每天看完这些新闻报道，岗祖都会体会到，在一个多民族国家，搞好民族团结、民族和谐，是多么重要啊。在岗祖的带领下，冲赛康社区党总支在发展自身的同时，还在加强民族团结方面创新思路，将社区打造成了一个多民族和谐共生的温暖大家庭，每逢节假日，岗祖就会把社区工作人员和居民带到唐蕃会盟碑去参观，借助唐蕃会盟碑的故事，向大家宣传民族团结、民族和谐的重要性。

由于大批人员的涌动，作为党支部书记的岗祖清楚地看到，在少数居民群众的思想中，存在着对外来经商者和务工人员排斥的现象，如果不及时地解决这些思想认识上存在的问题，势必会影响民族间的团结，并直接影响创建和谐社区的大事。岗祖对此进行了认真反思，及时将民

岗祖书记向社区中的藏民低保户发放慰问金。

族团结工作纳入了议事日程，认为要想搞好全辖区内各民族间的团结，首先要搞好领导班子内部的团结，狠抓领导班子内部的思想作风建设。要求党员基层干部要重新全面了解和掌握辖区内常住人口和流动人口的民族成分等基本工作。社区党支部一班人，系统地学习了"三个离不开"的方针和"五湖四海"的原则，通过学习讨论，统一了认识，大家一致认为：我们从事生活、工作的这一社会环境里，始终充满着矛盾。而社区工作面对的大量工作是调解人民内部矛盾、解决人民内部矛盾。如辖区内不可回避而存在的夫妻关系、家庭成员间的关系、邻里间的关系、各民族间的关系等，所有这些问题处理得如何，直接关系到营造和谐社区，促进和加强各族间的友好和睦。社区党支部基于这样一种高度的认识，促使党员和党员干部牢固树立马克思主义祖国观、民族观、宗教观和文化观，树立政治意识、大局意识、责任意识，将发展经济、维护稳定、反对分裂和加强民族团结作为居委会政治工作的重中之重。充分认识到民族团结是全区保持政治和社会稳定，加快经济社会发展的重要保证。岗祖还经常不定期地走访居民群众和流动人员，及时掌握和了解他们的思想动态，宣讲民族团结的重要性，开展人人争当民族团结模范的活动，从而在全辖区内营造了一个自上而下的，注重民族团结，尊重各民族风俗习惯和宗教信仰，各民族兄弟亲如一家的良好氛围。

"一方有难，八方支援"。当岗祖得知内地发生冰冻灾害、四川汶川等地发生地震灾害和邻近的当雄县境内发生地震等消息后，他立即带领社区党支部和居委会，组织广大居民群众，开展了向灾区人民献爱心活动，共集中了 135971.2 元的资金。2010 年 4 月 14 日，当获知在青海省玉树州发生强烈地震的消息后，岗祖立即动员社区党支部和社区居委会成员，及时组织动员辖区内居民群众、个体商户、企业等单位向灾区捐款，在捐款现场，他二话不说，一次就捐了 5000 元，而这，可是他两个月工资和补贴的总和！岗祖的行动感动了所有的人，在他的带领下，社区有近十名党员和基层干部主动募捐了 3000 元以上，使这次捐款金额达到了 15 万元（其中党员个人捐款 20655 元）。捐款结束后，岗祖亲自带人拿着所有的款项，购置了灾区人民急需的糌粑、砖茶、盐巴等救灾物资，并安排 4 名工作人员雇用两台大货车，将总重量达 17.5 吨的救灾物资及时派往青海玉树州。4 月的天气乍暖还寒，押运物资的工作人员顶着一日三变的气候条件，日夜兼程，争分夺秒，把凝聚冲赛康社区广大居民心意的抗震救灾物资直接送到了灾区人民手中，受到了当地组织和灾区人民的高度赞扬。

多年来，冲赛康社区居委会在建立社会主义民族关系方面的这些新思路、新举措，受到了辖区内各族群众的拥护，同时，在岗祖的以身作则、潜移默化中，全社区内形成了一个各民族之间相互团结、相互关心、相互帮助、和睦共处，人人争当民族团结模范，人人为营造平安、和谐、小康、生态社区贡献的良好氛围，在他的带领下，冲赛康社区民族团结的凯歌越奏越响。"56 个民族是一个大家庭，无论谁有困难，相互帮助都是应该的，这是我们的责任。我们基层党组织，就应当成为让党放心、让人民靠得住的坚强堡垒！"这是岗祖在谈到民族问题时经常提起的一段话，他觉得，作为基层党组织负责人，就要始终忠诚于党，胸怀祖国，坚决同民族分裂势力作斗争，为维护社会稳定和民族团结做出自己应有的贡献，他是这么想的、这么说的，也是这么做的。为了守护辖区内民族的团结、社会的稳定，他甚至可以置生死于度外，如果这样的人不能作为维护民族团结的典范，那又有谁能担当得起如此光荣的称号呢？

永葆党员本色，堪为典范

岁月的风刀霜剑，在岗祖的身上刻下了深深的印痕，作为新旧西藏历史更迭的见证人，没有人比岗祖对西藏民主改革前后的黑白两重天有更深刻的体味和感悟，也没有人比岗祖对共产党人有更深刻的认识和思辨。从当年在党旗下举起右拳庄严宣誓的那一刻起，岗祖就将自己的一生都献给了这个当年的红星菩萨兵、今日的奔梦领路人，他是一个平凡的人，平凡得像邻居家慈祥和蔼的老大爷一样，他又是一个不平凡的人，"位卑未敢忘忧国"，是对他的一个精准概括。当然，社会主义社会里的人，没有尊卑贵贱，然而岗祖的品格和操守，却让他在平凡中显得高贵，在普通中显得卓尔不群。

什么是真正的共产党员？真正的共产党员，要始终代表中国先进生产力的发展要求，要始终代表中国先进文化的前进方向，要始终代表中国最广大人民的根本利益。这三点，岗祖都在自己的岗位上完美地做到了，在社区这样一片天地，他的发挥已经足够令所有的人敬佩，他的情操已经足够令所有的人动容，他的事迹，足以成为我们每一个人学习的典范。

圣洁的雪域高原，总是给我们太多太多的赞叹，我们赞叹于它的

岗祖书记在高原。

群峰挺立，赞叹于它的峡谷幽深，赞叹于它的河湖莹润，赞叹于它的蓝天高远，当然，也赞叹于它的民风淳朴，赞叹于它的历史绵长，赞叹于它的田园美妙，赞叹于它的古城流光。生长在这样一片美到令人不敢破坏的土地上，岗祖的心灵充满着家乡赋予他的纯洁和美好，他自始至终都将藏家儿女的朴实无华和共产党员的勇做先锋融合为一，他的身上深深刻印着西藏人的魂，他是一个顶天立地的大写的人！还记得那个古老而美丽的传说，在西藏的天空里飞翔的神鹰，是带来安康和吉祥的守护神，只要有它在，藏家人的生活就会幸福万年长。在和谐社会的阳光下，岗祖正如一只飞翔在冲赛康上空的神鹰，守护着这里的安康，守护着这里的吉祥。

杨格桑

杨格桑常说："人，一生一定要激情地活着。有了激情就有希望，有了激情就会去耕耘，有了耕耘定会有收获。"他是这么说的，也是这么做的。

杨格桑：追求人与自然的和谐之美

> 颁奖词：别样格桑，白发归来多建树
>
> 　　　　激情晚景，红霞映衬乐耕耘

　　在藏族的神话传说中，"格桑"是掌管人间疾苦和幸福的天神。由于人类的贪婪无知，肆意滥杀草原上的生灵，激怒了上天，于是上天派格桑天神来人间惩罚人类。格桑来到人间后看到连年的战争已使这片大地没有了生机，到处瘟疫肆虐，民不聊生。于是，格桑违背天命，帮助人类战胜瘟疫，拯救了人类，并给人类以改过自新的机会。为了纪念他，人们用他的名字来表示最美好的意思，"格桑"在藏语中，意即"幸福"。

　　对于藏族老人杨格桑来说，"格桑"这个名字是亲人送给他的最珍贵的礼物之一——出身贫苦的父母没有带给他幸福无忧的生活，但是给了他最美好的祝愿。而他，也的确没有辜负这个美好的名字。他终生敬畏自然，与山和草原结缘——他于古稀之年组织甘南州登山协会，广纳登山爱好者，翻越高山，老当益壮，在强身健体中追求人自身的和谐；他发起成立甘南州环境保护协会，与志愿者们深入草原、牧区，最远曾一日徒步 45 公里捡拾垃圾，追求人与自然的和谐相处。在桑榆晚景中，他为自己找到了新的人生目标——追求人与自然的和谐之美，感召更多人强健自身、乐享生活、敬畏自然、和谐共处。演绎了一段"倡导文明强社稷，践行环保利家园。甘南莫道桑榆晚，尤作青春锦绣篇"的佳话。

一路走来多坎坷

甘南藏族自治州是中国十个藏族自治州之一，因位于甘肃省西南部，并以藏族聚居为主而得名。其地处青藏高原东北边缘与黄土高原西部的过渡地段，大部分地区在海拔 3000 米以上。

1946 年 12 月，杨格桑出生在甘南州舟曲县果耶乡果耶村一个贫苦的农民家庭。他出生没多久，母亲就过世了，不久后，父亲也因故离家出走，年幼的他从小便与爷爷生活。从婴儿时起，饥饿就一直如影随形伴他左右，因为先天不足、后天长期的营养不良，他身体羸弱，比同龄的孩子都要瘦小。

也许是应了"穷人的孩子早当家"的老话，杨格桑从小就懂事听话，性格独立，小小年纪的他料理家务、照顾爷爷，还想尽办法贴补家用，以减轻爷爷肩上的负担。这让年迈的爷爷感到莫大的安慰，爷孙俩互相支撑，相依为命。苦日子磨炼了杨格桑的性格，使他自小就有一股子坚韧不拔、从不服输的犟劲儿。

杨格桑 15 岁时，为了减轻家庭负担，来到位于甘南州西北部的夏河县武装部队当兵。在平均年龄 22 岁的军人队伍里，他是年龄最小的，个头还没有枪高，连枪都背不动，更不要说背着枪站岗巡逻了。参加集训时，有一次他投掷手榴弹才投了 10 米，老兵笑话他说："你是炸敌人，还是炸你自己啊？"在部队里，每天都要出操，两次长跑，两次短跑，两次爬山。

夏河县地处青藏高原东北边缘，年平均气温只有 2.6 摄氏度。海拔 3000 到 3800 米，空气稀薄，要爬的两座山都很陡峭，这对于当时瘦弱的杨格桑来说是个不小的挑战。别看杨格桑年纪小，但是为人热情实在，独立性强，从不愿给别人添麻烦。有一次，在爬山训练中，杨格桑脚蹬沉重的大头鞋，气喘吁吁地奋力攀爬，双脚沉重得像灌了铅块一

脸上总挂着笑容的杨老。

样，他怕因此影响速度，不能按时到达山顶而拉大伙的后腿，索性将鞋脱下来，搭在肩膀上往山上爬。等爬到山顶时，双脚连冻带硌，已经麻木得没有知觉了……这样的军旅生活持续了整整七年。这七年对杨格桑而言，不但体能得到了锻炼，让他在一次次挑战中拓展了自己的身体极限，而且意志也得到了磨炼，让他从当年的一个兵娃子成长为一名坚毅果敢的军人。较强的责任心和团队意识，也是这七年军旅时光送给杨格桑的人生礼物。而杨格桑与山结缘的缘分种子，大概从那时就种下了。

当兵复员后的 1968 年，22 岁的杨格桑迎娶了妻子牟洁玉。他们的婚姻说起来还是那个年代比较少见的女追男的故事。关于妻子，杨格桑有很多甜蜜的回忆："她当时在镇上帮父母守铺子，背后有个照相馆，我到那去照相，有时候和战友出来买东西，经常要路过她门前。我们结婚以后她才告诉我，说是那时候我很瘦，这个小兵娃子还长得这么心疼（注：西北方言，意即可爱），她就把我看上了，好像是心里有意了。"婚后，夫妻两人为生活奔波，大概是因为从小生活在一个不完整家庭的缘故，杨格桑为了弥补心中的缺憾，整日奔忙经营着自己的小家庭，而妻子牟洁玉贤惠善良，凡事为丈夫着想，虽然生活清苦，但二人的感情一直很好。在当时，杨格桑的家庭是中国千百万个家庭中很普通的一个，简单而奔波忙活的日子，充满了对美好生活的奔头和淡淡的幸福滋味。

一路拼搏不服输

从部队退伍后，杨格桑在夏河县的邮局找到了一份邮递员的工作，在风吹日晒中走街串巷，风雨不误地把信送到人们手中。那时，国家经济形势总体都处在相对困难的时期。杨格桑作为邮递员的工资非常低，小两口的日子过得捉襟见肘，妻子怀孕后，日子过得更紧张了，甚至一度家里困难得揭不开锅。在最贫困的时候，一家人不得不借居到位于夏河县城西一里地的拉卜楞寺中。占地十余亩的拉卜楞寺是藏传佛教格鲁派六大寺院之一。在寺庙后殿的空房间中，一家人找到了一个安身之处，一住就是整整三年。为了谋生，杨格桑还在下班后找些零工干，贴补家用。

杨格桑的女儿杨丽君从出生直到成年后，身体一直瘦弱，因为当时家境贫寒，家中没有粮食时，杨格桑就到已经收割完麦子的麦田里捡些麦穗，或者在村里挖过土豆的地里挖捡一些"漏网之鱼"，拿回家在火中烧熟后给妻子充饥。妻子孕期因营养不良也非常瘦弱，甚至快生产时，邻居都不知道牟洁玉已身怀六甲。

夫妻两在艰难的岁月中，温暖慰藉着彼此，度过了人生中寒冷的冬天，女儿的出生为这个家庭增添了更多乐趣，也让夫妻俩对未来的生活充满了希望和向往。

杨格桑是个生活的有心人，在做邮递员期间，一直在寻找改变命运的机会。他善于发现，喜欢读书，利用业余时间撰写了不少鲜活的通讯稿，投到甘南州的报刊社和电台。他把在日常生活和工作中的所见所闻、所思所想记录下来，这些富有生活气息和真情实感的文章很受编辑们的欢迎。三年间，杨格桑在甘南州各种媒体上发表了200多篇文章，成了当地小有名气的"邮递员笔杆子"。

1981年，甘南州的广播电台招聘编辑，得到消息后，杨格桑意识到机会来了。现任甘南州广播电台总编室主任的虎玉生，当年还是甘南州广播电台的一名普通编辑。他回忆当年招聘杨格桑的经过时说："我此前看了他的稿件之后，就觉得写得非常不错，经常和同事们当作范文去学习。我们领导看过他的文章后，也建议把他调过来，还嘱咐我说'咱们要尽早调一下，不然甘南报社其他单位就要把他调走了'。"

这次改行彻底改变了杨格桑的人生之路。他被调到甘南州广播电台担任编辑工作，找到了自己的兴趣所在，他几乎是单位里每天来得最早、走得最晚的编辑，全身心地投入到工作中，似乎想最大限度地增大工作的密度，把在艰难中度过的那些岁月，争分夺秒地追赶回来。他将对生活的热爱和对工作的热情，都转化成了文字倾注笔端。这一干，就是十年。

1991年，作为甘南州广播电台的资深编辑，杨格桑接受干部交流政策调整，来到甘南州政府所在地合作市的甘南州人事局，任科技干部科科长一职。他责任心强、兢兢业业，细心、认真、务实的工作作风一直未变。十余年中一直是甘南州科技干部用人的正直参谋和助手。直到2012年，杨格桑告别工作岗位，正式退休。

一路高歌向远方

杨格桑早年就对登山运动情有独钟。眼望着合作市周围的一座座风景秀美的"神山",不多走走看看,不是枉费了大自然对自己生活的慷慨赠与吗?现在的生活富裕了,但如果没有一个健康的身体,怎么去享受生活呢?健康的身体和愉快的心情要靠自己来争取,既能亲近自然,又能乐享天年,登山是绿色的户外运动方式,不是最适合自己的健身方式吗?因此,退休之后,杨格桑并不满足于整日待在家里含饴弄孙,他在每周的生活安排中增加了一个项目——登山。登山不但让杨格桑找到了最适合自己的运动方式,而且让他有在大自然中放空自己的感觉,更深刻地认识到人类在大自然面前是多么渺小,敬畏自然的想法在他的心中一次次氤氲升腾起来。

山越登越高,路越走越远,闲不住的杨格桑足迹遍及甘南州的阿米唐欠、当周、好兰木、加欧、地瑞等十余座高山。

在高原登山的难度远大于在平原地区的登山活动。甘南是典型的

登山中的环保行动,杨老常说这种举手之劳能让自己有所收获。

高原性气候，常年气温较低，年平均气温只有 4 摄氏度。其南部的岷迭山区，山大沟深，平均海拔都在 3000 米以上。这里昼夜温差大，日照强烈，天气多变，经常风雨骤至。除了要克服高原反应以外，山中多变的天气让登山活动充满了不确定因素。有一次，杨格桑从扎油乡登山，在旷野里便迷路了，空旷的草原上人迹罕至，一路上只能听见喜鹊寥寥的几声鸣叫，一个人影也没有，在旷野里跋涉了 20 多里路后，他终于找到了方向。这次迷路让杨格桑对爬山运动打起了退堂鼓，就在这个时候，他遇到了同样爱好登山运动的董永明。董永明是甘南州民政局的一名公务员，同样爱好登山运动，因为周围没有发现同伴，平日里登山都是独来独往。两人兴趣相投，相见恨晚，便相约一起登山。从 2003 年开始，每周六杨格桑便和董永明一起结伴而行，背着背包，带上食物，徒步登山，远则 30 余公里，近则 20 公里左右。这一登就是四年，直到 2007 年的一个周末，他们遇到了另一个登山爱好者黎雷。黎雷回忆当时的情景时说："那时候天还比较冷，我们在登山的时候遇到，杨格桑看见我穿得单薄，手套也没有，他抓着我的手说：'你这样不行，天太冷，山上风又大，该冻坏了。'说着把他的手套脱了下来让我戴上，我心里感到特别温暖，心里想：'这人咋这么好？'"

在护送黎雷下山的路上，两人聊起了天，杨格桑得知，黎雷也是一个登山爱好者，但因为有这种爱好的人可遇而不可求，于是每次登山时都形单影只，乐趣和安全性都减少了许多。杨格桑想，像黎雷这样的登山者在甘南有很多，如果能够聚集在一起，成立一个"登山爱好者之家"，那么爬山的乐趣和安全性都会提高很多，这个想法一出现，他就把这事纳入到了自己的日程，早出晚归地忙开了。

2007 年 6 月 23 日，在去博拉乡的路上，杨格桑发起成立了甘南州第一个民间户外运动群众体育团体——甘南州格桑山友协会。"格桑花"是一种生长在高原上的普通花朵，秆细瓣小，看上去弱不禁风的样子，可风愈狂，它身愈挺；雨愈打，它叶愈翠；太阳愈暴晒，它开得愈灿烂。它喜爱高原的阳光，不畏严寒风霜，被视为高原上生命力最顽强的一种野花，在它身上，寄托了藏族人期盼幸福吉祥等美好情感，象征着团结、和谐。而这个名字，恰巧也与杨格桑的名字暗合。那天，杨格桑和队员们都很兴奋，虽然当时只有 6 个人，但是山友们终于有自己的"组织"了。山友们推选杨格桑担任协会常务理事会理事长。2010 年，在山友协会的基础上，杨格桑又组织成立了甘南州登山协会。

　　每个周末的早上六点，杨格桑的老伴牟洁玉就起来给杨格桑做早饭了，七点半准时出发，八点赶到离家两公里的集合地。在杨格桑的组织下，格桑山友协会成立七年来，全年 52 个周末，每周都按时出发，风雨不误，并根据人数和山友们的身体适应情况，采取长、短程与快、慢兼顾；远程活动与晨练并举；步行与乘车结合的多种活动方式。每次活动都出自山友们自愿，每次都是浩浩荡荡的一队人马，一路上欢声笑语传得很远、很远……每次登到山顶，山友们都会聚集在一起，按照藏族的风俗敬神祈愿。按照藏族的习俗，某一部落、地域、村庄的"保护神"，均设在这一地域最高的山巅或扼守交通要冲的山垭隘口上。人们以五彩的箭垛作为供奉的象征，每年为这些"保护神"举行供奉仪式——插换新的彩箭。每当山友们辛苦跋涉之后，都会聚集在箭垛周围，载歌载舞。从刚开始爬山时的气喘吁吁到后来健步如飞，杨格桑和山友们的身体更棒，心情也更舒畅了。

　　几年下来，凡是甘南州政府合作市周围能看见的神山，他们都爬遍了。合作周边的阿米唐欠、当周、好兰木、加欧、地瑞、热布肖、德合娄、黄格合、特尔告、索姆、德亦德合等 10 余座神山成了他们常去的地方，此外，他们还到草滩、山坡、幽谷、丛林及扎油寺院、加依勒寺、多合尔寺、美武寺、卡加曼寺、拉德药泉圣水等 50 余处户外运动场所。如今，日渐壮大的山友会的成员中，年龄最小的是十岁的小学生，年龄最大的是古稀之年的老人，不少曾经有"三高"症状及体重超标的会员，现在各项身体指标都恢复了正常。目前，这支队伍已经发展到了 256 人，每年活动达 2300 人次。

　　杨格桑作为山友协会的主要负责人，一直感到重任在身，在他看来，山友协会不是一个简单的登山爱好者集结的松散组织，而是一个集环保、慈善、交友、文化于一身的协会，并一直向这个方向努力。他为协会设计了会徽、会标、会旗、会歌，建立了"甘南格桑山友"的博客。这对于一个民间自发的组织来说，耗费了杨格桑不少的心思。

　　山友会的会徽是一座五指山的造型，它本身是一块造型奇异的石头。想起会徽设计的过程，杨格桑侃侃而谈："协会刚成立的时候，我就想着，已经有了会旗，还有个会徽该多好啊。我不会画画，设计不来，想请人设计也不太理想。有一天我就到山友陈红本家里去聊天了。聊天的过程中，他说他们捡到了一块造型奇特的石头，请我看看，我一拿起了这块石头，就说'哎呀，这不是咱们山友协会的会徽嘛。五个指头自然形成一座山，天然的会徽……'当时那个兴奋劲儿就别提了！"

酷爱摄影的杨老常在旅途中为朋友们拍摄的照片。

每次登山活动中，杨格桑都为山友们录像、拍照，并将录像照片进行编辑、刻录成光盘，把山友们的美好回忆储存其中。截止到2014年，杨格桑共摄制山友活动片26集，照片2000多张，光盘和冲印的相片全都免费送给山友们，分文不收，虽然一张碟片、一张相片所花费并不多，但如果累计起来也达到了20000元，对于靠退休金维持生活的杨格桑来说，也是一笔可观的数字了，但杨格桑并不吝惜。近年，甘南州新闻媒体采用他的文字稿件11篇，图片35件，视频3件，其中照片《合作市郊发现黄羊》获甘肃省摄影比赛三等奖。在杨格桑看来，格桑山友协会本身、一位位山友，甚至一张张碟片和相片，都是登山运动的最好"宣传单"，号召人们走出家门，走向户外，走向更广阔的大自然，去体验自然之美，去体验在大自然中人与人之间关系的单纯与和谐。山友会的意义更在于"带动"，带动更多的人选择更健康的生活方式，正是："绽放激情乐暮年，格桑协会百花鲜。登山锻炼身心健，歌舞回旋岁月欢。"

一路风景共欣赏

甘南旅游资源很丰富，类型全、品位高、特色浓，并具有原始性、神秘性和多样性特征。其地域辽阔，自然风光绚丽多彩，藏族文化古朴神秘，民俗风情浓郁独特，历史遗迹底蕴丰厚，拥有世界上最大的绿色峡谷群，亚洲最大的天然草原，以优美的藏族弹唱闻名于藏区。近些年来，随着旅游业的迅速兴起和发展，甘南独具魅力的旅游资源引起人们的关注和中外游客的青睐，被誉为美丽神奇、纯净圣洁的人间仙境——香巴拉。

各地慕名而来的旅游者和当地居民环保意识的不足，给当地环境带来了一定压力。"四十多年前，我被分到这里参加工作时，合作还是一个小镇，家门口就是绿油油的草原。如今这里高楼林立。"在四十余年中，杨格桑见证了草原小镇日新月异的变化，"老百姓兜里有钱了，生活提高了，超市里什么都能买到了。可是，塑料袋变成了草原上、山沟里最肆虐的垃圾"。在登山过程中，杨格桑看到有人随手丢弃的塑料瓶、塑料袋等垃圾，心里非常着急。一方面，杨格桑要求协会的所有山友绝不在山上制造垃圾，带到山上的食品的包装袋、塑料瓶等，都随身带下山来；另一方面，他自己还带着一个编织袋上山，每次在山友们娱乐的时候，杨格桑就开始捡山上的垃圾，下山时背着一袋子垃圾。山顶垃圾多是牧民祭拜之后留下的祭祀用品，草原上的垃圾多是游客扔的烟头、罐头瓶、饮料瓶、食品包装袋等。甘南州十余座山还有草滩、丛林、寺庙、圣水等五十几处户外运动的地方，人们制造垃圾的速度远远超过杨格桑捡拾的速度。山友们受到杨格桑的触动，也都开始自发地捡拾山上的垃圾，他们既是登山爱好者，又是义务环保践行者和宣传员。

对此，杨格桑有个朴素的想法："像我们老年人，不光要自己活得健康，也要让子孙后代能健康地活在世上，如果我能够在让自己健康的同时，再做点其他事情，做点对社会有益的事情，能做多少做多少，也不枉咱活的这一遭啊……"

2010 年 7 月，在格桑山友协会的基础上，杨格桑带头组织成立了"甘南州环境保护协会"，会员达两百余人。他们把清理垃圾作为登山运动的活动之一来做，还编写印发环保材料，每次上山都向山上的游客发放。用杨格桑的话来说，他们是"一边锻炼身体一边搞环保"。

有一次，山友们在登山的时候，发现有村民砍树要修房，杨格桑上前制止，他对村民说："这些树木是大自然生长起来的，你破坏了以后，对你来说也是不好的。因为树木破坏严重了会造成泥石流、山体滑坡，危害大着哩。咱们要给子孙后代留点绿色啊！"村民听后，没有继续砍树，而是用废灌木树做了拆建活动的用材。随后几天，杨格桑带着山友们来到被砍伐树木的地方，重新补种了新树苗。

杨老受邀的甘南州登山协会会员们合影。

其实早在甘南州环境保护协会成立前的 2009 年 12 月 12 日，杨格桑就在格桑山友协会的基础上组建成立了"陇原世纪行甘南组委会格桑山友环保志愿团"，从 2009 年至今，杨格桑和他的队友们共捡拾垃圾 5 吨多，印发宣传资料 6000 份，制止多起砍伐林木的事件。在环保观念还较为淡薄的甘南州，杨格桑希望从观念上改变藏民们的环保意识，而这种改变的动力来源于杨格桑一个朴素的信念，那就是对自然要有敬畏之心。所以，他每一次外出都会背着一袋子垃圾"满载而归"，他感到这种举手之劳能够让自己有所收获，也感受到自己晚年生活的充实。

杨格桑深入高山、草原、牧区捡垃圾，宣讲环保知识的事迹在甘南传开后，跟着这位老人"守护"草原的队伍越来越庞大，很多人主动参与进来，自发组成"保护草原志愿者队伍"统一活动。杨格桑说："我们去那些车子进不去的沟沟坎坎，自带干粮和大小包徒步前行，目前走完了 40 多个村子。"他们将容易处理的垃圾焚烧、掩埋，山谷里的垃圾带回市区垃圾收购点，由环卫工作人员统一处理。志愿者安复祥说，正是因为杨格桑老人的环保精神感动了很多人，老百姓都愿意主动把垃圾收走，或把一块废电池交过来，就当自己"举手之劳，为这七旬老人减少一次弓身捡垃圾的次数"。

2012年，杨格桑成立了环保协会办事处，并用互联网开办了环保博客，宣传一些环保常识。这个办事处设在一个残疾人会员的小卖部里。里面堆满纸箱子，打开全是回收的废旧电池。门口手工制作的回收箱里，经常有群众拿来废旧电池投进去。小卖铺老板刘梅东说："之所以自愿提供办事处场地，是被杨叔叔的精神感动了。不少人路过我的小卖部时，都会自觉地把旧电池放到箱里，杨叔叔曾经跟我们说过，这个废电池啊，对环境的污染非常大……""我们甘南人的环保意识越来越高了，这一点令人欣慰。"杨格桑说，目前该协会回收的废旧电池有上百斤，积攒一定数量后，就运到兰州市做标准化销毁处理。

2012年，"甘南州环境保护协会"受到甘南州人大环保委表彰，其中13名会员被州环保局聘请为全州环境保护监督员。2014年11月，杨格桑被国家老龄办评为全国"最美老有所为人物"。"我都这么大年纪了，不在乎这些荣誉，只是想为藏区环保事业做些力所能及的事情。"对此，他淡淡地说。

甘南州素有"歌舞之乡"之称，藏族能歌善舞举世闻名。在日常生活中，杨格桑发现左邻右舍像自己一样退休的老年人，有着很强的文化娱乐需求，他们多才多艺，但赋闲在家，这么好的资源白白浪费，多可惜啊！如何将这些老年人组织起来，让他们更好地发挥余热，不但自己健康，还能为别人带来快乐呢？于是，他在2009年9月发起成立了"甘南藏族自治州香巴拉之音文化艺术协会"。协会成立之初，他四处招募人才，物色了20名具有较好较高文化艺术才能的老年人作为协会骨干，带领更多老年人参与文化艺术活动。此后，协会又成立了"香巴拉音乐分会""希梅朵合歌舞分会""秦腔分会"和童心艺术团，这些分会各自开展不同形式的文化艺术娱乐活动，组织"文化三下乡"演出活动，深入佐盖曼玛、佐盖多玛、卡加曼等乡演出，农牧民观众近两万人次。2013年建州60周年前夕，中央电视台国际频道采访他和几个协会，并在《最近的雪域高原》摘辑了协会活动事迹。

不论是艰苦当兵的少年时代，还是寄居拉卜楞寺的贫困时期，这些苦难成为晚年的杨格桑老人健康身体和乐观心态的财富来源，他希望将自己在人生路上得到的帮助在晚年时能够更多地回馈给社会。老有所为、老有所乐。杨格桑很享受现在的生活，他一直有一个生活理念——"人，一生一定要激情地活着。有了激情就有希望，有了激情就会去耕耘，有了耕耘定会有收获！"花白的头发、宽阔的额头、憨厚的笑容，杨格桑将自己的晚年生活打造得熠熠生辉，真是"别样格桑白发归来多建树，激情晚景红霞映衬乐耕耘"。杨格桑是一个闲不住的人。他一生都在走一条追求和谐的道路，在这条路上，他追求着人自身的和谐，人与人之间关系的和谐，以及人与自然之间的和谐。

魏世杰

　　热爱生活，这是魏世杰给我们的答案。热爱生活，无论生活是苦涩的还是温馨的，就像爱自己的亲人，无论他贫穷还是疾病。当苦难降临的时候，每个人都会有自己的选择，但生活总会选择坚强的人，也只有坚强的人，才有机会望一望远方。

魏世杰：他这样的人，应该受到人们的尊重

> 颁奖词：退却不休，笔耕万字宣科普
> 　　　　行能作则，力养三亲显赤诚

这个世界上只有两种人

提起魏世杰老人的前半生，有两个关键词是不能不提到的，即山东大学物理系和 1964 年。

1964 年的 10 月 16 日上午，北京中科院九院办公楼内，周光召和他的同事们经过连夜的运算，将一个报告呈送到了周恩来总理面前：经计算，我国第一颗原子弹爆炸试验的失败率小于万分之一，建议按时起爆。当天下午 3 点，随着罗布泊上空升起的蘑菇云，中国第一颗原子弹成功爆炸。也就是在 1964 年，魏世杰顺利地从山东大学物理系毕业了。

翻开山东大学物理系的历史，你会发现始建于 1930 年的山东大学物理系曾是一个名师云集、英才荟萃的中国物理学重镇：首任系主任是留学英伦的物理学家蒋德寿；北京大学物理系毕业的王普 1930 年来到山东大学物理系，执教数年后，又到柏林大学学习，获得科学博士学位，1946 年他回到山东大学任物理系教授、系主任；1933 年哈佛大学物理学博士并已担任哈佛大学讲师的任之恭回国，出任山东大学物理学教授；1934 年留学归国的柏林大学原子物理学博士王淦昌经叶企孙推荐，接受了时任物理系主任的毕业于哈佛大学研究生院的物理学家王恒

守的邀请到山东大学物理系任教授；中央
研究院物理学研究所所长丁西林 1947 年
初辞去所长职务，赴山东大学物理系任
教；1952 年曾担任爱因斯坦研究助手，培
养了吴健雄、李政道等人的著名物理学家
束星北离开浙江大学，被调到山东大学物
理系，此外还有方光圻、潘祖武、王普、
郭贻成等中国著名物理学家都曾先后担任
过山东大学物理系的主任，等等。

年轻时的魏老，意气风发。

　　他们之中的很多人，后来为中国的
"两弹一星"事业贡献了自己的力量。有
一点需要注意的是，魏世杰在山东大学物理系读书时的老师中，有的
已经身兼中科院物理所研究员并参与到新中国核武器的研制之中，因
此，当魏世杰 1964 年大学毕业后不久便去了国家二机部九院下属的青
海 221 厂也就不足为奇了。所谓名师出高徒，魏世杰从此走向了他人生
中最辉煌璀璨但也最默默无闻的工作。221 厂的名字很不起眼，也于上
个世纪 80 年代被撤销了，但是在当时对于中国的核事业和研究人员而
言，221 厂就是一个圣地，那里是中国第一个核武器研制基地，中国第
一颗原子弹、第一颗氢弹都是在这里研发成功的。

　　套用一句说得俗套的话，这个世界上只有两种人，一种是核研究
人员，另一种是其他人。在 211 厂隐姓埋名了九年后的魏世杰在将他人
生中最宝贵的青春留在了 211 厂后，又马不停蹄地转赴四川绵阳的山沟
里，三十年间，魏世杰见证了中国核事业的从无到有，由弱变强；三十
年间，不夸张地讲，魏世杰每一天都面临着核辐射的风险。魏世杰和他
的同事每天上班时，会随身带上一个照相底片，用黑色纸包着，下班时
交给安检员，拿到暗室去冲洗一下，发黑了就说明身体今天受到了辐
射。而事实上，这种检测更多的是从研发地的安全隐患角度考虑，如果

为海军作报告，科普内容总能以故事形式吸引读者。

底片变黑，魏世杰们首先要做的是检查实验室是否有泄漏。至于自己身体所受到的辐射，根本没有什么有效的治疗手段，唯一能做的就是平日多喝点糖茶，所谓糖茶，就是喝茶的时候往里面放糖，传说可以排出一些放射性元素，完全没有科学依据。

　　当然，还有比核辐射更大的危险，我们想象不到世界上还有哪一种职业是比核武器的研制更具有危险性的，尤其是在研究的初期。1969年的11月14日是魏世杰此生无法忘记的日子，这一天不是他取得了大学录取通知书的日子，不是与妻子的结婚日子，不是妻子为他生下孩子的日子，也不是他取得了某一项科研成功的日子。这一天，他的四个朝夕相处的同事因为爆炸事故失去了生命。待魏世杰和其他的同事们赶到现场的时候，只见爆炸现场的每一块砖都已经被炸得粉碎了。至于人则已经成了肉末，他们把现场的肉末收集在一起，分成四堆，昨天还活生生的人就这样真的没了。魏世杰自此对粉身碎骨四个字有了切身的体会。臧克家说："有的人活着，他已经死了；有的人死了，他还活着。"相比而言，魏世杰是幸运的，他还活着，并成为了世人的楷模，然而正如冰心在悼念梁实秋时写的那样："实秋，你还是幸福的，被人悼念，总比写悼念别人的文章的人，少流一些眼泪，不是么？"

科学家的一生应该怎样安排

对于一个学者或者说是科研人的理想人生安排是怎样的呢？或许就应该是青年治学，中年报国，晚年科普。魏世杰就是沿着这样一条道路走的。

魏世杰童年时曾有过两个远大的理想，一是当科学家，一是当作家。早在国家二机部九院核研究一线的时候，魏世杰就已经尝试着写一些科普作品，1985 至 1986 年间，更是连续出版了《原子小演义》《飞行传奇》《现代兵器》等多部科普作品，《原子小演义》还获得了四川省第二届优秀科普作品二等奖。许多年后，一位叫张沿江的读者给魏世杰写信说："我在上高中的时候，看过您的一本《原子小演义》，我觉得写得非常好。现在孩子大了，这本书可以作为科普教材给她……"1985年，因为在科研和写作方面所取得的骄人成绩，魏世杰被任命为九院《曙光报》的主编。他虽然喜欢写作，但还是更愿意在科研一线工作。一年后，魏世杰又被提拔为九院宣传部副部长，并兼任《当代中国》丛书以及《中国军工史·核武器分卷》的编辑。其间他有机会接触了大量资料并采访当事人，这为他晚年的写作提供了更为丰富的素材。

1990 年，在一番思想挣扎过后，魏世杰终于决心与他热爱的科研事业告别，由于父母的日益年迈，尤其母亲还双目失明，魏世杰本已经亏欠他们很多，他再不忍心与双亲两地远隔，为了尽为人子的孝道，魏世杰申请调回了他久违的故乡青岛，陪伴父母走完人生最后的一段路途。少小离家老大回，乡音无改鬓毛衰，只是相见的不是孩童，而是自己的老父亲。在当时，以魏世杰的资历，留在二机部九院所享受的是地方上的地市级待遇，工资、住房都远高于青岛，但是为了早日与父母亲团聚，魏世杰毅然决然地放弃了这些优厚的待遇，被分配到了青岛黄岛区科委，从事科技计划和专利管理工作。是金子，到哪里都会发光，由于成绩突出，魏世杰第一年就被评为山东省科技管理先进工作者和全国星火计划管理先进工作者。

1992 年，魏世杰的第一部长篇小说《东方蘑菇云》正式出版了。作品共 34 万字，以青海的核武器研究基地为背景，忠实记录了我国第一颗原子弹研制的艰难曲折和不为人知的历程，在魏世杰的笔下，中国第一代核武器研究人的群体肖像被淋漓尽致地展现出来，王淦昌、邓稼先、朱光亚、周光召等这些曾和他共事过的著名科学家、"两弹一星"的元勋鲜明的性格和奉献精神使读者读后感人肺腑，发出由衷的感叹。这本书的责任编辑眼含热泪审读了全稿，有评论家甚至认为这是中国的《钢铁是怎样炼成的》。《东方蘑菇云》出版后，受到了社会的广泛关注，并于次年荣获了当时图书出版界的最高奖项——全国优秀图书奖。2003 年，他的第二部长篇小说《隐姓埋名的人》出版，这部小说的背景已经转换到了四川绵阳的山沟之中，"青山埋名，核魂永存"，一幅幅慷慨、悲壮、热血沸腾的大历史场面被描绘出来。2010 年，魏世杰在天涯网开始连载他的自传体长篇纪实小说《核武老人 26 年亲历记》，作品初一发表，立即引起了网友的强烈反响，一年累计点击量超过了 600万，仅回帖已达到 6 万条，成为网络上最具正能量的文学作品之一。《核武老人 26 年亲历记》后更名为《禁地青春》，以图书的形式出版，随后又被改编为青春励志电视剧《青海花儿》，被列入中宣部和广电总局向十八大献礼的十部优秀电视剧行列，先后在央视八套、青海卫视、北京卫视等电视台播映。图书《青春禁地》的出版，也与此前的《东方蘑菇云》《隐姓埋名的人》组成了中国核事业发展的三部曲。

三部长篇之外，魏世杰写得更多的还是科普作品，《神奇的火箭和航天》《海洋之谜》《星星的秘密》等科普著作陆续问世，其中《海洋之谜》全国发行 13 万套。《老人与小鸟》先后被编入上海浦东以及湖北教研所的高三语文统考试题，《转动的魅力》被著名科普作家叶永烈收入《中国科学小品选》，并被广西教育出版社编入小学课外读本。魏世杰还在《青岛日报》《山东科技报》《故事家》等报刊上开辟了《科学岛》《科海探秘》《科幻小说》等专栏，产生了持续而广泛的社会影响。

1997 年，魏世杰所在单位进行改革，魏世杰借此机会申请了退休，他找到科协的领导表明了心迹："我退休了，科研不能搞了，愿在有生之年，为社会大众特别是青少年做做科普宣讲，让'两弹一星'的科学创新精神发扬光大，让人们用科学思维和方法改善生产生活质量。"从此魏世杰开启了他的晚年科学普及之路。

十八年间，魏世杰作了 350 多场科普报告，听众总数超过了 20 万人次。中国石油大学、山东科技大学、山东理工大学等十余所高校及数

魏老的长篇小说《东方蘑菇云》，曾被改编成电视剧在中央电视台播出，这是他在新书见面会上为读者签名。

量更广的中小学、街道社区、机关企事业和部队都留下了魏世杰的足迹，他被聘为青岛市科协科普讲师团成员，被山东科技大学、山东理工大学等学校聘为科普辅导员或客座教授。

魏世杰的演讲主题总是离不开他为之奉献了近一生的核事业，他常常以不为人知的核研究知识为切入点，以宣传"两弹一星"精神为内核，全面介绍了我们国家核发展的重要历程。魏世杰不仅是一位科学家、一位"两弹一星"精神的代言人，也是一位深受广大读者，尤其是小读者喜爱的科普作家，他的报告演讲多以讲故事的形式吸引读者，深入浅出地把本来非常复杂深奥的科学问题讲出来。在演讲中，魏世杰注重科学精神的熏陶，向听众灌输科学知识，教育听者用科学的方法思考问题，具有极高的实用性。每次演讲前，魏世杰都认真听取主办方的意见和需求，有针对性地准备演讲。演讲结束后，魏世杰还会热情地回答听众所提出的五花八门的各种问题。山东科技大学的学生焦燕听完了魏世杰的演讲后说："看了太多的现代言情故事，以至于忘了这世界上除

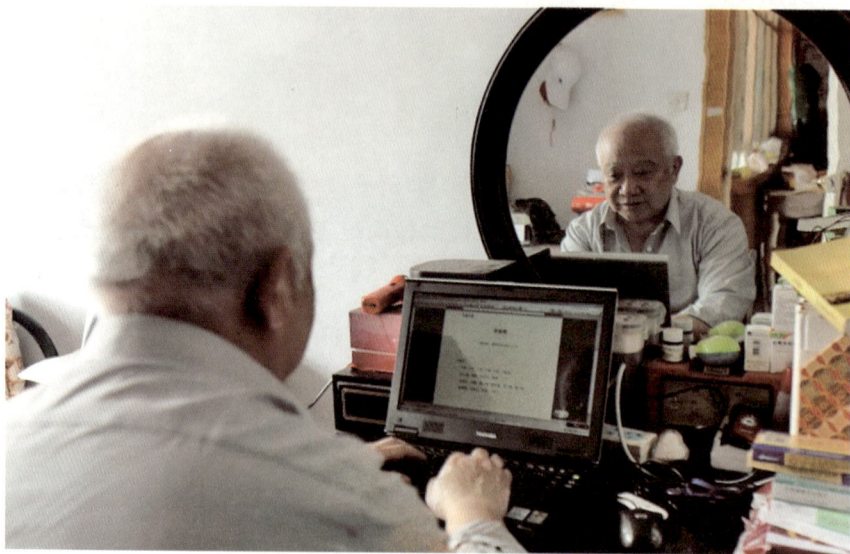

家里的工作台，被药瓶和书籍占满。

了儿女情长，还有无比宽广的人生境界，听了魏老师的科普报告，有一种豪情壮志在胸中升腾……"

随着近些年来国家食品安全问题的日益严重，2013 年，已经年满 72 岁的魏世杰开始创作关于食品安全方面的科普作品，于是豆腐的故事、花生油的故事、奶粉的故事、矿泉水的故事便一一问世了。

苦，才是人生

然而，关于魏世杰的故事还远远没有结束。我们先来一起听听魏世杰老人在央视综合频道《开讲啦》节目的自述：

我在二十五年以前离开了九院，回到了我的家乡山东省青岛市。原来我的想法是，回来以后就是想颐养天年，你都干了大半辈子了，回来休息休息。但是回来以后，一件一件倒霉的事儿，可以说接二连三地就来了。

我有两个孩子，一个儿子一个女儿，刚回来的时候，因为儿子慢慢长大了，就给他找工作，发现他干什么也干不了，说起话来还是天真烂漫，就跟一个六七岁小孩差不多，总之长不大。后来到医院检查一下是先天性的弱智，后来过了几年以后啊，我女儿又开始生病了。我女儿本来上了一个大学，是成人高校，她这个智力也是不大行。2000 年突然睡不着觉了，失眠。失眠以后很快就转向迫害妄想，最后医院给诊断就是精神分裂症。

说出来短短的几句话，却改变了一个人的生活。从此，魏世杰进入到了与之前截然不同的另一种生活状态。回到故乡青岛，魏世杰本打算孝养父母，与妻儿过上过去几十年所不曾获得的普通人的生活，未承想几年之间噩耗接连地到来。原本一个和睦融洽的四口之家转瞬之间倒掉了三个人。三人之中，最先被发现病状的是儿子魏刚。此前一心忙于工作的魏世杰从未想过儿子的发育和旁人有什么不同，无非就是平日里疏于教育，直到回到青岛之后，魏刚被确诊为"先天性智障、二级智力残疾"，生活难以自理。紧接着 2000 年，女儿魏海燕又患上了精神分裂症，每天不得不吃的药有几十种，病症只能短期内控制，根本无法根治。最后是妻子陈位英，也在核基地从事化验工作的妻子面对无数次的死亡从未有过些许的犹豫和惧怕，但却无法接受一双儿女相继严重伤残的事实，也患上了严重的精神分裂症，并伴有严重的躯体化症状和糖尿病。

儿子魏刚常常捡回一些已经腐烂变味的鱼放在家里，不洗澡，也不讲卫生，魏刚的这些举动遭到了姐姐魏海燕和母亲陈位英的坚决反对，到最后不得不自己搬出去住，魏世杰把儿子安排在与家相隔不远的小区，每周都要去看几次，收拾收拾房子，做一些清理胡须这样的杂事。

更让魏世杰操心的是女儿海燕的病。魏海燕的精神分裂症同时带有严重的强迫症。一次，魏世杰稍稍挪动了女儿的一个药瓶，她就要求父亲摆回原来的位置，魏世杰按照女儿的要求摆了五六分钟才得以通过。因为移动物品位置会让她更加恐慌焦虑。海燕很少洗手，但犯病的时候会让双手在水龙头下面冲上近一个小时，如果其间加以制止，很容易引发女儿更为过激的反应。某天晚上，后半夜了，魏世杰早已经睡下了，女儿突然喊起来了："爸爸，爸爸！"魏世杰顿时感到很紧张。待他快速走到女儿身边，女儿问，你看地上那是什么东西？魏世杰看了看地上什么也没有发现。海燕又说你再仔细看看，那地上是什么东西。魏世杰更仔细地看了一次，只有一根头发。他问女儿是不是这根头发，海燕回道："啊，对对对，这个东西不得了，这个头发不得了，它在这地方的话，我今天晚上就睡不着觉了，你必须给我把这拿走。"魏世杰说："那么一根头发，我说你自己捡起来，把它扔了不行吗？""不行不行，老神不让我捡。"最后魏世杰无奈地把这根头发捡走了。

腾讯网曾以图配文的形式，对魏世杰老人悲喜的一天做了一次近距离的细微观察：

　　已是六月中旬，地处滨海的青岛市黄岛区已然入夏。上午的阳光透过玻璃斜射过来，散发出阵阵暑热。魏老在阳台晾晒夹衣，打算将其收箱入柜。印象中一向矍铄、有着钢铁意志的老人，看起来有些疲态，眼皮也有点浮肿，昨夜后半夜，女儿突然犯病，大喊大叫起来，他急忙起来为她喂药，又安抚了很久，才让女儿平静地睡去。

　　她感觉有些头痛，喘不动气，一边喊丈夫，一边无力地躺在沙发上，魏世杰老人未等歇上口气，又赶紧搬个小凳子给老伴按摩。

　　客厅的茶几上，药品如小山般堆积，足有整整三个塑料袋。这是老伴和女儿半个月的用量。老伴和女儿，每天吃什么药，每次吃多少，魏世杰老人像医院的护士一样了然于胸，每天三次按量配好，又每天三次分别给妻女派发，递上水，直到监督她们服下才安心。

　　每天的上午，头天半夜吃过大量高效安眠药的女儿药效未散，还在隔壁房间昏睡，如果老伴身体恰好没有不适，便是魏老一天最安逸的时光。这时，老人可以靠在床上看看书，

和老伴走在一起，背影温暖而坚实。

上上网，刷刷微博，或是打打字，写他最爱的小说，电脑屏幕上，是他开始构思的另一部长篇小说《紫蝴蝶》。

上午 10 时，已连续两天不肯吃饭的海燕从房里走出，她茫然四顾，沙哑着嗓子喊爸爸。海燕 2000 年患上精神分裂症，幻听，幻视，有时抑郁，有时躁狂。听见女儿的呼唤，魏世杰老人有些喜出望外，他放下手里的书，紧着步子从厨房里拿出一只瓷碗，眉眼中是抑制不住的开心："我女儿要吃饭了，她要喝牛奶了。"海燕寸步不离地跟在老父亲身边，反复要求爸爸"甩干净碗里的水"，魏老耐心地甩碗，一遍，一遍，又一遍，甩完让女儿看："碗里没有水滴了，女儿，真的没有了。"

天气热了，有强迫症的女儿穿着毛衣不肯脱下，魏世杰老人弓着身子，翻箱倒柜从衣橱找出一件鲜艳的新衣，他顾不得抹去一脸汗水，满脸堆笑，想说服女儿穿上。

老人在准备午饭，他把西兰花洗净，跟几粒虾仁炒在一起，患有高血压和高血脂的魏老，显然愿意吃得清淡些，而老伴是湖南人，则偏重麻辣油腻，如何将两个人的口味折中，不惹老伴生气，是魏世杰老人每天的必修课——对精神病人，哪怕一丁点的冒犯和刺激，都可能成为发病的导火索，他必须每天小心再小心。

饭在锅里煮着，灶上闪烁着蓝色火焰，有一股香味在厨房弥漫。在等待饭熟的间隙，魏世杰老人也趁机靠在矮凳上歇一会，借以舒展一下强直的双腿——最近天气潮热，自己关节炎的老毛病开始加重了。

午饭很简单，老两口默默地吃着，魏世杰老人不时给老伴夹菜，间或为她揩去嘴角的饭粒。女儿海燕喝过牛奶，继续回自己的房间自言自语去了——她每天幻听，脑子里总有人干扰自己，让她无法摆脱。客厅的隔断窗台上，摆放着她小时候的照片，大大的眼睛，明亮的微笑，恍若天使一般。

独居的儿子魏刚打电话来，说自己的嗓子又被鱼刺卡着了，让父亲带他去医院。魏世杰老人帮儿子挑出鱼刺，顺便用剪刀帮他清理了一下过长的胡须。

下午，老人接到中国石油大学团委的电话，请他在两天后为该校即将举办的研究生创业夏令营，作一场关于"两弹一星"精神的报告。老人爽快地答应了。

繁忙的一天很快过去，已是黄昏时分。女儿海燕总是在晚上吃饭，今天，女儿想吃萝卜馅的饺子，魏世杰老人要穿过这条石阶，去黑山那头的农贸市场买菜。为了让老伴也能出来活动活动，他拉着老伴的手，一起去市场。夕阳下的依偎，风雨中的搀扶……

这样的日子，对于普通人来说，一天似乎也够烦的了；而在魏世杰身上，这样的日子每天都在周而复始，不过，与一些有突发性事件的日子相比，这样的日子还算得上太平。因为精神分裂症，女儿海燕曾多次自杀，幸而都被及时发现抢救过来了。有一次魏世杰的老伴陈位英也把手腕割了，魏世杰回到家时，发现厨房里满地都是血，他急忙将妻子

青岛的小记者们采访魏爷爷。

送到医院，经抢救陈位英恢复了知觉。魏世杰问她为什么这么做，她回答说，我看你太累了，要是我走了，你可以减轻很多负担。魏世杰曾在演讲中说："苦，才是人生。"没错，对于魏世杰老人的一生，他的苦太多了，他的后半生似乎就是无数种苦难所构成的。也许有的人会说，苦也是一种幸福，说这样话的人也许并没有经历过苦难。苦从来都不是幸福，对于魏世杰老人这样的人来说，幸福只在于一个苦难与另一个苦难之间稍纵即逝的时光，这种时光的短暂，短得就像他听到刚刚苏醒的老伴的一句贴心的话，泪流完了，幸福也便结束了。

这短暂的幸福有时候也会来自儿女，在魏世杰精心的照料下，海燕的病情稳定的时间越发多了，她明白父亲所为她做的一切，她会感激地搂住魏世杰的脖子，开心地笑；已经进入不惑之年的儿子魏刚也似乎渐渐体会到了父亲的爱，有一次，魏世杰接到了儿子魏刚的电话："爸爸，今天赶集不，我帮你拿东西吧？"付出了总会有一些收获吧，虽然这种回报在魏世杰的身上显得太少太少。

知足者常乐，知足者天助。近几年来，魏世杰的事迹通过各种媒体的报道，已经慢慢被更多的人熟知，各种荣誉接踵而至：全国关心下一代先进工作者、全国退休干部先进个人、青岛市优秀共产党员……2014年，由中宣部、全国老龄办首次向全社会公开发布的"最美老有所为人物"先进事迹，魏世杰名列其中。魏世杰说："我是有体会，再大的灾难如果降到你身上的话，你要正确地面对它，你不要回避，它都是可以度过去的。我有的时候也想一想，人生有苦有乐，我这一生，我自己说，这是一个硬币的两个面，所以我们经常说，要热爱生活，热爱生活就包括两个方面，你要热爱这个幸福的生活，也要热爱苦难的生活。"热爱生活，这是魏世杰给我们的唯一答案。热爱生活，无论生活是苦涩的还是温馨的，就像爱自己的亲人，无论他贫穷还是疾病。当苦难降临的时候，每个人都会有自己的选择，但生活总会选择坚强的人，也只有坚强的人，才有机会望一望远方。

陆良八老

云南陆良八位普通的农村老人，三十余年来只做了两件事：种树、守山。对于他们来说，梦想，就是知其不可逆而为之的愚公精神，就是用自己生命中最宝贵的三十年为乡人换得一片青山。

陆良八老：一梦三十年，留林在人间

梦想，在今天的中国是一个流行而时尚的话语，打开电视，以梦想为主题的综艺节目琳琅满目，就连某些足球场的观众席，也高悬着"我们不只是梦想家"的标语。在今天，梦想可以作为一个崛起中的大国的宏伟蓝图，在世界范围内掀起中华民族伟大复兴的浪潮；梦想也可以作为百姓茶余饭后的谈资，津津乐道且乐此不疲。在今天，每个人都心怀梦想，有的远大，有的切实，有的立足国家民族，有的顾影妻儿父母。而对于云南陆良的王小苗等八位老人来说，梦想，就是改变陆良龙海山曾被视为不可逆转的生态环境，梦想就是知其不可逆而为之的愚公精神，梦想就是用自己生命中最宝贵的 30 年为人类换得一片青山。

就是想造出一片林子

云南省陆良县龙海乡的龙海山，海拔 2687 米，这里是云南 65 个典型石漠化地区之一。所谓石漠化，是指植被破坏，水土流失，土地生产能力衰退或丧失，地表呈现类似荒漠景观的岩石逐渐裸露的演变过程。从成因来说，导致石漠化的主要因素是人为活动。原来人们叫它龙旱山，村民取水要走几天的路，全部的用水只能靠下雨。越缺水越盼水，就把龙旱山叫成了龙海山。王小苗他们种树的林场叫花木山，所在的村叫绿映塘，满载着老一辈人对家乡的美好憧憬。可实际情况是，龙海人面对的是分布在山腰间的土地，被冒出地表的石头切分得七零八落，有的一块地不过2到3个平方米，最小的土地只有碗口大。村里人都习惯用一种形象的说法称呼在这里的生活——"刨食"。不管前几代人是怎样在这里繁衍生息的，20世纪70年代开始，这片土地迎来了前所未有的改变。

十一届三中全会后，村里的生产队决定要改造荒山，开始发动群众上山种树。刚刚干上的时候，因为给的工分高，大家积极性也很高。可是因为缺少种树经验，不是撒的种子被动物偷吃，就是树苗因为滑坡被冲走，基本上前两年都是白干。

王小苗，陆良八老的灵魂人物，1980年，当了17年民兵的他因为过人的枪法和踏实的为人，成为民兵营长。在山上打靶时，他发现连棵挂靶的树都没有。因为常年极度缺水，没有树遮挡，村里的庄稼被风一吹就倒，常常辛苦种好的庄稼快要收割时就被风沙和冰雹毁了。王小苗看到自己家里人就因为这哭过多少回。看着惨景，听着乡亲们的抽泣，王小苗心里有一个憋不住的念头："山头要有树，山脚要有路，农民才会富。"

在队伍干得提不起精神的时候，林业局技术员指导村民们"先育苗，再移树"后，大家逐渐掌握了种树的技巧，第一年，林场就营造了2000多亩林子。可是到了1982年，村里实行了包产到户，老百姓都回自己家盘地种地去了，没人种树了。这时的王小苗没有走，他去找了当时的村治保主任王家寿，王家寿听了王小苗的想法，一点没犹豫地答应了。两人先上山琢磨种什么树能卖钱，怎么种能使成活率高，研究得差不多了，他们又找到了村里其他六个人：王家云、王家德、王开和、王云方、王德运、王长启。这几个人中有的还是兄弟，有五个党员，而且多数都是队上的领导，那一年，他们都在40岁上下。几个正当年的汉子应该没有想到，这一上山，他们就和树结下了30年的情谊。

　　王小苗和王家寿从村里的信用社贷了1万多元的款，买了9吨的华山松种子，这种树的果子和木材都能卖钱。他俩对其他六个人说，如果失败了，亏的钱他们两个人出，如果成功了，大队还可能有补贴，就由大家一起分。那时候王小苗说过的一句话，大家伙到现在还记在脑子里："失败是成功之母。"没人想过如果失败怎么办，自己家的地谁来管，既然决定了要去种树，就一定要上山，这是一种近乎原始的简单，在大山深处，为了几代人不曾改变的现状，他们开始"造梦"。

　　村民们在生产队里干活儿，每天给2毛钱，王小苗他们号召大家到山上种树，是以当地林业局委托的形式，每年林业局到山上验收，树苗栽下一年以后如果存活率达到95%以上，每亩就有10块钱的报酬，要是成活率低于50%，树就白种，一分钱都拿不到。一年平均下来，除去种子费、育苗费、预整地费、移栽费、生活费，每人每天能给7毛多钱。八个人每人都能找到人跟着一起上山，开始是三四十人，后来是七八十人。一是因为赚的钱比生产队多，二也是被王小苗他们的想法打动，大家都受够了这里的恶劣天气，想自己动手把家乡的环境改变，这些话写出来难免有些形式化，但确实是当时人们心中的切实想法。

　　在王长启的印象中，那个时候，他带着百八十人一起上山，一干一整天，不管天寒地冻还是刮风下雨，都不成为阻碍。他回忆说："那时候，我就觉得自己带着一帮人一起植树造林，很光荣，人也很有斗志。"种树要先挖塘，龙海山上全是石头，锄头刨下去都能撞出火星来。雨季很短，都集中在五六月份，树苗要赶在下雨时种下，否则就活不成。大家摸索出经验，冬天挖塘子，夏天下雨就上山栽树。大部分人种完树就下山了，老哥几个还要一直坚守在山上，轮流守山。因为要抓紧时间挖塘，王长启五年都没有回家过过春节。有时候，他们自己的家人背着酒菜上山过节，总会因为老人们不能回家而吵架。王小苗的老伴对他说："叫花子也有三天年过，你们又不吃公家饭，又不领工资，过年不回家，给是要死在山上才算。"王小苗说："我死在山上可以，只要树活着就行。"

　　因为栽树，离家越来越远，走山路回家至少要四个小时，所以八人很少回家睡，吃住都在山上。上山时每个人会带着200公斤的苞谷面，这200公斤苞谷面可以吃7个月，煮好苞谷面就着腌菜汤，就这样解决每天3顿饭。"树植到哪里，人睡到哪里"，海拔两千多米的高山，冬天山上的寒冷可想而知，冻得不行的时候他们就在林子里不停地走，走到身子热了再睡，好的时候有条薄棉被，糟的时候住过山洞，白天穿着的蓑衣淋了雨，晚上就铺在身子下面睡觉。可老人们总觉得当时并没感到有多么苦，也不生病，但现在多数老人身体状况并不好，而且都行动不便，应该跟那时的生活状态是有很大关系的。下雨天是育苗的好时机，一下雨，八个人就每人带着百十号人上山栽苗去了。挖坑、育苗、翻地、挖土、移栽、维护，这样一支全部由农民组织、组成的队伍硬是把造林的工作全部干了下来。

　　两三年过去，他们种的树布满了花木山的事情传遍了四乡八里，大

离不开他们用了一辈子的工具。

家都不相信在石头山上能把树种那么好，每天都有外面的人来参观。后来陆良、师宗、罗平等县区都来请他们过去帮助植树造林。有人说他们种好自己家门口的就行，跑那么远去种树，树长好了，跟他们也没什么关系，新鲜的空气也呼吸不着。王小苗说："我们是共产党员，党教导我们见荣誉要让，见困难要上，见先进要学，见后进要帮，只种家门口的，气候也好不到哪里去，自己的山绿着，让别人的山荒着，这算哪门子事情？"在每亩工程造林验收合格仅有 10 元的报酬基础上，八个人不管别人怎么看，到底把周围几个县的树都种完了。经林业部门检查验收，造林全部合格。1991 年，当初王小苗和王家寿借的一万多元贷款还清了，八人带领下的队伍种植的山林面积达到 7400 亩，共计 320 多万株华山松，花木山终于成了真正的花木满山。到 1995 年，他们以承包或者指导的形式在全县 9 个乡镇植树造林共 13.63 万亩。

跟着八人种树的人逐渐多了起来，形成了一支专业的造林队，除了陆良，周围的师宗、龙庆等地也都有加入的，最多的时候这支造林队有七八百人。种树之外，管人也是一项工作。在山上种树时，晚上大家就划分成两边睡觉，一边男的，一边女的，那个年代民风淳朴，从来没出过什么事儿。但有人对男女工钱提出了意见，觉得男的干活儿更辛苦，女的却和他们拿一样的钱。王小苗很会做思想工作，他对大家说，男的挖塘是力气活，女的栽树是技术活，各有优势，得的钱一样是应该的，后来再没人不服气了。造林过程中，王小苗充分发挥了曾经当民兵营长的领导才华，他不时地对挖的塘子种的树进行内部评比，哪个组干得好就表扬，不好的就严肃批评。这个队伍里，各有各的特点，王小苗有领导力，王家德感兴趣的则是会计和管理人的事儿。种树期有时长达一个多月，每天都可能有新来者加入，也可能有人在种树季节还没完就离去。如何结算工钱，是个大问题，他们把招来的人分成 8 组，再各自在组内挑选人品好、有文化的人担任计工员。每天干完活，计工员都会大声读出每个人当天所干的工时，由参加种树的人在本子上签字确认。工期结束，每个人照着本子核对，按照每天 0.73 元的工资来结算。账算得清清楚楚，从未产生过纠纷。上山做饭时的灶具要处理，大家聚在一起商量灶具的折旧率。折价处理的灶具会被当工资，支付给参加种树的人。当年他们曾以 15 元钱工钱兑换回了一口原价 60 元的大铁锅。至今参加过种树的映塘村小组长王国才都觉得"这个价格很公道"。

技术上的事，大家最上心，栽树离不开技术，树苗不成活验收不合格，一年的活儿就都白干。多次失败后总结出的种华山松经验，八老到现在也能记得清楚："挖坑有标准的，挖出 30 厘米深、20 厘米宽的坑，撒下去的树种才容易长成。为了防止虫和鸟吃种子，每个坑要撒两三个松子才行。还有，移栽树苗时，树间距不能太密，也不能太稀。太密的话，树只长高不长粗；太稀的话，树只长粗不长高。"多年下来，八位老人摸索出一套经验，能够根据山势、地形判断在哪些地方应该有多少树间距，才能让华山松长得又快又好。

从花木山林场往下走一公里有一处龙潭，龙潭旁有个小村子名为水井子。村民说，龙潭就是山泉眼，从前下了雨，水直接从山下冲下来，存不住，可是自从有了这些树，几年前，山上有了地下水，龙潭才成了名副其实的天然水窖，水井子村的大多数人都是因为龙潭专门搬迁至此的，村里将近三百口人，吃水全靠这眼泉。庄稼地里的苞谷苗不那么容易被风吹倒了，下雹子的天气也越来越少。村里的人说："看着山越来越绿，那几个老倌的腰是越来越弯了。"

山背后的故事

树种好了，还要守山，不能让大片成熟的山林有一丝闪失。这一点，八老心里最有感触，毕竟，他们是看着山头从光秃秃变成郁郁葱葱满是绿树而活过这几十年的。王小苗说："创业容易，守业难。败业最

还是这片山林，还是这群汉子，只是变了容颜。

简单，林场再好，一把火就能烧了，那 30 年的心血就白费了。"与种树不同，看护这片林场，村集体是没有投入的。八个老人不仅没有报酬，还必须自己解决经费问题。1995 年，在荒山造林完成后，他们开始利用林场生态优势，摸索开展多种经营，走"以副养林、以林促副"之路。"自己种菜、养鸡、养兔、养猪、养蚕。"王小苗的二儿子王红兵说，养长毛兔那几年，他和王明昆背兔毛下山去卖，好的时候能卖到90 块钱一公斤。

有时家里人不理解，认为他们不吃"公家饭"，过年了不回家，在山上当野人。但这事总得有人来做，村里的年轻人都出去挣钱去了，没有愿意来看山的。但这片树林总还是要有人来看，即便没有什么好处，也要做。这是老人们打一开始就有的念头，跟种树的目的一样单纯，种树，是为了环境，守林，是为了守住这来之不易的环境。于是这一守又是二十年。

八位老人一人蹲守一个山头，他们在山上用泥土和茅草盖了几间简陋的房屋作为守山的房屋，很多时间都睡在山上，随时观察林场情况。凡是有人进山，都要进行盘问，有放牛放羊的，打火机和烟都要交出来。很多地方屡禁不止的乱扔烟头的事情，在这里从来没有发生过，就连不交香烟打火机的，老人们也从没有碰到过。怎么做到的？要想管别人，先管好自己。巡山、守山枯燥得很，加上老人们都有烟瘾，在山上待着抽不着烟，对他们来说是个巨大的困难。但是老人们就是能做到上山前把自己的烟都放在家里，刚开始，大家都哈欠连天，眼泪直流。但他们说："自己都不以身作则，还有什么脸去说别人？"直到老人们从山上彻底退下来时，整个花木山林场没有发生过一起山火，没有发生过一起偷砍盗伐事件。

　　种树、造林、守山，老人们的光荣事迹足以打动每个了解到他们故事的人。但他们背后的伤痕和痛楚，尽管被报道、被关注和宽慰，却始终无法在自己和家人心中真正释怀。老人们都记得那一年，平时最爱说唱、爱热闹的王小苗连着十几天都不爱说话，大伙儿问他为什么不高兴。一问才知道，他14岁的大儿子刚刚病逝。儿子生病时，正赶上造林最忙时节，松苗可能干死，王小苗没有跟着上山来找他的媳妇下山，妻子独自把孩子送去了医院，最终还是在连发了3天高烧后失去了儿子。因为背不动儿子的遗体，王小苗的妻子只能就近在医院附近埋了。王小苗的女儿还记得大哥最后昏迷中说从来没吃过瘦肉，想吃瘦肉。王小苗的妻子每每讲起这事就止不住哭着对女儿说："你大哥来到这世上，连猪肉是什么味道都不知道，我们都没钱给他买瘦肉吃。"

　　女儿对父亲的埋怨不止于此，她说："他一辈子都在那山上，从来没有关心过我们这些子女。"父亲让自己小学都没念完就去山上种树，至今，她带着女儿上山还会告诉她，自己小学只读了一年就被父亲叫上山种树。但她也会对孩子说："因为你外公说，山跟人一样，也要戴上帽子穿上衣服才好看，有点树才像山。"

　　2010年，当地政府考虑到八老年纪太大，请他们退下来，并发给每位老人2000元，老人们才算正式结束了30年的造林生活，下了山，回了家。退下来的日子，除了不必再那样辛苦外，老人们并没有真正安享到晚年。自从陆良八老的事迹被报道后，一位网友发表了一条微博，他在评论中写道："八位老人的造林事迹在网络上迅速传播，主要是微博最后的几句话引起了巨大反弹："现在他们的心愿，只是希望能解决一下低保。求各位扩散，以后还有这样的一群人吗？政府良心何在？"让博主本人没有想到的是，这条微博被转发了十几万次，许多网友都纷纷质疑当地政府，愤慨八老为民做出巨大贡献却待遇不公。王云方老人曾对采访他的记者表达过他希望政府能考虑一下自己实际情况的意愿，每月给他几十块钱的生活费，"起码，自己吃药的钱就有了"。另一位老人王开和，住在村边两间土房，房子全靠一根柱子支撑着。就是这样颤颤巍巍的房子，他还惦记着留给两个儿子一人一间。

但经过多家媒体认真透彻的采访调查后发现，事实并不像网上评论的那样偏激。八位老人所在的云南曲靖陆良县中，龙海乡虽然已经是陆良县条件最好的乡，但是连最低贫困线都达不到的人还有很多，其中90多岁没有低保的老人也有。而且，低保户的确立，不是根据岁数的大小，也不是根据贡献的大小，而是根据实际的经济状况，八位老人的经济状况远远在低保标准之上。

其实，早在2012年，曲靖市委、市政府就表彰了王小苗等"陆良八老"31年植树造林13.6万亩的突出贡献，褒扬"八老"的高尚品格和精神，曲靖市委奖励每位老人6万元，承诺将解决老人的生活困难，医药费用也将全部由政府承担。媒体报道后，不少各界爱心人士和企业都来看望八老，捐钱捐物的都有。那段时间里每位老人获得了2000元的购药卡、一台液晶电视机、一瓶酒、一袋25斤的大米、一箱24瓶装的水和2200元现金。昆明市西华园小学师生为八老募捐，共捐给八人11666.8元钱。八位老人收到西华小学的捐款之后，还拿出了一部分给了村子里超过90岁的老人，并送去糕点。

不会被理解的，也不会被忘记

　　尽管日子过得艰难，当初的选择在今天的八老看来，没有一点可后悔的。他们说："有一天我们死了，那些树还活着。荒山绿了，村民们需要木料的时候，也不用去外面买了。"对他们来说，这山和树，就像他们的儿女一样。这个时代，再说那句从前颇为流行的"少生孩子多种树"，多半会被人嘲笑为落伍的代名词，对大多数青年人来说，这已经是上个世纪的事情了。在全民关注投资创业、学区和互联网的今天，有多少人会真正做为了上一代人心愿和下一代人生活的事呢？

　　八老的后代中，只有王家寿的儿子王明昆还在继续往山上跑。守林

第一排由左至右：王小苗　王开和　王家云　王家寿
第二排由左至右：王家德　王云方　王德运　王长启

是苦活，让年轻人守林更是苦上加苦，白天孤寂无人，只有松树被风吹得唰唰响，夜里山风呼啸，寂静得一点声音也没有，这样的日子年轻人没有几个扛得住。王明昆跟着父亲在林场过了 8 个春节，他回忆起守夜的场景，即使半夜两三点钟，如果外面有动静，也要爬起来去看，要阻止人去打猎，更怕有人带火种上山。

种树事迹传播后，被媒体"包围"了的八老。

除了王明昆，还有个义务护林员，只不过他在视野之外，更在"编制"之外——王小苗的儿子王红兵现在的身份是偶尔来转转的义务护林员，他在陆良造纸厂打工，休息的时候都会上山转转，每月上山 2 到 3 天。在山上遇到人提醒不要用火，看看有没有人砍伐树木，有在林场里玩的孩子也要劝下山。这项工作全凭他自己的热情，纯义务无报酬。1992 年到 1994 年，王红兵在山上的瞭望站值班过，年底还被评过奖，虽然只有奖状没有奖金，他提起来还是很骄傲："不过我爹喜欢，我也觉得很光荣。"现在到县城里打工，每天大概能挣 40 到 50 元，在山上看林场可能一个月就这么多钱。要是凭金钱划分，山上恐怕早就没人管了。2013 年，林场有了专门的管护员，这些心里念着树念着山的人才歇下了脚。

陆良县隶属于云南省曲靖市，位于云南省东部，素有"滇东明珠"之称。中国有句古话叫作"达则兼济天下"，意思是自己发达了就要使天下都这样。从某种角度来说，八老的做法也是应了这句话的。自己的家乡树木长起来了，就去帮着别人也把树种上，把环境改善了。种树对他们来说，不是工作，不是任务，而是一种意愿，一种习惯。守山以来，从刚上山时搭的小棚子到现在的山房，已经改建过 3 次。跟后盖起来的房子相比，八位老人习惯待在旁边那一栋老一些的里面。老人对有自己生活痕迹的东西总是更有感情，房子是这样，树和山更是如此。种了一辈子的树，身子从山上退下来，心里的牵挂却断不了。

　　来采访的记者越来越多，八老一辈子更多面对的是山，面对人时也保留了那份善良和朴实。说到还有人记着他们，老人会说一些"从那么远的地方赶来，如何都感谢不了"之类的话，有自己的老伴儿当着记者面说起没有低保略带埋怨时，也会被老人及时制止，"你莫说这"。2012年被报道后，总会有人到村里找他们几个人，八位老人其实并不很理解，自己怎么就成了名人，这些年来，大家都在种树，全村的人都要上山种树，小孩和老太太也不例外。只不过他们种的数量多了些，在山上的时间长了些。老人们会认为，那些做了惊天动地的事的人才算得上名人。"成名"后的他们，隔三差五会被拉上山，等着慰问，几个人聚在一起的时候更多是媒体来采访时，王小苗老人还作为代表到一些地方去演讲。八位老人长年生活在云南省曲靖市陆良县龙海乡的绿映塘村，除了种树时去过周边的几个县，再远他们连昆明都没有到过。王家寿问来采访他的《广州日报》记者："广州是哪里啊？"老人连昆明都没去过，王家寿是八个人里文化程度最高的，读过三年小学，2014 年的 6 月，80 岁的王老突发脑溢血去世了，他是八老中第一个离开的人。而就在本书即将成书出版之际，王小苗老人也离开了我们。

　　三十年换一片青山碧水，几代人的命运终于换了一种活法。有人觉得这不算小事，可也算不上什么大事，相比商场上的叱咤风云、科研上的技术突破，是不值一提的。有时候我们也会深为不解，为了做一件事可以放下家人不去照顾、不计较任何利益得失，是怎样的精神和思维在驱使着这群人。看到照片中老人们的手、脚、鞋，你心里会跟着疼，仅以当下的某种标准来判断，很多人会觉得他们这辈子过得太不值了。大家赞扬、传播他们的事迹，为他们捐助、帮他们补上应有的待遇。但是这座小县城发生的故事不足以被称之为传奇，他们的事迹也许不如一则娱乐报道受的关注多，然而，人生的意义是否别人的评判比自我感受更重要？让我们回到开头，他们只是想种一片林子，让自己的家乡有水有树，让家里的人吃得上粮食，不再受灾。于是他们开始干了，并且最终干成了。那一年，八位老人都已五十岁上下，如果有一点思前想后、顾虑连连，今天的花木山仍旧是光秃一片。人生的意义与年龄无关，无论追求自我还是为那些更美好的理由，开始就是最好的决定。网络上有一句很火很励志的心灵鸡汤：种一棵树最好的时间是十年前，其次是现在，对于陆良八老来说，他们的故事远开始在有这句话之前。

　　《人民日报》记者在花木山林场采访时，八位满脸皱纹、两鬓霜华的老人反复强调的一句话是："你要写清楚，那 10 多万亩林子不只是我们 8 个老倌种的，是我们带着大家一起种的。"

二　全国老有所为楷模

　　不留遗憾，让老人的行为受到尊重，让人民的尊敬得到认同。所有的候选老人依然平静地做着他们热爱的事，他们中有的可能并未得到媒体的关注，但并不影响人们去记住他们、尊重他们。他们的事迹一样感人，他们温暖的身影在这里一样接受我们的敬意。

银龄行动

点燃科教灯火

人与土地

文体大有为

我在你身边

银龄行动

叶如陵：享受国务院特殊津贴的"社区大夫"

2000 年 10 月，退休后的叶如陵回到了阔别 31 年的北京，他一一拒绝了前来高薪聘请他的医疗机构，而选择义务为社区老年人看病咨询。

七年之后，叶如陵在街道工委的帮助下，成立了"叶如陵团队工作室"，每周定期为社区居民特别是老年人义务看病，社区居民亲切地把叶如陵和他的团队称为"爱心小屋"。

从刚开始一天的几个人，到目前每天的二三十人，越来越多的社区老年人闻讯来到"爱心小屋"请叶老咨询、看病。就连广西、山东和黑龙江等地的老人也打来电话向叶如陵咨询。仅 2013 年，叶老入户及"爱心小屋"接待咨询看病的老人达到 3000 人次。

社区中的空巢老人比例很大，也是叶老重点关注的服务对象，针对空巢老年人交流少、孤独感强等特点，叶老在与他们的交流中，很注意两件事：一是耐心倾听，不轻易打断，其间巧妙地引入正题。二是每遇到他们都会问问病情和治疗情况……时间长了，对社区里一些老年人的身体状况叶老都能大体了解，以便准确地判断他们的病情和健康情况。

在此基础上，针对老年人普遍缺乏慢性病预防保健知识的情况，叶老在社区开办了健康大课堂，传播健康知识，讲授急救与自救等医学课程。为了让老年人能听得更明白，叶老自学 PPT 课件制作，到目前为止，已制作一千四百多张各类慢性疾病的预防保健知识的课件，利用各种机会在市、区各街道社区巡讲。

叶如陵说："我为老人做事，不是出于怜悯，而是出于对他们发自内心的敬重和爱。志愿服务绝不是做戏，是奉献，奉献就意味着爱和牺牲，有了这种思想境界，你才会自觉和自然地去接触老人并为他们服务，他们也会从中感受到你的真心，并通过你感受到党和政府对他们的爱。"

从决心服务社区居民的那一天起，叶老拒绝了高薪诱惑，舍弃了娱乐时间，十几年如一日地付出自己的心血和汗水，对此，叶老却非常满足，因为他收获了快乐的心态、健康的身心和幸福的感受，成为一名名副其实的"舍得老人"。他用自己的一腔热情和无私奉献赢得了广大居民群众特别是老年人的崇敬和爱戴！

在服务社区居民的同时，叶老作为朝阳区卫生救护培训中心和健康大课堂的首席讲师，以人工心肺复苏和创伤的自救、互救以及疾病的预防和救治为主题参与急救员培训项目，积极投身到奥运会、残奥会志愿服务等社会公益活动之中。他夜以继日地准备教材，掌握课件制作技术，并结合自己的特点和学识，形成了独特的讲学风格，以最大的激情调动全体志愿者"迎奥运、我参与，我奉献、我快乐"的参与热情，为奥运会、残奥会的召开做出了积极贡献。此外，叶老的身影还不断活跃在工地、机关和公司企业，讲解创伤的自救和互救、猝死的预防等医疗卫生常识。叶老更是将志愿服务的足迹踏上了新疆的乌鲁木齐、和田、阿勒泰、哈密等边远地区，为少数民族同胞问诊看病和传播健康知识。

坚持对信仰的传承，也是叶老坚定不移的信念。为此，以自己在西藏 31 年和退休后 10 余年的志愿服务为基线，贯穿了"爱心、知识、奉献、坚持"这个主题，制作了一个题为《让信仰随着党旗飘扬》的 PPT 党课课件。几年来在市内外的党校、机关、学校、社区作了 100 多场报告。朴实的语言、扎实的事例浸透了对党的深情，受到群众的认可。特别是对年青一代大学生的影响很大，许多学生在听完叶老的党课后就积极报名到"爱心小屋"做起了社区为老服务的志愿者，并利用业余时间到社区陪空巢老人聊天，打扫卫生，为"爱心小屋"制作疾病预防宣传展板、设计软件等。作为一名老党员，叶老还先后在社区和学校培养了三名入党积极分子，并作为入党介绍人发展他们为正式中国共产党员。

为了让更多的群众获得健康知识，叶老积极发挥专业特长，用一年时间写出了18万字的《急救自救与多发病的预防》一书，对于白天义诊、外出讲课、开会的叶老，只能抓紧晚上和早间的空隙写作，常常早上4点多钟就起来，晚上则时常写到深夜……功夫不负有心人，此书受到广大居民群众的好评，在全国社区特殊教育作品评选中，获得了同类作品的优秀奖。此后，叶老又出版了3万余字的《中老年健康保健指南·一》，并计划今后每年出版一册，将科学健康理念普及到千家万户。

莫道桑榆晚，为霞尚满天。叶如陵，一位普通的"年轻"老人，用"爱心、知识、奉献和坚持"使古稀之年的生命如旭日东升，灿烂千阳！

梁淑敏：为了 16 个留守孩子

四川省南充市仪陇县最南边偏远乡镇炬光乡的雷鸣村有一所雷鸣村小学，这个小学是由一位73岁高龄的奶奶和16个年纪不一的孩子构成的，梁淑敏就是那位73岁的老师，而16个学生更像是她的孙儿。

2010年9月1日，正是暑假结束，学校开学的日子，然而雷鸣村小学却大门紧锁，因为学校原先仅有的老师因为嫌工资过低到外地打工了。梁淑敏可以说是村中仅存的有教师背景的人了，在校领导的再三动员下，梁淑敏不顾家人的反对，决定出山，为了村里无学可上的孩子，她要奉献自己最后的光和热。

俗话说，干一行，爱一行，梁淑敏既然答应了村领导的请求，就下决心把孩子们教好。梁淑敏把学生当成自己的孙子，平时给他们买图书，生日时给他们做生日卡片，家里有什么好吃的，就拿到学校给学生们吃。买来的溜溜球、气球等玩具，每人一份。梁淑敏要求自己的学生，书本、作业本必须整整齐齐，不允许卷角、撕坏或者缺页。还给每个学生买一个塑料袋专门用来放作业本。"教这些娃儿很操心，梁老师教得好，很有耐心。"一位村民说，梁淑敏除了上课，还要给学生做饭。10多个学生每天都在学校吃午饭。每到中午，梁淑敏上完课，就要忙着给学生们准备午饭。一个小厨房、几张饭桌就是学校的食堂。房内还放着鸡蛋、西红柿等一些食物。每天早晨，梁淑敏要提前一个小时到学校，先烧开水，再准备菜，学生来了就上课。吃饭的学生中，一个学生喜欢饭硬一点，一个喜欢吃锅巴，梁淑敏就把这两个学生的饭打好放在一边。

梁淑敏一个人承担了所有学生的全部课程，从刚开始的4个学生教到现在的16个。梁淑敏说："我不计较工资，现在外出务工的年轻人太多，村里留守儿童多，我觉得有义务把留守儿童守住，还要守好。老师本来就是教书的，需要我，相信我才把孩子交给我，我就要把孩子教好，把这些留守儿童守住。"

梁志成：老骥伏枥，壮志不已

梁志成教授现任中国优生科学协会常务理事、《中国遗传与优生》杂志编委、广东省医学遗传学会荣誉主任委员。1956年中山大学毕业后，从事卫生医疗的教育与科学研究工作至今已58年，1996年退休至今已达18载。他时刻不忘共产党员的职责，孜孜不倦地工作，坚持"活到老，做到老"的准则，努力为提高我国人口素质，减少残疾人出生率做出贡献。

退休后，梁志成应新疆、安徽、贵州、云南、海南、广西等地卫生部门的邀请，被聘为常年专家、顾问，开展全省性的学术报告和举办培训班，讲授"遗传病防治与优生"专题，深受当地领导和医务人员的欢迎和好评。他在广西、贵州两地举办全省性的"遗传病防治与优生"培训班共 20 多次，受益卫生医疗干部和医务人员达 5000 多人；同时，还到 40 多个贫困地市、县、镇讲学传授技术、咨询服务和宣传遗传病防治知识，为提高全民族人口素质，避免或减少因遗传病残疾人的增加而尽职尽力。

梁志成担任广东省老科技工作者联合会常务理事兼医疗团团长 9 年来，坚持亲力亲为地组织、带领相关医院、高等院校的专家、教授积极参加广东省"银龄行动"，先后到广东阳春、徐闻、廉江、新丰、龙川、佛岗、龙门、郁南等 10 多个县市几十间县人民医院、妇幼保健院、中医院、乡镇中心卫生院及福利院义诊、门诊和通过诊断、开药、查病历、查病房、查医疗设施、医院管理医术指导和医生医德等环节对医务人员进行传、帮、带，取得较好效果。据统计，卫生医疗专家共治疗患者 6000 多人，手术 60 多例，咨询人数 2000 多人，开展专题讲座 40 多次，培训医务人员 4000 多人。专家们不但在下乡期间积极开展各项"银龄行动"活动，而且在下乡活动结束返原单位后，仍急患者所急，继续接受患者咨询，有问必答，还主动为病者联系到广州相关医院就诊，努力为病人排忧解难等，深受群众的赞扬，把广东省老科技工作者卫生医疗团誉为"一支不走的医疗队"。

为了提高全民素质，减少遗传病残疾人出生，梁志成长期以来热心公益、关爱病患者，想尽办法帮助他们早日康复，收到良好效果，使更多病者康复、破碎家庭重圆。

卢世秋：可爱可敬的上海老人

卢世秋是个有 45 年军龄的老兵，救死扶伤是他一生的追求。2012 年 4 月，刚办完退休手续，他就毅然报名加入到沪疆"银龄行动"志愿服务的队伍，精神抖擞地踏上了援疆之路。

卢世秋退休到上海与家人团聚后，虽然有几家医疗单位诚聘他，待遇颇丰，但他从妻子参加沪疆"银龄行动"志愿服务的所见所闻、亲身感受中，对国家西部大开发促进边疆经济发展、增强民族团结、构建和谐社会的伟大战略决策有了新的认识。这位以医疗为职业的老兵，好像被一块超强的，能体现自身社会价值的"吸铁石"深深吸引，于 2012 年和爱人一起再次赴疆。

为了更好地"智力援疆"，出发前卢世秋潜心整理出近 2 年参加全国性学术会议中国内外著名学者的录像报告 17 部，还特意购买专业新书和专科医疗小器械赠送给科室医生，根据科室需求制作 5 部专题幻灯片讲课，结合病人不同特点、不同手术方式逐一讲解，毫无保留地传授自己的临床经验。

2012 年，卢世秋被任命为第十期沪疆"银龄行动"克拉玛依市小组组长及第十一期沪疆"银龄行动"志愿者队队长。果敢受命的他，针对志愿者队伍年老壮心在、专业各所长、习惯不摸底、个性已定型的特点，恪尽职守，处处以身作则，在工作上集思广益，促使全队人无怨无悔地奉献着各自的才智，在团结友爱的氛围中结下了深厚的友情。

沪疆"银龄行动"援助地域较为分散，加上社会维稳任务重，志愿者外出活动受到严格控制，个别同志产生了思想波动。为了丰富大家的业余生活，交流各组老年志愿者的想法以及各小组的工作体会，卢世秋倡导建立起"银龄行动"志愿者 QQ 群，得到志愿者支书张敬海及各支委的大力支持。各小组志愿者们通过这种及时便捷、声图并茂的沟通方式，不断创新工作思路，把援助活动搞得有声有色。

有位 71 岁老大妈患双侧鼻腔粘连，两年来反复转诊克拉玛依与乌鲁木齐两地，苦不堪言，卢世秋仔细检查分析病情后，坚持 20 多天亲手悉心地换药，终于让病人重新恢复了正常的呼吸功能。一例例成功的手术赢得了人民群众对上海"银龄行动"专家的信任。他婉言谢绝了病人各种执意要表达感激之情的礼物，发自内心地说："能为病人解除病痛也是一种幸福。"

卢世秋就是这样以他军人的本色、医者的情怀为边疆人民群众奉献一份余热，以精湛的技术、无私的奉献展示出了"可爱的上海老人"风采。

姚能斌：中国老龄事业的孺子牛

今年 76 岁的安徽省铜陵县退休干部姚能斌，自 1994 年以来，在老龄工作岗位上一干就是 20 年。20 年来，他怀着对党的无限忠诚和对老龄事业的无比痴心，默默耕耘，抱病工作，任劳任怨，用踏实的脚步踩下了一串串闪光的足迹，被人们誉为老龄事业的孺子牛。

1993 年，姚能斌担任铜陵县人大常委会副主任，他发现社会上一些年轻人不孝顺父母。怎么管？他想到了村退休干部。当年，他将全县一些退休老同志组织起来，成立了第一批老年协会。起初，姚能斌上门做年轻人的思想工作时，遭到他们的不理。于是，他就叫上村老年协会的同志一起去做，一次不行两次，两次不行三次，直到对方改变态度为止。慢慢地，基层老年协会的威信树起来了，不孝顺父母的现象也越来越少了。

在姚能斌的号召下，铜陵县陆续建起了 125 个老年协会，会员达 3 万多人。随着基层老年协会的不断发展壮大，老年协会过问的事情也越来越多，其发挥的作用也越来越突出。如今，姚能斌越干越有劲，成为老龄事业岗位上的一棵常青树。

在铜陵县农村，只要提起姚能斌主任，不少老年人都说他是个好领导，老年人的贴心人。十多年来，全县 8 个乡镇 110 个行政村都留下了他那尊老、敬老、爱老的深深脚印。不论酷暑还是严寒，只要得知有涉老纠纷，他总是亲临现场调处。2011 年 7 月 20 日，姚能斌得知东联乡永丰村有位 94 岁高龄老人子女不愿赡养。当时正值高温季节，姚能斌驱车 20 多公里来到了这位老人家里，对老人的子女进行了批评教育，他对老人说："老人家，你老不要难过，今天，县、乡、村里的人都来了，我们保证安排好你的晚年生活。"老人听后十分感动……

多年来姚能斌还关心着一个特殊的老年群体——铜陵柏山医院麻风病老人。铜陵柏山医院现住着残老麻风病患者 35 人。为了改善这群特殊老年人的晚年生活，姚能斌将这些老人纳入全县 90 周岁以上老人慰问范畴，每年的重阳节期间，他都要亲自登门慰问这些特殊的老人，让这里的老人记住党和政府的恩情。

云曙碧：没有她就没有内蒙古红十字会的今天

云曙碧是一位有 72 年党龄的优秀革命者，在自治区老龄委开展的"银龄行动"中，她身体力行，亲自带领老年卫生协会组织开展"银龄行动"活动。

1987 年 5 月云曙碧从重要行政岗位退下来后，受自治区党委、政府的委托，着手筹备恢复内蒙古红十字会。尽管已到古稀之年，云曙碧却仍不辞劳苦、四处奔波，她从借用一间办公室和两名工作人员起家，在一片空白中创建、发展了内蒙古红十字事业。她通过国际红十字组织和中国红十字会，从国内外募集了价值两亿多元人民币的救灾款物，用于救援发生雪灾、旱灾和地震灾区的人民，而且每次她都亲临现场了解灾情、慰问灾民。在她的带领下，使内蒙古这样一个在全国省级红十字会中恢复组织、开展工作最晚的少数民族地区的工作一举跨入全国先进行列。

2004 年云曙碧完全退休后，仍孜孜不倦从事慈善公益事业，带领老卫生科技工作者以"三老区"为重点进行送医送药、义诊服务农村牧区。2009 年在云曙碧的倡导下又成立了内蒙古云曙碧公益事业基金会，她常说："老百姓是天，我要做到一辈子为人民做好事，草原各族群众的难处、苦处，都是我心中的酸处、痛处。"基金会千方百计筹资，三年时间，投入资金 3580 万元，确立的主要目标任务就是助学、助教、支农、慰问革命功臣等，用她的话讲"上管老下管小"。

2008 年 3 月 25 日云曙碧亲自率领"银龄行动"医疗工作者 14 人到土左旗把什乡诊治 120 余人，免费发放药品价值 2000 余元；4 月 10 日"银龄行动"医疗工作者 14 人到乌儿素村，诊治 70 余人，免费发放药品 1000 余元；9 月 12 日银龄行动医疗工作者共 17 人，到大青山革命老区武川县得胜乡得胜沟村，诊治 140 余人，免费发放药品价值 2000 余元……

今年云曙碧老人已 91 岁高龄，还在带领由离退休医疗专家组成的老卫生工作者协会的成员，顶风冒雨到农村、牧区，给老百姓送医送药、送健康。她说：老百姓是天，她要做到一辈子为人民做好事。

张鸿飞：达坂城的老专家

作为新疆医科大学第一附属医院普外科退休的一名主治医师，2007年，当 73 岁的张鸿飞得知市老龄办开展"银龄行动"的消息时，他毅然拒绝了新疆中医院直属医院的高薪聘请，报名参加了乌鲁木齐市"银龄行动"老专家志愿服务团，连续八年深入到乌鲁木齐县水西沟镇和达坂城区达坂城镇卫生院。

在水西沟镇卫生院、达坂城区中心卫生院工作期间，他仔细了解各科尤其是手术室的情况，摸清卫生院人员技术力量、发展状况及技术上存在的问题，积极下乡巡回医疗，到田间地头、农牧民家里上门服务，了解农牧民的医疗需求和就医困难。

张鸿飞定期带领全院医生查房，就病患具体病情详细向年轻医生进行讲解，指导治疗方案，促进他们尽快成长，只要他们有业务上的疑难，都做到认真随时解决，利用下午空闲时间，安排给全院医护人员讲课，把自己的经验毫无保留地传授给医务人员，在手术台上手把手地为外科医生传授外科手术技术，对不良的医疗习惯、错误的操作方法及时进行纠正。

八年来，他在当地共接诊病人 2545 人次，讲座 24 次，指导年轻医生完成手术 56 例，培养年轻医生 21 人。他亲自主刀的手术有上百例。2007 年 11 月初，一名 70 多岁的少数民族老人来到了医院，经检查患有疝气、脑梗死、大隐静脉曲张，需要尽快做手术，老人对镇医院的技术水平心存疑虑。张鸿飞亲自到老人家做工作，带老人全家到新手术室参观，并耐心细致地给老人分析病情，讲解手术的过程及细节，让老人放心。15 日，他同时为老人实行了疝气、大隐静脉曲张两项手术。这是镇卫生院有史以来的第一例手术。

张鸿飞与受援的卫生院建立了长期援助关系，在每期"银龄行动"结束后，只要卫生院需要，他都义不容辞、随叫随到。他严谨的工作作风和高超的医疗技术、无私的奉献、热情为农牧区患者服务，被受援单位和当地百姓广为称颂。

张天麟：深喀情深

张天麟老师为深圳市优秀教师、深圳市首批名师、深圳市中学物理学科带头人。退休后他主动参与到新疆喀什市支教当中。

他发现当地学生由于家庭生活困难，多为低保户，所以基本没有课外读物，教师们的教辅用书也很匮乏，而新疆的"双语"教学又急需提高教师与学生的汉语水平。他和几位老师返深后多次提出捐书的建议，在老教师们的感召下，深圳老龄办、深圳市科协、深圳老年科协决定2013年9月开展为新疆喀什市及塔县中小幼师生捐书的"深喀情·书香传"活动。

张老先到原工作单位深圳外国语学校宣传，得到校领导的支持。然后，他又不顾烈日高温，到附近的多所学校联系捐书，到景秀小学时，被保安挡在校门外，他便在校门外等，直到放学后，他才进去找到校长，向舒锦萍校长详细说明新疆喀什及塔县的教育现状及捐书的意义。他关心学生及边疆教育事业，锲而不舍、认真负责的作风深深地感动了舒校长，并决定大力支持，该校共捐书22480册。张老师以这种"陌生拜访"的方式到多所学校、幼儿园，得到这些学校的热忱相助。此次"深喀情·书香传"活动共募捐到图书44953册，图书寄到新疆后，喀什市及塔县教育局寄来感谢牌匾。后来还为两所学校建成了"银龄行动图书馆"。

深圳市于2011年、2013年共组织过2次"银龄行动"，张天麟老师均主动报名参加，积极参加各项活动，并被市老龄办评为"银龄之星"。每个帮扶的民校都有一批年轻教师在银龄老教师帮扶下走到了教学改革前沿，民校整体教学水平有了显著的提升。张天麟在支教过程中，始终以饱满的工作热情，增进民族团结、促进边疆发展稳定、建设和谐社会的高度自觉性，积极配合组长的工作，和培训组老师一起，圆满完成支教工作，获得喀什市支教学校和市教育局教研室的好评。

他在《银龄之歌》歌词中写道："虽然已失去青春的容颜，虽然已不再身手矫健，可我对祖国的赤子之心，从未改变，从未改变。为了祖国明天更加美好，我们奉献余热，晚霞满天。"

杨守襄：情系"三农"无欲求

1999 年，杨守襄从唐山市农科所光荣退休，但他没有停歇，依然行走在他所熟悉的冀东大地，为农民开展免费的技术服务，在古稀之年谱写了人生更为华美的乐章。

2008 年，杨守襄出任玉田县虹桥镇团结村等 4 个村的农业首席专家。团结村、独树村是以裸地菜为主导产业的村，他进村了解情况后，决定指导农民发展棚菜生产，20 户农民报名参加示范，当年建成冷棚 21 个。他奔波在玉田与乐亭之间，教农民掐尖、打蔓、病虫害防治、保温技术。杨守襄与农民摸爬滚打大半年，冷棚甜瓜每亩收入达到 2 万。到 2009 年冷棚甜瓜发展到 183 亩，全村人均纯收入三年翻了一番。

滦南县胡各庄镇沈营村是一个后进村，新班子上任决定发展棚菜生产。杨守襄担任首席专家后，白天在棚里指导，晚上举办技术培训班。全村第一年棚菜生产就打了翻身仗，极大地调动了农民棚菜生产的积极性。杨守襄还筹划了占地 120 亩的现代农业葡萄种植示范园，到 2013 年底，示范园销售收入达 200 万元。

2012 年七八月间，乐亭、滦南等地连降暴雨。雨刚下完，杨守襄就赶到受灾现场考察灾情，他陆续走访了十几个村，逐村指导农民采取补救措施。乐亭电视台得知后，专门邀请他作了《沥涝灾后葡萄及棚室蔬菜管理》专题讲座。大水过后，葡萄霜霉病暴发，他深入病害严重的村讲解技术，还给一些种植专业户发短信。由于有了杨守襄，当地的农民得以在大灾过后实现丰收。

在乐亭葡萄产区葡萄黑豆病蔓延多年，杨守襄发现黑豆病与绿盲蝽和蓟马两种虫子的发生规律一致，确定是这两种虫子的危害所致。他指导农户抓住最佳防治期，每亩仅用几十元的药剂就解决了这个多年痼疾。

杨守襄说，我出生在农家，上学是学农的，工作是农业科研，对农村、农业、农民有着特殊的感情。我一生的追求就是"为农村多做些贡献"，最大的欣慰是"老了还能为农民干点儿事"。忘掉年龄结友，服务"三农"无求，老人朴实简单的话，诠释了他的高尚行为。

庄庆士：养猪是他一生的事业

庄庆士老人原是哈尔滨农管局畜牧处处长。在职期间，他经过 22 年的探索，形成了适用于北方寒冷地区养猪配套的综合技术，即"庄氏养猪法"。如今，1988 年便已退休的庄老，依然在养猪的生产实践中奔波忙碌，发挥余热，把心血投入养猪事业。

提起庄庆士，最有名的当数他的"庄氏养猪法"，"庄氏养猪法"是庄庆士多年来养猪理论与生产实践相结合的经验总结，在香坊、闫家岗农场，经过了 20 多年的亲自试验，并逐年改进，使之成为当代北方养猪的重要理论之一。起初在黑龙江省很多农场、市、县的养殖户、场进行咨询、指导，后来又延伸到吉林、辽宁，乃至北京、河南、山西、山东等地推广，庄庆士老人亲自到一些大型的猪场办培训班进行现场指导，前后累计创办和改造了 100 多个大中型猪场，举办了 400 多期培训班，培训了 3 万多人次。

庄庆士的养猪，重视与时俱进与科研创新，在他退休后的 27 年时间里，他先后在《中国农业科技通讯》《动物学杂志》《中国农垦》《养猪》《养殖技术顾问》等杂志发表论文 80 余篇；出版了《大群母猪高产经验》《养猪技术》《瘦肉型猪生产技术》《庄氏养猪法》《中国哈尔滨白猪》《养猪生产技术》《养猪实用技术》等近十部养猪理论读物。

2014 年，由哈尔滨庄氏养猪技术研究会编著的《庄庆士与庄氏养猪》，由黑龙江人民出版社正式出版，全书中搜集了仔猪安全越冬的有效技术措施、不同品种猪的杂交、仔猪早期断乳、母猪无空闲乳头哺乳法、常规饲料对早期断乳仔猪的育肥效果，解决冬季农村母猪舍阴冷潮湿的关键措施，从不同方面和视角介绍了庄老的养猪技术和取得的卓越成就，客观全面地讲述了庄庆士为我国养猪事业所做出的突出贡献。

庄庆士常谦虚地说，走进猪场首先要和场长、技术人员搞好关系，首先要肯定人家的成绩，要学会赞美别人，虚心向实践学习，向第一线的同志学习。而只有庄老这样的人，从内心与工农打成一片，才能让工农接受，才能把他的知识传播并转化为生产力。

吴修佩：一切付出都有价值和意义

吴修佩老人今年71岁，原东营区棉办主任，现为东营市老年农业科研实验基地老年科技专家。退休17年来，他发挥自身的专业技能和工作热情，为服务社会和广大农民朋友做出了重要贡献。

1997年，吴修佩从东营区棉办主任岗位上退居二线，但他想：我是一名共产党员、高级农艺师，为党工作，为我相处几十年的棉农朋友进行科技服务总不应该立即画上句号吧！从此，吴修佩常年下乡镇，跑遍了全市五个县区，搞技术培训300多场，直接听众达1万多人次。2005年8月10日，麦莎台风过后的第三天，他应邀前往利津县崔庄村进行台风灾后棉花急救技术指导。当时，已近中午，气温近40℃。老百姓虽急切地想听听专家的急救办法，却先心疼地要把他让到阴凉地里。"那时那刻，老百姓对知识的渴求感动了我，老百姓的真心疼爱让我无比幸福，我明白一切付出都有了价值和意义！"吴修佩回忆说。他还每年多次上电视讲解植棉技术，有很多棉农经常打电话给电视台，他索性在电视上向全市公布了自己的手机号码，于是咨询电话接连不断，最多一天接过23个咨询电话。

吴修佩不满足于仅仅搞技术咨询，从退休到2006年他共搞了9个农业科技研发项目，基本都获得成功。其中，1999年他设计、主持实施的"滨海盐碱地植棉简化栽培项目",被省级专家评为"国内技术领先水平"。2000 年,他实施的麻湾西瓜无公害栽培项目,填补了东营市没有无公害农产品的空白。2002 年,省内他第一个搞农大超甜玉米的无公害栽培及其产业化发展,被列入全省 2003 年农业产业化开发计划……

在这些累累硕果背后,是吴修佩令人钦佩的毅力和责任感。2007 年底,吴修佩的小儿子因突发心脏病突然离世! 这个晴天霹雳使老两口一下子陷入巨大的悲痛之中! 而 2008 年吴修佩在市老年科研基地的四个项目都要进行验收、总结,中间他也曾几度对项目产生过放弃的念头,但考虑到这是应该向棉农、向社会所做的奉献,他战胜了自己的悲痛,硬是把 4 个项目全部按时搞了验收,全部写出了技术报告。

林德清:让科技之花在川渝大地盛开

2004 年以来,林德清作为重庆市老科协专家委员会委员,自 2000 年退休后,在市老龄委、老科协领导下,坚持年年参加"银龄行动",用长年积累的蔬菜专业知识、技能和经验,服务"三农",先后奔赴重庆和四川的 18 个区县,深入农村开展技术培训、指导和咨询服务,为农民致富奔小康贡献余生。

2001 年林德清被石柱县三益乡多次聘请为农民讲授辣椒育苗、栽培及病虫害防治技术。在辣椒生长季节,林德清从早晨出发乘坐公交车五六个小时才能到石柱,她常深入乡村及田间,指导辣椒育苗、栽培管理及病虫害防治。引种辣椒优良品种试验、示范,建立良种繁育基地,品种提纯复壮。在发展辣椒的 16 个乡镇,开展辣椒技术巡回培训、指导。常采用现场、院坝、会议等多种形式,讲受辣椒育苗、优质丰产栽培及病虫害防治技术,举办培训会 46 次,培训农民 7400 人次,收到较好效果,农民一致反映讲授通俗易懂、技术简单实用、立竿见影,辣椒由 2001 年的分散种植 3000 亩左右发展到 2004 年的 10 万亩,亩产值达到 1500—2000 元，较粮食作物产值增收 1000 元左右，促进了农民脱贫致富，为石柱县辣椒产业的发展奠定了坚实的基础。

2007 年 6 月林德清分别在江津吴滩镇、开县赵家镇，根据当地生态条件，开展了"发展无公害蔬菜产业的思路及建议"的讲座。两次共吸引了该镇村干部和农民 320 人踊跃参加。讲授通俗易懂，受到赞赏。2008 年在石柱县大歇乡开展现场咨询，当天下着大雨，但前来咨询的农民仍络绎不绝，有的从 10 里之外专程前来咨询。咨询辣椒、蔬菜的栽培技术、病虫害防治、土壤和施肥技术等，林德清都很耐心地作了解答，让他们个个满意而归。在该乡双坝村，还针对当地生态条件和生产实际，在了解、分析的基础上，讲述了"无公害蔬菜的发展思路"讲座。2012 年 5 月她在大足县三驱镇开展"种植技术"讲座，讲授了蔬菜优质丰产栽培技术及病虫害防治，参加农民 60 人。

林德清已年满 74 岁，但她没有丝毫停歇的意思，因为有了她，科技的花朵必将在川渝大地盛开。

赵君哲：人在世间不留白

新疆老教授协会常务副会长赵君哲教授，退休前一直在新疆农业大学工作，现在虽然已经退居二线，依然在培养研究生。

赵君哲特别注重对学生言传身教、悉心指导，常说："对人才的培养、使用，需要我们真正从思想深处转变观念。所谓人才，要有才学，更要有德性；要有理论，更要结合实践，用理论指导实践。"

赵教授在新农大分管民族团结工作。他利用业余时间刻苦自学了维吾尔语，具有维吾尔语交流和表达能力，这在汉族干部中为数不多，还认真研究了新疆 13 个主要少数民族的风俗习惯，为他的工作平添了许多便利。

在学校，赵教授授意并组织开展多种活动，少数民族和汉族学生手拉手、民族团结座谈会、专题报告会、知识竞赛、歌咏比赛、板报比赛、文艺汇演，利用多种形式促进民族团结。许多少数民族教职工都喜欢与他交往，亲切地称他"吐汗吾干木"（亲兄弟）。就是到了现在，学校不论哪个民族，谁家办"红白喜事"邀请他，他都会参加，遇到了谁有困难，他都会热情帮忙。

协会在赵老的领导下首次创办了《新疆老教授》综合性刊物，为全疆老教授老专家创造一个互通信息、学术交流、建言献策的平台。为筹措办刊资金，赵老付出了许多艰辛的努力，刊名还是他赴京邀请著名书法家欧阳中石先生专门题写的。对这份杂志国家新闻出版广电总局新闻报刊司高级审读姚泰和曾撰文说："没有收到杂志前，心想不过是一份可看可不看的东西，到了后，翻翻便了。然而翻了不久便很快觉得，原先的'翻翻'大错特错。"

赵君哲虽然是老协的副会长，但他手下没有一个正式在编的工作人员，所有工作大到参加全国老教协工作汇报，参加全国性会议，小到起草文件、安排活动、会议通知、购买奖品、分发杂志……他都亲力亲为，带着血管里安装的三个"支架"，拄着拐杖，全力以赴。很多认识赵君哲的人都钦佩他的专注与坚持，佩服他退而不休的精神。一路走来，赵君哲更多感到的是愉快，保尔·柯察金的名言一直激励着他：人不能白来世间一遭，总要给社会留下些有益的东西。

点燃科教灯火

陈星旦：不懈人生

陈星旦生于 1927 年 5 月 6 日，如今已经年近九十，自从 1950 年从湖南大学物理系毕业，陈星旦就始终坚持在中国科研的第一线，至今已经 65 年有余。

1954 年陈星旦成功研制地磁探矿仪，生产多台，提供地质物探部门使用；1957 年，陈星旦在国内最早建立 0-1063℃国际温标，解决了当时国内温度计量仪器无标准的问题；1961 年，陈星旦建立大气光学及目标背景观测站，为国防军工需要，测定了多种飞机等目标的红外辐射及天空背景；1964 年，在我国第一次核试验中，陈星旦负责测定爆炸的光辐射威力。在没有任何资料可查的情况下，他独创性地构思测量方案，研制的几种光冲量计，在我国第一次核试验中取得成功……

1987 年，陈星旦年满 60 周岁，但他仍奋战在科研一线。1989 年，他负责建立短波光谱实验室，并承担了室主任的重担；1991 年负责完成了国家自然科学基金课题"ＸＵＶ光谱辐射强度标准研究"；1994 年，负责完成国家自然科学基金重点项目"软 X 射线光学基础技术研究"，在多层膜技术、超光谱光学表面加工等方面，建立了较完整配套的软 X 射线光学应用技术基础，研制出了一系列新的光源和光学元件，为我国广泛开展短波光学研究奠定了基础。

如今，已经 87 岁的陈星旦，依然精神矍铄，每天按时上班。2010

年以来，他主要从事近红外光谱无创伤生化检测技术研究，即采用光谱方法无创伤测量人体血液中血糖、胆固醇、甘油三酯、血红蛋白等成分含量等，已经取得了很大进展。他还担任着博士生导师，已经带出了20多个博士、硕士，他们中的很多人都成为科研骨干和学术带头人。

1999 年 10 月，陈星旦被评选为中国科学院院士，他说："当选为一名院士，是一种莫大的光荣；同时，我也知道，院士不仅是一种荣誉，而且意味着要承担更重要的任务，因而使我更加不敢松懈。"作为一名院士，陈星旦的科研为祖国科学实现了突破，而他不懈努力的人生态度更是值得我们学习。

郭益中：播种幸福的人

在湘中各地，人们纷纷传颂着省老科技精英、冷水江市农口分会会员郭益中以中药材种植示范，带领乡亲致富的动人故事，称他是"播种幸福的人"。

1996 年 2 月，郭益中从新化县人民医院中医骨伤科主任的位置退休了。回到老家后，他看到本村不少乡亲家庭经济尚不富裕，而屋后山背荒山却是种植中药材的天然沃土。于是，凭着一颗对农民的挚爱之心，为圆儿时美梦，他决心在家乡创建中药材种植示范基地，将黄土变黄金，通过自己的示范，为家乡父老探索出一条看得见、摸得着的致富之路。

当年冬天，郭益中与本村的四个村民小组签订了租赁期为 20 年的 400 亩荒山承包合同。从此，郭益中日夜挥汗如雨，废寝忘食，终日与药为伴，十年未下过山头，三年未看过电视。功夫不负有心人，经过多年的艰苦奋斗，如今，他的三尖药材基地已发展到 1200 余亩，种植药材品种 56 个，其中黄柏、厚朴、杜仲等中药材 10 余万株。

10 多年来，郭益中利用自己的药材基地，先后无偿培训药材种植骨干 8500 多人次，培养了一支庞大的懂技术、会经营的药材队伍，辐射本市各乡镇及周边 5 个县市的 50 多个乡镇 1 万多个农户。10 多年来，郭益中先后不辞劳苦地深入到 100 多个药材种植基地和近千户药材种植户，手把手地教他们如何种植、管理、加工、保管。1997 年 9 月，郭益中组织成立冷水江市雪峰中药材生产合作社，进行产、供、销一条龙服务，为药材种植户无偿或低价提供药材种子、技术、培训、指导、信息咨询。10 多年来，郭益中和合作社为社会提供黄柏、杜仲、厚朴、栀子等木本药苗 180 多万株，玉竹参、太子参、浙贝等草本药种 20 余吨。每年帮助农民销售中药材上百吨，收入上百万元。

2010 年 11 月，郭益中被贵州省黎平县政府聘请为该县中药材生产技术顾问。这是个国家级贫困县，为帮助黎平山民寻找脱贫致富之路，他不顾年事已高，把爱和汗水洒向异地他乡。

李文英：飘扬在农科推广战线上的旗帜

"我入党时，宣誓要为党的事业奋斗终生。我虽然退休了，但不能退步，共产党员的本色更不能褪。"李文英如是说。退休 23 年来，李文英累计下乡 2500 余天，走过 10 个二万五千里长征，助农增收上千万元，被群众尊称为"棉花奶奶""农民义工"。

1990 年，干了 33 年农业的李文英退休了。但她始终割舍不下对农技推广和农民群众的深厚感情，依然执着奔波在农技推广第一线。

1996 年，李文英在《中国棉花》上看到一种抗虫棉良种"标杂棉 A-1"，她马上自费购回 2 袋种子，找到董市镇洪治村农民李家才试种，播下种子后，李文英三天两头往李家才的田里跑，计算出苗率，记录用肥用药量与效果，跟踪记载苗期、蕾期、铃期、桃期表现及虫害情况，适时进行指导。经试种，2 亩抗虫棉单产皮棉 105 公斤，比其他田高出 30%。

2000 年，李文英从自费订阅的《湖北植保》上学习引进武汉美棉抗王 1 号、2 号，安排在洪治村张祥林的 2 亩田里种植，张祥林家当年棉花总收入 6800 元，产值在全村居第一。李文英常说："我离开了农村，就像无水之鱼，一肚子的知识没有了用武之地。无论有多少委屈，只要走到了农田里，什么杂念都没有了。"

2005 年 7 月，李文英发现《枝江植保》上通报第三代棉铃虫卵高峰期可能在 7 月 19 日左右，但根据该年棉花早发的特点，此通报时间偏迟，她在与植保站技术专家会商后，及时逐户上门，将最新、最准确的情报通知到户，有效控制了虫害发生。

2010 年 8 月，李文英顶着 38℃的高温，步行 6 里路，来到马家店街道双寿桥村查看村民甘继衡的田地，向他耐心讲解棉花红叶茎枯病的发生及防治知识，帮助他解决病虫害问题。

洪治村 508 户人家，她都能叫出名字，谁家的责任田在哪里，她都了如指掌。2009 年 5 月，李文英下乡时，不慎掉进一个 1 米多深的水坑。她在工作总结中写道：如果坑里的水再深一点点，也许我就"光荣"了，但是我并不后悔。我甘愿发挥余热，无偿为农民奉献，为农民增收出最后一把力。

刘忠厚：工作即为乐趣

刘忠厚教授 1988 年留学回国后，于 1990 年创建了中国老年学学会骨质疏松委员会，到目前为止先后举办过 14 届国际骨质疏松会议和 18 届全国骨质疏松年会（85% 以上的会议是在他 60 岁退休以后举办的）。每次会议，从选择会议地点、上报批文、与酒店签订协议、发会议通知、征集演讲、征集厂家参展、会前审核印刷资料、会中主持学术报告，会后与酒店的财务结算及会议总结等，他都亲力亲为，这种认真、执着、敬业的精神，使中国老年学学会骨质疏松委员会在业内已形成了品牌。

1995 年他创办了《中国骨质疏松》杂志，在他的领导下杂志有了长足的发展，由最初的季刊变为双月刊，现在已是月刊，并且已进入国内三个核心期刊。委员会在中国老年学学会的领导和支持下，先后在国内建立了 11 个骨质疏松诊疗与研究基地，在中国老年学学会的领导下，由刘忠厚直接对他们进行学术指导，策划运作基地的学科和市场发展，提高基地在骨质疏松诊、治、研、防、教各方面的发展。16 年来刘忠厚在全国各省、市、地进行过数百场的学术报告，培训基层医生，提高他们对骨质疏松的诊、治、研、防、教的水平。

学习对刘忠厚来说更多的是一种乐趣。虽然他已年近八旬，但仍然乐于通过各种渠道获取知识。2000 年在比利时召开国际骨质疏松基金会的工作会议，审议台湾以"中华民国"台湾骨质疏松协会名义加入 IOF 时，他当场严正提出台湾不能以国家的名义进入 IOF，与会各国同意了刘忠厚教授的意见，否决了台湾加入。类似这样的维护国家统一的事情，刘忠厚教授在国际场合做了不止一次。

工作和锻炼是他的另外两大兴趣，由于他多年来坚持锻炼的好习惯，所以头脑清醒，思维敏捷，记忆力不减反增，干起工作来自己感觉像拥有 40 岁的精力。

刘老在事业及家庭上，都具有强烈的责任感。他的老伴已患脑血栓五年了，他在努力做好学会及杂志工作的同时，利用一切休息时间，精心地关爱、照顾，无微不至地呵护她，使全家都感受到家的和谐、温暖。

钮中一：用智慧和汗水换得金色的收获

钮中一从 1977 年开始专职从事水稻育种工作 37 年，始终坚守在纷繁复杂的选种育种第一线，增加社会经济效益逾 150 亿元。2006 年他退休后，拒绝了众多单位的高薪相邀留在江苏（武进）水稻研究所，他说："对一辈子工作过的地方有一种特殊的情感，我最大的心愿就是再培育几个好的水稻品种。"

为了将新品育种周期缩短到 5 年，他采用一年"双季"育种，每年的 12 月，他都会像候鸟一样飞到海南岛进行"南繁加代育种"，直到次年 4 月才和北归的燕子一起，带着丰收的喜悦回到家乡，进行新一轮播种。每年，他还要参与育种材料的整理和筛选，每份材料都要经过播种育秧、移栽、田间观测、配组杂交、选择种子等多个复杂的过程。工作条件虽然艰苦，但他对工作十分严谨、十分认真。"在田间播种，钮中一观察得特别仔细，特别认真，甚至半天都做不好一块田，整个过程犹如选秀般严格。"水稻研究所所长徐晓杰说。

水稻育种是一项永无止境的事业，只有不断创新，才能跟上时代发展的步伐。钮中一通过与高校及科研院所的合作，将上游分子生物技术应用于常规育种工作，利用与目标基因紧密连锁的分子标记对早期苗进行抗病性和米质检测，提高选择精准度，缩短了育种年限，提升了育成品种的科技含量。钮中一参加南京农业大学联合科技项目抗条纹叶枯病高产优质粳稻新品种选育及应用，育成的武运粳 21 号攻克了被称为水稻"癌症"的条纹叶枯病等多种病虫害难题，被评为 2010 年度国家科技进步一等奖。由钮中一培育的水稻品种不仅在江苏全省 13 个市都有种植，而且得到了浙江、上海、安徽等地的青睐，累计推广应用超过 1 亿多亩次。

钮中一忘我工作，一心扑在育种事业上。2010 年 3 月，他参加海南南繁时右腿胯部经常隐隐作痛，不能久立，但当时正值杂交配组最关键时期，为了不错过育种时机，他忍痛坚持到了南繁结束。钮中一就像一位辛劳的农夫，播撒着绿色的希望，用心血和汗水换来金色的收获。

石晏珍：我国大中型汽轮发电机技术的主要奠基人

石晏珍老人是我国大中型汽轮发电机技术的主要奠基人，他的一生，可以说都奉献给了汽轮发电机的设计工作。1992 年，石晏珍从哈尔滨电机厂退休以来，继续发挥专长，又做出了新的贡献。

2006 年，石晏珍受聘于哈电多能公司从事技术咨询和技术改造工作。他主持设计的 6500 兆伏安冲击发电机，经过几年来投产运行，各项性能和技术指标均达到世界领先水平，填补国内空白。过去到荷兰开玛试验站，每做一次大容量机组试验，费用高达 30 万美元；现在，用我们自己的冲击发电机试验已达 5000 多次，给国家创造了巨大的经济效益。该机组 2007 年 9 月被中国机械联合会评定为一等奖，该同志被定为此项机组工作的第一完成人，给哈电有限责任公司直接创收利润 500 多万元。

2006 年 9 月北京石景山发电厂的 20 万汽轮发电机组要进行增容，扩大 10% 的容量。全国多家企业参加此项工作的投标，并各自提出了技术改造方案。哈电多能公司邀请石晏珍到北京指导投标工作。石晏珍在 20 世纪 80 年代曾是 20 万汽轮发电机的主任设计员，负责过全国多台 20 万汽轮发电机的设计任务。在此项目上，他提出了改进氢气压力、降低温度、改进槽楔厚度等一系列措施，这些措施的实施对机组改动不大，并可以保证性能可靠、运行稳定。石景山电厂的技术专家听了石晏珍的方案后，一致认可，最终，哈电多能公司以最高报价一举中标。

山西潞安发电厂 13.5 万汽轮发电机组轴承座出现漏油现象，几年来一直未能解决。2006 年 9 月，电厂找到了石晏珍，请他来帮助改造。考察现场后，石晏珍提出改进部分部件的结构，一举解决了这一疑难问题。近年来，他还曾帮助安徽怀南发电厂解决汽轮发电机事故，帮助锦州发电厂解决了 20 万汽轮发电机轴套发热的问题。

如今，已年过八十的石晏珍，仍然在发电设备制造业上忙碌着，在中国发电设备制造行业中用自己的智慧和汗水写下了浓重的一笔。

田守诚：中国河蟹产业第一县的领路人

田守诚老人 1948 年参加工作，他先后担任过县农办副主任、计委副主任、水产局局长等职；1955 年入党，至今已经是一位有着 60 年党龄的老党员了。

1983 年，盘锦河蟹濒临灭绝，田守诚通过一年多的深入调查研究，向县委县政府提出了拯救河蟹资源的建议。为了拯救河蟹资源，他断然放弃了到市里任职机会，而选择出任了正在组建中的县水产局局长。

1985 年，任县水产局局长的田守诚带领科技人员展开技术攻关，克服重重困难，繁育出第一代人工蟹苗，为河蟹产业复兴燃起了希望。为了普及河蟹人工养殖，他东奔西走，为了打开河蟹销售市场，足迹遍布全国各地，为日后盘山成为"中国河蟹产业第一县"做出了卓越贡献。

1994 年，田守诚离休。他本可以赋闲在家，颐养天年，然而，为了河蟹产业的持续健康发展，他不顾家人强烈反对，自己贷款 100 万元，建起了盘锦第一个标准化河蟹养殖示范基地，一干就是 7 年。在养殖河蟹的过程中，田守诚重视技术，并在全县推广，使得当地广大河蟹养殖户从中受益。

1993 年，盘锦蟹苗突然变得紧俏起来，有人想出 100 元一斤买田守诚的蟹苗，但田守诚没同意，后来他却以 25 元一斤的低价卖给了养殖基地，里外里他就赚了 20 多万元。在全县河蟹放流野养时，田守诚有调动放流蟹苗的权利，一些个体养蟹老板知道后，就托亲戚朋友找到田守诚，让他放流时在自己的田间地头多放些，有些人甚至出钱来买蟹苗，都被他严词拒绝了。

数十年来，田守诚的足迹几乎遍布全县的田间地头，只要蟹农需求，他总是第一时间赶到。求技术的，他无偿传授；找销路的，他热心张罗；缺资金的，他全力协调。他每年都要选 3 至 5 个贫困户，免费提供蟹苗，全程跟踪服务，已累计帮助 80 多个家庭脱贫致富，直接增加效益 300 万元。

田守诚说："人的一生，不应以官职的大小来决定价值，而应该以回报社会的多少来衡量生命的意义。"他是这样说的，也是这样做的。

田宜春：得天下英才而教育之

北京中医药大学东方学院董事长、党委书记田宜春是知名教育家、企业家，他献身党的教育事业半个多世纪，殚精竭虑，辛勤耕耘，成就了"东方教育"伟业，创立了"东方校园文化"。

1952 年春，他开始从事教育工作。1961 年大学毕业后长期从事大中专教学与管理工作。2002 年在国家"大力发展高等教育"和"大力发展中医药事业"政策背景下，与北京中医药大学合作，创办中医药高等职业教育，出任北京中医药大学高等职业教育部管委会主任。2005 年教育部批准建立东方学院，他又出任了北京中医药大学东方学院董事长、党委书记、执行院长。

为了办好中医药高等教育，田宜春于 2002 年办学之初即提出了"办成、办好、办大"的奋斗目标。为了激励全院师生，他首先提出了"东方精神"，为中医药事业和北京中医药大学东方学院的发展积极主动地发挥个人才智和潜能。同时，他又提出面向基层、面向社区、面向中小城镇，发展本科教育与发展中医药事业相统一，不以营利为目的与积极建设东方校园相统一，提高教育教学质量、提升东方品牌与优化办学环境相统一的办学理念。

在教育实践中，他坚持学习、创新、再学习、再创新，取得了丰硕的教育成果。2005 年东方学院初建时，学院只招入了 1024 名学生，当时只有护理学、中药学、公共事业管理三个专业。到第二年就招入了近2000 人，而且河北省教育厅又批准增设中医学、针灸推拿学和工商管理三个专业。到 2010 年时，学院规模已达到 10000 多人，形成了"四院八系三中心"的教学管理框架，至此，东方学院以跨越发展的历程，实现了建院之初提出的"办成、办好、办大"的目标，向党和人民交了一份满意的答卷。

在东方精神的哺育下，出现了许多品学兼优的东方学子。比如，在长城上抢救外宾的高航、支圣辉，在列车上两次抢救乘客的任凯等。从第一届毕业生至今，学院已为社会培养了万余名毕业生，他们获得了社会的认可和好评。当得知首届毕业生有 50 多名同学考取了北京中医药大学、天津中医药大学等国内外著名高校的研究生后，全院师生奔走相告，热烈祝贺学院第一届毕业生取得的丰硕成果。

拳拳赤子心，殷殷报国情。田宜春坚如磐石的理想信念、情系老年产业的宽阔胸怀、鞠躬尽瘁的奉献精神、扎实创新的工作作风得到了各级领导和广大师生的尊敬和厚爱。致力老年产业，志为温暖人间。这就是对田宜春这位知名教育家和企业家、这位东方学院奋力开拓的领军人的真实写照。

王辉生：一位老科技工作者的责任与担当

在发展大连市老有所为崇高事业的群体中，活跃着一位 70 多岁热心发挥余热、奉献专长、创新科技服务的老科技工作者——王辉生。他以企业特别是中小企业、"三农"、壮大县域经济为服务重点，以科普讲座、建言献策、科技服务为三条主线，书写着一位老科技工作者"传播科学知识、提高全民素质、造福社会百姓"的责任与担当。

王辉生毕业于大连工学院（现大连理工大学）造船工程系，1968

年被分配到大连铸钢厂接受再教育长达 7 年之久，先后当过清砂工、技改钳工、模型工、美工、技术员。在工人师傅的帮助和敬业精神的熏陶下，潜心学习钻研铸造工艺技术，和工人师傅一道研发了推土机叉刀新产品、攻克工艺技术难关，先后研制成功辽宁省重点水利工程——大连碧流河水库耐磨耐腐蚀闸门滑道，研制成功国家急需的耐磨合金材料——用于提高我国水泥质量、确保建筑物安全的《低铬合金钢球》，荣获国家科学技术进步三等奖。参与国家重点工程项目（山东兖州拖拉机厂）——中国第一条 XZB148B 造型自动线的设计安装调试、修改部分设计，在大连铸钢厂安装了我国第三条 XZB148B 造型自动线，为大连和中国铸造自动化作出了努力。创新大连乡镇企业工作模式——"大、高、外、农业产业化、网络化"，使大连乡镇企业跻身于中国乡镇企业发达地区的行列，与苏南模式、温州模式齐名。他主导创建了新的工作模式——《专家教授工作站》28 家，使 300 多位各有专长的老专家、老教授在这个平台上发挥着科技创新的作用。他自己更是撰写了多篇科技论文，获得殊荣，为市争光。

王辉生还酷爱绘画、写作、工艺设计，为宣传大连的创新发展，为政府招商引资和拓宽友好往来设计了达沃斯年会纪念品、大连风情真丝纱巾、大连百年庆典领带、有机工艺冷暖壶、与时俱进大连风光挂表。他还为大连市老科协、辽宁省老科协创作了《老科协我爱你》会歌。为市老科协设计制作了会徽、为中国老科协会徽做征集，积极设计投稿。编辑《大连市老科协》会刊和每年一本的老科协工作《大事记》。

王益群：中国流控技术的开拓者

王益群 1938 年 4 月生于安徽萧县，自 1963 年从东北重型机械学院（燕山大学）毕业就再也没有离开过这里，至今已经 52 年，其间王益群当过老师、系主任、校长等多重职务，但却从没有离开他所研究的流控领域，是一位名副其实的学者型校长。

钢铁是当今最重要的工业材料，板带产品占我国钢铁总产量之比（板带比）已经过半，发达国家板带比更高，板带厚控精度是板带产品基本质量指标，是冷轧板带产品技术水平的标志性指标。板厚自动控制技术是当代板带轧机关键、核心控制技术之一。王益群在科研与生产实践中取得了突破性进展，具有巨大的经济和社会效益。在业内公认其板厚控制技术居国内领先地位。

在 2004 年至 2006 年间先后完成河南鸽瑞复合材料公司四套 650mm 单机架冷带轧机高精度液压 AGC 系统研制，投产后其板厚控制精度和轧制速度都超过同规格进口的原装轧机。

2004 年在国内外竞标中赢得了攀华集团张家港万达薄板公司 1450mm 五机架冷连轧机组用液压 AGC 替代电动 AGC 全面更新改造项目。2006 年通过生产厂的考核验收，实际板厚轧制精度可达 $\pm 5 \mu m$，轧制速度可达 1260m/min，由此表明我国在高速、宽带冷连轧机核心控制技术方面获得重要突破。

王益群主持完成的"冷带轧机高精度液压厚度自动控制系统关键技术应用"项目成功结束了我国没有自主知识产权的高速、宽带冷连轧过程自动化核心技术的历史，打破了国外大公司长期对我国这方面技术市场的垄断，为我国迈向钢铁强国提供了强有力的技术支撑。该项目获 2009 年国家科技进步二等奖，使用该项技术的河南鸽瑞复合材料公司，其产品板厚相对精度可达 0.7%，和同类轧机相比具有世界领先水平。该公司因此发展成为目前国内主要冷轧中宽带、窄带钢供货商之一，并于 2010 年成功在美国纳斯达克主板上市。

王益群曾说："中国的流控技术发展智能靠我们自己在第一线上刻苦创新、拼搏奋斗，我相信我们一定会为中国的流控技术进步起到更好的推波助澜作用。"而今天，王益群的话已经得到了验证，他也已被载入中国流控技术发展的史册。

王成玉夫妇：历尽劫波终结硕果

1958 年和 1960 年，王成玉、马贵龄以优异的成绩分别从西北农学院（现西北农林科技大学）园艺系和农机系毕业，他们报名支边来到宁夏回族自治区。自从认识"枸杞"以来，夫妇二人几十年里就围绕着它做了一辈子的文章。

1961 年，王成玉首次在枸杞树上用远缘杂交的原理，进行茄科植物的属间嫁接研究，大胆地把教科书中从未记载的木本植物枸杞与草本植物红番茄嫁接成活，兴奋之余的他们，却遇到了史无前例的特殊时期，正顺利的试验就这样被中断了。

1999 年 5 月，夫妇二人穿着自制的价值 25 元的运动服，赴京参加全国性芦荟培训班。一般的父母出差时总会给孩子买东西，但他们却用仅有的一点钱引进了 10 株 10 厘米高、价值 20 元的库拉索芦荟苗。靠着成功培育这些芦荟，他们为近万人治好了"青春痘"，给很多人治好了皮肤顽疾和内分泌系统疾病，专业人士赞誉她为"宁夏芦荟种植第一人"。

2007 年，芦荟项目结束了，老两口商量重新开启中断了 47 年的枸杞嫁接之旅。可是没有经费，生活本来就不宽裕的家庭犯难了……经过慎重思考，两位老人作出了卖掉自己唯一的住宅，搬到女儿家合住的惊人决定。有了经费，老两口又在女儿家楼下申请了一块不到 20 平方米的绿地充当微型试验田。到了冬季，王成玉腾出卧室作试验室，用电褥子、电暖器升温，而他自己却怀抱难发芽的发芽罐睡在客厅的沙发上，用自己的体温催芽，争取着每分每秒的宝贵时间。

功夫不负有心人，6 年的坚持终于有了回报，他们又有四项研究申请国家专利，这也标志着他们的远缘杂交试验成功。微型试验田里的枸杞树结出五彩缤纷的果实。2010 年，老两口将亩产达六七千斤、价值

60 万元、味美色鲜的"枸杞辣椒"技术以 25 万元的低价转让给农民企业家丁学保。当别人提出疑问时，王成玉回答说："我们不为名和利，只为发展，让农民受益。"

当人们再三追问二老一辈子不为名利、只默默奉献的原因时，他俩对视后笑了，他说："一个人要讲良心、道德，其实人人都在为这个社会做贡献，为什么非要突出自己呢？"

夏英武：做事与吃苦

1998 年，夏英武教授从浙江农业大学校长岗位退休后，接受了省科协、省农办领导邀请，担任"浙江省农村致富技术函授大学"校长工作，农函大的主要任务，是致力于推动全省农民科学素质的提升、农村经济的快速发展及农民群众的科学致富。他出任校长后，广泛整合资源，积极创新农函大办学工作的机制，为培养和推动浙江农村科技人才发展壮大做出了重要贡献。

农函大办学，经费最为其难，夏英武接任校长之初，各级农函大办班大都依托农民学员的经费支撑，极大限制了农函大办学的发展趋势。为此，他亲自找领导说"情"，跑部门协调，硬是解决了省、市、县三级分校和乡镇辅导站办学经费由财政主线条支付的做法。2013 年全省农函大教学培训经费已达 3123.4 万元。既稳定了招生数量，又有效地保证了全省各级农函大办学工作持续发展。夏英武亲自在省校的农函大讲师团培训班上作专题辅导。省农函大、台州市分校、桐庐县、嵊州市等自编农函大教材先后被中国农函大评为全国农函大优秀教材。

在夏英武任农函大校长的 17 年间，浙江省农函大的办学规模已发展到拥有 11 所市级分校、88 所县级分校的庞大农民培训体系。2013 年，77 岁古稀之年的夏英武教授又被委聘为浙江农民大学农函大校区校长重任，继续为全省的农村技术人才培训发挥主渠道作用。"能做年轻人不愿做的事，能吃在职人员不愿吃的苦，能解别人不能解的题"。这是很多市县科协、农函大领导对他的真实评价。

作为浙江大学核农所团队成员，夏老指导及参与科研成果转化生产力的宣传、推广工作，如"宜糖米"已列入国家发改委重点项目；"鱼塘种稻"项目已列入省重点开发推广项目。退休后参与的科研项目，两项获省科技厅科技进步奖，2003 年，他个人还被省科协评为浙江省科技推广与科普工作先进工作者。

杨隆骞：用晚年来做启蒙

杨隆骞，自 2003 年从西北师大商学院会计教学岗位退休后，一直从事老龄和下一代工作。杨老认为：虽然离开了多年的教育工作岗位，可是作为一名教师，在哪里都一样可以教书育人。

他开发的《幼儿数学启蒙新教法》，提出了双手计数法、手操训练法、手指计算法、心算诱导法、游戏教学法。他深信实践不仅出真知，更重要的是出真能。为了推广这些教育方法他先后跑过兰州市百余所大、中、小学和幼儿园。尽管没少碰钉子，但是他丝毫没有气馁，最终打开了新的局面。利用"十一五"科研课题组的活动，先后在江苏、河南、北京、青海等省内外百余所小学幼儿园义务推广，教授了数百名孩子。联系媒体和学校开展了手操指算、思维能力训练、新 24 孝等大型公益活动 7 次，受益人数近千人。

他提出不要让孩子输在起跑线上的观点，但这种提法并不是从小给孩子填鸭，更重要的是培养孩子的记忆能力，训练他们的思维能力，通过直观的具体的动作思维，经半具体半抽象的形象思维，最终形成抽象的聚敛思维能力和发散思维能力。他开发的"益智手操"不仅对幼儿智力开发具有积极意义，也对老年人预防阿尔茨海默氏病具有积极作用。

杨老师克服自己年老视力差的困难，虚心向别人学习电脑知识和操作技能，在百度、新浪网站开辟了"百度空间"、"新浪博客"、"新浪微博"，同许多大学生建立了联系，帮助他们解开思想疙瘩。

杨隆骞老师始终把关心青少年的学习成长作为自己晚年的追求。十多年来他撰写了《幼儿数学启蒙新教法》《杨隆骞指算法练习册》《杨隆骞指算法》《手操指算教学法》等教材。为了不断开创关心下一代工作的新局面，杨隆骞同志在总结自己学习、宣讲活动的基础上，还撰写了《青少年社会主义核心价值体系教育讲座材料》。如今 71 岁的他退休 11 年义讲 400 多场。虽是华发满头，但他还是带着一腔热忱在教育事业上发挥余热。

赵亚夫：离不开土地的人

从研究所所长到镇江市人大常委会副主任，农林学院毕业的农科所所长赵亚夫所思所想的就是帮助老百姓科技致富。从粮食到园艺，从研究到推广，跨作物、跨行业，甚至跨地区，农民急需什么，他就学什么、干什么。

赵亚夫特别乐意和农民打交道，被乡亲们称为农民的实用型人才。他带领科技所的青年人培养农民科技人才，组建科技团队。先是建成我国南方最大的草莓产地 2 万多亩，亩收入达 2000 元，出了一大批"万元户"，茅山革命老区因此有了第一批楼房。

1986 年农科所又在全国第一家开发出了冬季草莓，接着又种植多种蔬菜花果，每亩纯收益大多近万元，高的达 5 万元。几年前，赵亚夫带人去日本学习"高架草莓栽培技术"，因为种植草莓的农民中老年人居多，新技术能减轻草莓种植强度，扩大家庭种植规模，并吸引游客观光采摘。

早在 1996 年，赵亚夫就引导丁庄村农民建成了江苏省第一家农民专业合作社，开发出有名的"老方葡萄"品牌，带动周边形成了 4 万多亩精品葡萄生产基地。

2001 年赵亚夫从领导岗位退下来后，主动要求去茅山革命老区最穷的戴庄村。他从做基层干部思想发动工作开始，教育、引导村民，建立了江苏省第一家综合型农民社区有机农业合作社。推广种植了 4000 多亩有机水稻等多种农作物，林下种植绿肥、牧草，同时放养鸡、鹅、羊，还开发了有机农产品加工、流通及农业观光旅游。仅 5 年的时间，戴庄村就实现了小康。

赵亚夫深知经济发展不能以破坏生态为代价，在农业科技发展上他特别注意这一点。村里连续多年大面积种植绿肥，多用微生物发酵有机肥，化肥和农药用量因此下降 80%，小动物显著增多，稻田蜘蛛等天敌数量已能基本控制害虫稻飞虱的危害，连老鹰也飞到了村庄上空，生物多样性愈来愈丰富。

对这位一生没离开过土地的技术人才，回良玉副总理曾称他为"和农民有着特别情结，把成果和论文写在大地上的科技工作者"。

钟旭秋：将老年大学办成全国名校

在当代中国，有一个很明显的现象，就是很多从事其他行业的人退休后，很可能与原来的工作说再见了；然而，在职时为老年人工作的人中，退休后却多能够延续其在老年工作中的贡献，退岗不退休，继续为中国的老龄事业服务，钟旭秋就是他们中的一位代表。

钟旭秋曾任重庆市委组织部副部长、老干部局局长、市老年大学常务副校长，退休后继续担任市老年大学校长，亲力亲为负责组织了学校两次整体校舍搬迁，严把过渡校舍建设工程质量关。到 2014 年，老年学员发展到 6600 多人，是建校时的 36 倍。还在市属企业单位办有 8 所分校，学员 4000 多人，成为市老年教育中心。

坚持思想政治教育是老年教育一个重要内容，"以德立校"是发展老年教育的优良传统。钟旭秋集思广益，确立了"弘德重教、博学康乐"的校训；长期坚持树立"政治意识、主人翁意识、勤俭意识、服务意识、创新意识"的校风，成功打造了富有特色的老年大学校园文化，积极传递"正能量"。

钟旭秋常重视理论对实践的指导作用，认为强化理论研究是"特色兴校"的基本保障。他以身作则，勤于思考，深入调研，笔耕不辍。他的两篇论文《老年教育"第三课堂"理论与实践》《建设全国一流老年大学的实践与探索》获中国老年大学协会理论研究成果一等奖。2012年学校成为中国老年大学教育理论研究八大基地之一。

钟旭秋与领导班子成员自加压力，抓住了发展城乡老年教育的有利时机。积极主动向市领导汇报，依托"红岩网"开播农村老年远程教育。积极开发符合老年人身心特点和需求的课件，不断提高课件质量，2013年参加评选的10个课件，2个被评为全国优质课件，8个被评为全国特色课件。

有人问"到老干部部门工作，后悔吗？"钟旭秋说："无怨无悔，很庆幸，我能服务广大老干部，为他们'尽孝'，为党和国家'尽忠'。"他就是这样一个坚持为老服务，身体力行，坚持奉献，坚持做好事的人。

人与土地

邓乃清：他为灵山县开了四扇窗

作家施蛰存晚年曾说，他一生别无所成，仅为读书界打开了东、南、西、北四扇大窗，即文学创作、古典文学研究、外国文学翻译的研究、碑版整理。而在广西钦州的灵山县，也生活着一位开了四扇窗的老人，邓乃清。

"'美丽灵山·清洁乡村'活动关系你我，人人有责……"，灵山县城的大街小巷又响起这熟悉的广播声。每天，邓乃清会早早地骑上电动三轮车出门。车上放着 100 多张光碟，有《老年人权益保障法》《未成年人保护法》《禁毒法》等法律法规，也有防震减灾、计划生育、环保等公共常识。这些光碟都是他从各机关单位拿来义务宣传的。十多年来，他的足迹踏遍灵山县 80% 以上的乡村，三轮车已蹬坏了 2 辆。普法，是邓乃清的第一扇窗。

从 1989 年起，邓乃清就一直义务护理、培育单位及住处附近一带的绿化带和花草。他在自家楼顶建了一个花圃，隔三岔五，他就会把新培育的花草装到三轮车上，不管走到哪里，只要看到花草枯萎，就会除旧换新；看见长得凌乱不雅观，他都会停下来修剪一番。25 年来，他已义务为百余个县城机关、学校更换花草超过 900 盆、为城区种花 1700 多株。种花，是邓乃清的第二扇窗。

2006 年以来，每到清明节，邓乃清都会到烈士纪念碑为前来瞻仰烈士的学生讲党史、讲革命先烈的英雄事迹，开展爱国主义教育。他捐款 2200 多元资助兴建革命烈士纪念碑，到灵城、新圩等镇的村小学巡展。组织"五老"报告团到各村小学巡回开展讲课，讲遍灵山附近的几个镇村级小学。助学，是邓乃清的第三扇窗。

退休后，邓乃清在灵城双鹤社区组织成立了老年协会，并开办了灵山县第一所社区老年文体学校，成立了"夕阳红"艺术团。平时经常组织到各镇或县外义演，多年来外出表演共计 129 场。1998 年任灵城镇老年协会会长后，他走遍了全镇 29 个村，为各村争取老年人活动场地、入户动员离退休职工和村干部加入各个老年组织。

现如今，全镇老年人协会会员已有 15000 多人。爱老，是邓乃清的第四扇窗。

郭光荣：留影人生

78 岁的郭光荣，是兵团六师一〇五团的一名退休教师。他的一生都在他的书柜里，包括各种图书 12206 本，他还收藏了 199 科 19 个大类的全国报纸 20 多万张，并办起了自己的书屋。郭光荣还钟爱摄影，收藏了近万张照片当宝贝。

1952 年，郭光荣开始收集有关毛泽东的书籍、报纸和杂志。至今，他已收藏与毛泽东有关的书籍 7000 多册，制作剪报 300 多本。每个星期他都到报亭买报纸，看到有毛泽东内容的就买。不管走到哪里，访亲探友、旅游，第一件事就是买书，收藏。他还对读过的毛泽东著作做笔记，至今已写了 200 多本。2013 年 12 月 25 日，郭光荣举办了《毛泽东辉煌的一生》图片、书画展，纪念毛泽东同志诞辰 120 周年。郭光荣表示，为了举办这次图片、书画展，他耗时三年零七个月，收藏了 1200 多幅毛泽东的图片资料，分为图片、文学作品和故事展，见证了毛泽东思想的形成与发展和老一辈革命家的丰功伟绩。

"郭瑶报屋"是在一间不到 10 平方米的砖房里办起的书屋，说起这个名字很是有趣，一是因为郭光荣姓郭，二是因为他喜欢琼瑶小说。报屋里收藏了全国 200 多种报纸，分成十八类。当老师时，郭光荣中小学都教了个遍。因为跨科目教学，需要增加知识量，他养成了天天看报的习惯，并开始收藏报纸、做剪报。这个习惯一直坚持到现在。

郭老还有一个极大的爱好就是摄影，退休 20 多年，他走了全国 40 多个地方，拍摄了近万张照片。在他的卧室书柜里，放满了"孝亲敬老""走进社会""商海创业""幸福家庭"等大大小小 78 本影集，每本影集的侧面都贴着标签，这是老人花了 20 年收藏的，在他看来，这些照片是他一生的宝贝。"人生就像一部电视剧，我想用我的方式把它记录下来。"

细心的郭老用 4 年的时间坚持乘坐公交畅游首府记变化，走遍了乌鲁木齐每一个车站，6 本密密麻麻的记录，6 个颜色各异的活页本，字迹虽有些不稳，却很整齐。记录了乌鲁木齐每一个巷道、街角。郭光荣现在又开始收集旧图片了，主要是记录革命进程的照片，等收集好了，他还打算办个图片展，让大家都来参观。

侯知星：献爱家乡山水绿

2000 年，侯知星满 60 岁，从站了 30 多年的讲台退下来了。就在这时，老家仁义镇传来一个消息，准备拍卖早已停办的罐头厂。侯知星实地一看，占地 45 亩，场地宽阔，正好施展拳脚。于是，他不顾家里人反对，买下罐头厂、创办苗木基地，开始了第二次创业。

侯知星明白科学养殖的重要，一有时间，他就潜下心来钻研。野生红豆杉是世界上濒临灭绝的天然珍稀抗癌植物，价格昂贵。侯知星了解到桂阳县荷叶镇可能是全国最大的野生红豆杉群。他跋山涉水，几次险象环生，收集到红豆杉种子，经过两次精心培育。2007 年，第二批红豆杉种子幼芽破土而出，成活率达到了80%。如今，侯知星的苗木基地共有红豆杉6000多株，价值24万余元。

2003年，侯知星在家乡莲花村无意中发现一棵怪树，此树树皮金黄，树叶色泽嫩绿光亮。侯知星想把此树种繁育到自己的苗圃里。经过三年实验，结果无一例成功。2005年，侯知星偶然发现离怪树不远处冒出一棵小幼苗，便将这棵独苗移栽到自己家门口，细心呵护。翌年5月，果实成熟，散落一地，侯知星把种子收集起来仔细清点，竟有三千多粒。经晾晒、筛选、浸种、育苗等繁芜的工序后，幼树三千独木成林，侯知星八年艰辛终修得正果。经湖南省林科院专家认证，怪树为大叶桂樱，是近于濒危的树种，全省不上400株。侯知星是全省第一个成功培植育苗的。

在掌握了一定技术后，侯知星就开始给村民宣讲植树造林的重要性。从2002年起，侯知星就开始免费给周边村民无偿提供苗木和技术指导，他还根据国家退耕还林政策，引导村民向县林业局申请退耕还林补贴。就这样一户、两户……全村百余户，户户都造林。一座座荒山被连片开发。仅2010年春，大湖村民自发开荒造林800余亩。

"蓝天白云是我们的期盼，青山绿水是大地的本色。退休了，让我有了一个圆梦的机会。与林木结缘，与乡亲共处，醉心园林，日出而作，日落而息，晨风晴露，何其乐乎……"侯知星在七十岁时写的《七十抒怀》正是他创业人生的最好总结。

李廷魁：新安电厂的奠基人

新安县地处豫西革命老区，在漫长的革命年代，这块土地上为我党输送了一批批骨干力量，李廷魁就是他们中的一员。

李廷魁1945年参加革命，从抗日战争、解放战争，新安这块热土上，到处都留下了他浴血奋战的足迹。离休前，他是葛洲坝至上海50

万伏直流超高压输变电线路工程的常务副总指挥长。63 岁离休后，回到家乡办电厂，为新安革命老区的经济发展，改变新安老区的贫困面貌做出了卓越贡献。

1987 年 4 月，新安电厂正式开工建设，李廷魁顾不上休息，马不停蹄的深入工地，全身心地为电厂建设操劳。电厂兴建初期，无异于白手起家，不但资金紧缺，而且人员也十分紧张。资金少了，李老省里、市里跑资金，千方百计筹款；人员少了，他既当材料员又当施工员，还是调度员，到了工地既当战斗员又当指挥员。同时还千方百计为电厂选拔技术人才，选拔厂长，聘请总工，请来外地电厂有经验的退休干部和技术人才，让他们参与担当各级领导，并让他们带出徒弟，培养出新安电厂的管理人才和生产技术人才。

在管理和施工中他要求勤俭节约，精打细算，出外办事，接待来人，不摆宴席，不用烟酒招待。在同级电厂建设过程中，他只用了一半投资，两台机组建成用了 5700 万元，仅材料和设备就节省了 1500 万元，招待费上至今没报销过一盒烟。

为了把电厂早日建成投产，李老寸步不离工地，他把电厂当成了家，儿子病逝，老伴偏瘫八年也没有影响他的工作。一天傍晚，大家都下班了，他仍在工地指挥推土机工作，一块被推土机拱起的石头砸过来，李老的腿受伤了，他休息了两天，不顾大家劝阻，就又一瘸一拐地上了工地。有人劝他说："李老你干了一辈子，老了还这么玩命地干，到底图个啥？"他哈哈一笑说："我啥也不图，只图能让家乡父老乡亲都看到光明。"

新安电厂经过艰难曲折的建设历程，终于投产发电了。这颗光芒四射的璀璨明珠，照亮了新安的山川，点亮了革命老区的万家灯火，同时也点亮了新安的前程。

李元成：自力更生的爱乡人

2005 年，退休后的李元成放弃了退休后出任一些大型企业高层管理人员的高薪厚禄及待遇，选择了家乡的新农村建设。

李元成从办学开始入手，办学校要资金，他利用自己在深圳的人脉，找部队、找朋友、找企业、找政府、自己捐款，断断续续，花了整整两年的时间，修建了一所全县硬件建设一流的包括幼儿园到小学六年级的刘炎学校，还特别在学校内办了一个提高农民素质的培训学校，请老师、请专家，配齐全套教学班子。李元成说：因为我心中的新农村就是要让农民成为城市住农村社区的居民，让他们过上城里人一样的生活。经过大家的努力，现在村里 30 岁以下的青年的文化均为中专，大专、大学本科以上也有很多。

李元成又开始了刘炎村基础建设的施行。为了解决资金短缺的问题，李元成一是到深圳利用自己从前移交时良好的人脉，招商引资、赞助捐赠；二是向政府申请基金，硬是先后为村里找回来 700 多万的资金。他把这 700 多万的资金当作 7000 多万去花。在工程建设中，村民出劳力发工资，自己亲自开车采购材料，一分一厘地计划成本，把成本降到最低，把事情做得更多。

李元成在村子里规划出了居住社区，凡是村子里的居民在社区修建房屋的，免土地费，还送 3000 多元的建筑材料。这些优惠利民的政策吸引了村民，他们从田头、山坳处搬迁到了规划区，新房率达到百分之百。迁居到社区后，村民们发现了好多意想不到的好处，城里人过的生活渐渐在他们的生活里实现了。

李元成利用自己在深圳市的信息资源，及时发现市场，抓住商机。他发现因城市规划的发展，城市建设需要大量的花卉苗圃，他抓住这一契机，在刘炎村种植以桂花树为主的名贵树种的苗木、花草，年产值可达 100 万元以上。

刘炎村一不靠路、二不临水、三不靠城，曾是远近闻名的穷村。现在却有了气派的村道，漂亮的小楼，自来水、沼气通到农户灶头，远程教育、休闲花园、住宅小区、农贸市场、垃圾处理站。一个全新的乡村集镇诞生了。

林哈娃：一个人追逐两个人的梦想

林哈娃老人今年整 80 岁了，60 年前，她随丈夫刚从牧区搬到内蒙古自治区乌审旗嘎鲁图镇苏里格社区。来到社区不久，林哈娃就凑到社区听大家读报纸、唱红歌，受到社区党员大环境的熏陶，她也积极加入社区大爷大妈队伍。计划生育搞得好不好，环境卫生打扫得整洁不整洁，孩子管理得放不放心，都成了她爱管的闲事。

转眼间几十年过去，林哈娃的丈夫也退休了，夫妻俩就在城边租了一片沙地，盖起了房子，种起了树。用他们的话说：我们现在也老了，干不了什么大事了，那就种点树吧，既能锻炼身体，还能美化乌审家园，一举两得，何乐不为？这一种就是二十几年。二十几年的风风雨雨，成就了乌审旗位于民政局以南的千亩树林。

然而，2007 年，林哈娃的丈夫病逝，林哈娃觉得自己的天都要塌下来了，每天浑浑噩噩，不知道该干点什么。一天她路过树林，看着一棵棵茁壮成长的小苗，心突然亮了，她仿佛又听到老伴儿在前面刨树，她明白自己不能再沉浸在过往的悲伤之中，还有更重要的事等她去完成——坚持植树造林。她放下悲伤，重新拿起了铁锹。2010 年，老人实在体力不支，无法大面积植树。但她依旧带领着儿女们将小院周围植满了绿色的树种，也在每一个前来参观的人心中织了一个绿色的梦。迄今为止，林哈娃老奶奶共植树几万株，累计造林面积 100 多亩。

林哈娃还是一位扶贫助困楷模，她主动提出帮扶品学兼优的贫困大学生完成学业，并督促自己的孩子与困难家庭结对帮扶，经常去看望那些生活困难的家庭，给他们送米送面，送生活日用品，关心他们的生活起居，在她的教导下，孩子们也养成了扶贫助困的优良作风。迄今为止，她已经帮助多名贫困学生实现了大学梦。

林哈娃的感人事迹在乌审大地广为流传，她的美德也传为佳话。她的优良品质感染着身边每一个奋进的青年人，也感动着苏里格社区的每一个成员，作为老一辈共产党员，她的品质让今天的人们受用一生。

林慕洪：拓荒者

福建省龙岩市长汀县四都镇红都、同仁、羊古岭三个建制村交界的王坑山场曾经是一片水土流失、寸草不生的荒山，如今却油茶伸枝长叶，绿意葱葱，而使山乡发生巨变的人，就是龙岩市第一医院的退休主任医生林慕洪。

已经年过花甲的林慕洪回到老家四都，看见这里水土流失严重，光秃秃的山头，大片的山岭荒废着，心里说不出的难过。十多年来，当地群众曾尝试改种经济树种，但收效甚微。为了改变现状，林慕洪请来福州、江西等地的林业专家反复考察，最终得出结论，荒山可以种油茶。

种油茶需要大片的山场和大量的投资。山场只能靠流转租赁来解决，为了能够租赁到成片的山场，老林踏遍了四都的几个村子。他又是在村子里召集乡亲们开会，又是上村民家中做工作，有些农户他还一连跑了十多趟。他卖掉了城里的一套复式楼，将现有的住房拿去抵押，多方向朋友借款，一共凑了1600多万元。

面对巨大的经济压力，林慕洪扛住了。几年来，他先后在租来的山场上种下几千亩油茶，还聘请油茶专家李志贞博士帮助建设油茶科技示范基地，昔日水土流失地成为颇具规模的油茶山。在专家的建议下，林慕洪在挖过稀土矿不能种植的地方，盖起了标准化猪舍，实施"猪—沼—油茶"生态种养模式。他投资在油茶山上兴建 20 栋 8000 多平方米的标准化大型养猪场。2012 年，出栏 2500 头生猪。目前，存栏近 2000 头生猪。

受林慕洪启发，很多村民也利用荒山种起了油茶，全镇油茶面积达到 1.5 万亩。林慕洪还动员大学毕业的儿子回到家乡，一家人全身心地投入到生态开发上，目前正忙着建设国家级高产油茶基地和兴建茶油加工厂。

这些年，除了种植油茶外，林慕洪从来没闲过，他每个月利用周末在镇卫生院开展两天义诊，每天就诊人数都达到五六十人。平时总有一些乡亲和外乡镇的病人到老林的家里来找他看病，他再忙也会放下手中的活。

林慕洪说："做医生，是在挽救生命。治荒山，其实也一样，是在护住生我养我的土地。"他的身上，散发出无限青春的正能量。

彭如：将余生献给地方史志的编写

彭如是一个闲不住的人，1986 年离休后，他开始编写地方史志，投身太极拳运动，热心老年体协工作，继续服务社会，发挥余热。

1987 年，萍乡市委、市政府部署全市开展编纂地方史志，市物价局领导希望彭如主编《萍乡物价志》。彭如在萍乡物价综合管理部门工作 30 年，在职期间曾有心汇编萍乡物价史料，是多年未完成的一项事业，他觉得应该有能力有责任编写萍乡地方史志。于是他带领编写组 4 位物价员，齐心协力，牺牲了很多节假日，查阅了清末民国时期的历史档案 150 余卷、旧账 360 本和新中国成立后各级政府、业务部门的文件档案 527 卷、价格资料 300 本、摘抄 300 余万字的史料。编纂年代原计划从 1912 年至 1985 年，后主动延伸到从清末 1840 年到 1989 年共 150

年，并提前一年多于 1989 年 7 月出版向省内外物价部门发行。是全市 54 篇专业志书出版最早的单位，也是全省出版的第一本物价专业志书。

此后的 20 多年，他与地方史志编写工作结下了不解之缘，先后担任《中共萍乡市委志》《萍乡市志》《中共萍乡市组织史资料》《计划志》《地方组织志》《萍乡市组织志》等书的编写工作。2014 年，因眼疾恶化，彭如想辞去《地方组织志》的编写工作，但他想到自己曾编写过《地方组织志》和《组织史资料》，应该善始善终，报答市委组织部领导的关怀和信任，所以仍然在家中安排适当时间，继续编纂"文革"后全市各级党组织机构恢复重建到 2012 年和各级领导干部的任职资料。

太极拳是中华武术的瑰宝，彭如离休后，1988 年开始学练太极拳。随着社会老龄化，为普及全市老年人太极拳运动，他不仅自己勤学苦练，也乐于教人，为广大中老年人热心服务。从 1997 年至 2004 年，经市老年大学聘任，他担任太极拳剑班教练，共举办 8 期培训班，培训学员 285 人。2004 年任市老年人太极拳协会副主席兼秘书长，2005 年 4 月被评为国家二级裁判员。

彭如现已 82 岁高龄了，仍然精神饱满，他说："比起龚全珍同志来我算不了什么，还年轻，要继续做好工作，尽我所能、倾我所有、为民服务。"

唐情林：重庆市老年体协的掌舵人

唐情林自 1984 年开始曾先后任重庆市九龙坡区政府区长、重庆市人民政府副市长，于 2007 年退休，2008 年 1 月开始担任重庆市老年人体育协会主席。

重庆市老年体协是在 1983 年国务院批准建立全国老年体协时成立的，至今已 30 年。唐情林接下接力棒后带领常务工作班子同志一道继续领跑，经过 7 年时间的艰苦奋斗，老年体协从 2007 年时的注册会员几十万、参加锻炼 100 多万人到如今这两个数字双双翻番，分别达到了 120 多万和近 300 万。老年人的体育活动更加丰富多彩，以体育健身项目为主的文体结合，操舞结合，健身与益智结合，只要是科学的、健康的、文明的、对老年人身心健康有益的活动，老年体协都组织开展，因此参加老年体育活动老年人越来越多，现已达到老年人总数 54%。

唐情林十分重视基层老年体协建设，特别是区县老年体协建设，每年他都要与常务工作班子的同志认真分析区县老年体协班子及他们的工作情况，并与同志们一道亲自下去调研。几年来，他和大家走遍了重庆市的 38 个区县，每到一个区县，首先听取老体协汇报，然后参观老体协办公和开展活动场设备情况，召开群众活动骨干代表座谈，远郊区县他还和常务副主席一道深入乡镇行政村调研。最后才走访区县领导，向他们宣传老年体育的重要性，反映区县老年体协班子和老年体协工作需要解决的问题、老年群众对党和政府的健身条件诉求。

为了使区县老年体协就近参加活动，在市老年体协的促成下，全市区县的老年体协多年来在自愿参加原则下，已形成东、西、南、中（主城）4 个区县级老年体协协作片区，片区每年召开一次协作会，交流区县老年体协工作经验，举办友谊比赛。

在被问及做这些事情的收获时，唐情林说："最大的收获当然是快乐。因为我帮助了别人，为社会做了力所能及的事。同时，这些工作也让我的退休生活变得更加丰富多彩、有趣。"为社会、为老人做事，这也正是本书中所描写的所有人的志愿。

谢业成：悬壶济世六十载

古语云，悬壶济世。悬壶者，行医者也；济世者，济助世人也。福建泉州洛江区马甲镇二甲村就生活着一位前三十年悬壶，后三十年济世的医者仁心的退休老人——谢业成。

谢业成退休前是河市卫生院一名中医师，三十余年，他妙手回春、救死扶伤，可谓医德、医术兼备的地方名医，可退休后的谢业成却选择了将更多的精力放在为家乡人，尤其是家乡的老人服务上，先后出任了村老年协会会长、村务监督领导小组组长等职。

马甲镇二甲村原交通不便，村道崎岖，严重制约经济发展。谢业成深知要致富先修路的道理。1998 年，他带头捐资 1 万元，亲自主持铺设村道工作。在他的感召下，村民积极集资 10 余万元，筑起一条总长 4 公里多、投资总额 60 多万元的宽敞水泥路，在改善村容的同时，也发展了经济。

2009 年马甲镇遇上几十年来的大干旱，严重影响村民生活和农作物生长，谢业成心急如焚，他带头掏钱，组织村民挖机井，并集资购买了 8 台抽水机，组织村党员和生产组长，用抽水机抽水灌溉农作物，为了解决村民为争灌溉用水发生纠纷，他统筹安排生产用水，每天定时定量抽水，把有限的水源送到最需要的地方。

谢业成深知百年大计，教育为本。2000 年，就南、二甲、后坂三所村级小学要撤拼，谢业成被推举为筹备组成员，他尽心尽责，做了大量细致、深入的动员、疏理工作，化解了矛盾和纠纷，使占地近 40 亩的新就南小学仅一年多时间就建成使用。

20 多年来，谢业成风雨无阻地坚持为民诊病，他看病不收诊金，对低保困难户不仅送医甚至送药，对有些行动不便的老患者，他亲自登门为其诊治。2005 年村里贫困青年小谢因车祸严重烧伤急须治疗，正在赊借无门之际，谢业成与村委会研究决定在全村发动一次献爱心行动，很快筹集了 3 万多元。

修桥造路，助学济困、义诊送药……20 多年来，谢业成记满病志 22 本，义诊病人超过 4 万人次；他先后捐资 50 多万元，几乎是散尽家财，他用自己的行动诠释了一名共产党员的济世情怀。

徐宗元：为老区人民鼓与呼

　　1998 年，武汉市委分配徐宗元挂点武汉革命老区新洲凤凰扶贫，1999 年底，徐宗元到了退休年纪，但他退而不休，继续在职时未了的心愿。从此，他自愿到武汉市最边远的革命老区新洲区凤凰镇蹲点，把带领村民脱贫致富当成最大的心愿和责任。

　　在老区凤凰的日日夜夜里，白天，徐宗元深入农户和农田搞调查研究，夜晚整理日间的所见所闻和翻阅党报和有关文件规定，他带着老区人民的期盼，先后撰写了 70 多篇调查报告和建议，并得到上级领导和各级部门的批复。2001 年，武汉遭遇百年大旱，他先后走遍了全镇 19 个行政村，36 个泵站。为解燃眉之急，3 次到毗邻的麻城市浮桥河水库，商请为下游放水。2003 年 3 月，历时 1 个多月的时间，他对老区农民饮水情况进行调查后，撰写了《关于老区农村饮水情况的调查》。调查获得了市领导和水务部门的高度重视，拨出专款 400 多万元，为凤凰镇新建了自来水厂，管网延伸到村。

　　1999 年，徐宗元积极向市区政府领导反映，争取到 20 万元扶持资金，又跑随州，求教当地的蘑菇种植经验，帮助引进菌种，在凤凰发展蘑菇生产。先后写了《凤凰镇香菇种植期待星火燎原》和《再发动、再认识、再鼓励，凤凰镇着力推进香菇种植》的调查报告。2001 年底到周寨村调查，发现甘蔗种植是农民增收致富的好门路，通过总结推广，10 年间，由 3 户农民种植 11 亩面积，发展到 90 户农民种植 500 多亩，亩平均创收近 5000 元。

　　镇建筑公司历年亏损负债达 196 万元。2001 年春节后，徐宗元与镇党委、政府领导班子成员在武汉市内考察建筑市场，寻求项目支持与合作，帮助其获得武汉市内建筑市场 1100 多万元的份额，当年创收 392 万元，纳税 50 万元。现在公司在武汉建筑市场站稳了脚跟，每年纳税 800 多万元，成为全镇的纳税大户。

16 年来，在各级党委政府的共同关心下，穷凤凰的帽子摘掉了，变成了武汉革命老区建设的金凤凰，当地百姓说："如今凤凰展翅涅槃，有房有车有学有向往，农林畜牧多业并举大发展，荒山绿油油金灿灿。"这段顺口溜抒发的正是当地人对徐宗元的感激之情。

杨翠光：群众眼中的活菩萨

杨翠光，原任省劳动局副局长，1996 年 10 月退休，她把退休作为自己的人生新起点，无私奉献，借助贵州省扶贫开发协会这个公益平台，积极开发和引进扶贫项目，为促进贵州省社会经济发展倾注了心血和汗水。

杨翠光在 2008 年担任贵州省扶贫开发协会的会长以后，带着"要想让群众脱贫致富，首先要搞好教育扶贫"的思路，始终为支持教育扶贫倾注心血和汗水。她狠抓师资培训，通过各种渠道，借助福建师范大学的师资力量和教学设备，对贵州省松桃、紫云、安龙、黄平、长顺等 5 县 34 所中小学的 1.5 万多名教师，免费开展了为期两年的远程教育培训，培训合格率达 95% 以上。

为了改善贵州省贫困地区的医疗条件和提高医疗水平，2010 年以来，杨翠光带领同志们，多次到相关部门，争取得到中国扶贫开发协会和全民健康扶贫工程的支持，先后向贵州省 9 个市（州）54 家医院，捐赠价值 3600 多万元的医疗设备，其中，"高强度聚焦超声肿瘤治疗系统" 2 套，"金杯牌豪华救护车" 54 辆，"豪华生态氧妇科治疗系统" 15 台，"PNT"青光眼治疗系统一套。此外，她还动员黔西南州两家民营企业捐赠 105 万元，为 11 县的 11 家医院购买了"金杯牌豪华救护车" 11 辆，妇科治疗系统 10 台。这些物资的投入，提高了医疗质量和水平，较好地改善了贵州省贫困地区医院的医疗条件。

2008 年，贵州省遭受严重雪凝灾害，为了帮助受灾地区灾后重建，杨翠光组织协会同志多次进京，奔走呼吁，四处求援，向在北京工作的贵州籍企业家募得善款 20 多万元。协会将这笔善款全部捐助给黄平县房屋受损严重的 21 户村民修缮新居。半年后，当协会领导回访 21 户受灾群众时，村民们满含热泪，紧紧握住大家的手说："感谢党，感谢政府，谢谢你们这些活菩萨。"

6 年来，在杨翠光的感召下，许多退休的老同志都投身到贵州省扶贫开发事业中来，他们不辞辛劳、不遗余力、无私奉献，做了大量扶贫济困的工作，有力地支持了贵州省社会经济建设发展，赢得各级党委、政府和社会各界的好评。

尹正华：丹巴文化的传承者

尹正华生于 1939 年，他从 1989 年起担任太平桥乡长胜店村党支部书记，一干就是 16 年，其间他多次被选为县人大代表，深受群众的爱戴。2005 年，66 岁的尹正华卸任太平桥乡长胜店村党支部书记职务后，便开始致力于传承和保护民间文化，并考取了导游证和讲解证，向广大旅游爱好者服务。

2012 年州、县党委政府对原生态民间传统文化的抢救传承，建立《丹巴山歌、锅庄库》的工作开始时，已经 73 岁的尹正华被抽调到建立丹巴山歌锅庄建库的工作中，负责岳扎、半扇门、太平桥三个乡的民间原生态山歌、锅庄的收集、整理和参加音频、视频、传承人员工作，并担任以上三个乡的指导老师。由于他对嘉绒民族历史文化的热爱，有对历史文化负责任的精神，因此不计报酬，积极主动收集整理，并自己参加传唱 200 余首嘉绒民间山歌和锅庄，并先后几次去成都参加高清音频录制工作，同时也参加了本县的视频录制工作和民间山歌和锅庄的翻译工作，成了当之无愧的民间山歌和锅庄的演艺人员和历史文化的传承人。为丹巴县收集建库 100 首锅庄，200 首山歌的音频、视频、翻译工作做了积极的贡献。

因为尹正华有一定的文化程度，又对嘉绒文化颇有研究，热爱旅游宣传事业，丹巴县委政府为了更好、更快地推进丹巴县旅游事业的发展，聘请了尹正华去参加旅游景区导游讲解人员培训。在培训考试中尹正华以优异成绩取得了旅游景区导游员资格证书和旅游景区讲解人员资格证。2007 年丹巴县人民政府和丹巴县文化旅游局在丹巴县城中心沙子坝设立了丹巴县旅游咨询服务中心，免费为八方来丹游客提供旅游咨询服务和提供民间文化和旅游讲解服务。尹正华就被安排在该旅游咨询服务中心，负责给广大来丹游客提供旅游咨询和民俗、民间文化讲解服务工作。为宣传丹巴、讲解丹巴，为丹巴的旅游讲解服务做出突出成绩。

可以说，正因为有了尹正华等人的努力，丹巴地方文化正在渐渐地被更多的人所了解、所喜爱，丹巴未必是最完美的旅游之地，却让每一个到过丹巴的人都感受到了当地独特的地域文化。

张志清：新时代延安精神的守卫者

延安之于中国，总是有着特殊的含义和情感，而对于一个 1937 年生的土生土长，又"土老"于此的张志清而言，延安不仅是他曾经"战斗"过的土地，更是他晚年难以割舍的，必须守卫终老的精神家园。

2004 年，张志清从延安市人大主任领导岗位退下来，此前他曾历任宜川县秋林公社党委副书记，共青团黄龙县委书记，共青团延安地委书记，中共宜川县委副书记，志丹县人民政府县长、书记，中共黄陵县委书记，延安地委副书记等职。然而退休之后的张志清，仍坚持天天按时上下班，继续为延安文化、经济、社会发展出力。

在延安工作的 60 多年，张志清坚持实事求是，积极探索延安特色经济发展的路子，推动了延安经济社会全面发展。在张志清的正确领导下，延安地区大力开展希望工程建设活动，兴建希望工程 140 多处。坚持抓贫促富的发展战略，重视改善黄河沿岸和白于山两个贫困地区的生产生活条件，农村基本实现村村通路、通电和乡乡通程控电话的历史性转变，为经济开发创造了条件。

张志清坚持科技兴延战略，大力推广旱作农业技术，组织开展烟、果、羊、薯四大主导产业，促进了农村经济全面发展。制定和实施石油西进等工业发展战略，使石油、煤炭、卷烟、电力等骨干产业得到长足发展，形成了延安以能源化工为主体的工业格局。坚持"两手抓、两手硬"的方针，在精神文明建设方面不断探索创新，取得显著成效，被评为全省精神文明优秀领导干部，还被国家授予重视老年工作者功勋奖。坚持任人唯贤，大胆起用事业心强的干部，放手培养选拔年轻干部，使大批青年干部脱颖而出，走上领导岗位。

陕西省著名作家高建群曾撰文《好大一棵树——记延安市人大常委会主任张志清同志》，指出张志清就是他的长篇小说《最后一个匈奴》中好干部白雪清的原型。相信随着时间的流逝，张志清的形象，必将成为中国当代优秀共产党员中的榜样。

周永开：红绿交织的人生

周永开 1991 年离休后，始终致力于保护生态环境、传承红色文化和助推经济发展，其先进事迹和优秀品质，生动诠释了当代中国共产党人的先进性，充分彰显了老有所为的崇高风范。

绿色是一种理念。周永开对革命老区感情深厚，足迹遍布山山水水，其中万源市花萼山是他最牵挂的地方。为了保护花萼山生态植被，1994 年，他与另外两名老同志自发组成三人义务护林小组，登上海拔 2380 米的花萼山植树造林，宣传森林防火知识，制止乱砍滥伐。没有树苗，他就拿出自己多年的积蓄购买树苗，并在山上租了一套民房，亲自动手栽植，先后投入近 10 万元用于植树造林、支付护林员报酬和修林区公路。10 多年来，周永开不顾年老体弱，先后 50 余次跋涉上山长时间蹲点护林。功夫不负有心人，以前 500 多亩的荒芜之地，如今已被华山松和漆树等装扮得绿树成荫，被列为国家级生态环境自然保护区。

红色是一种精神。大巴山曾是红四方面军建立的革命根据地，周永开认为用电视剧来表现历史，能收到好的效果。因此，他找到了著名作家史超并把剧本主题定为"血战万源"。在搜集资料的过程中，已经快古稀之年的周永开不顾路途艰辛，和编剧跑了两个多月，走遍了川陕苏区当时下辖的 24 个县。在摄制阶段，他又多次自费跑成都、北京争取支持，奔波达三年之久。1996 年 12 月 18 日，电视连续剧《血战万源》在京首映获得成功，并在中央电视台第一频道黄金时段播出，获得了第十七届飞天奖、中宣部"五个一"工程奖、中国人民解放军总政系统金奖。为让青少年传承红军精神，他在张爱萍老将军的母校通川区蒲家中学，自费修建了"蒲家英烈园"，重塑革命先烈塑像，设立"热血"奖励基金，使"蒲家英烈园"成为全市青少年接受革命传统教育活动的重要基地。

为了树立良好的家风，周永开规定家里不打麻将、不祝寿，他勤俭节约，省吃俭用，对公益事业却十分慷慨，汶川地震他捐款 13000 元，雅安地震又捐出 8600 元。

朱耀权：古稀老人的绿色之梦

当我们每个人在为生计忙碌奔波的时候，当我们在为喜欢的东西徘徊在橱窗前的时候，当我们在为获得某项肯定而努力之时……有这样一位老人，一位年逾古稀之年的老人正在用自己年轻时积累的经验、对绿色的钟爱之情，用勤劳的双手，在为我们谱写着一首以花为主题的绿色赞歌。

朱耀权老人居住在乌审旗嘎鲁图镇萨拉乌素社区天园小区，是一位退休工人，2010年开始为美化小区环境，无偿在所居住的小区内种花。他向喜爱种花的居民赠送种子、苗木、花肥。在他的带领下，小区门口的环卫工人、街坊邻居纷纷行动起来，动手种花，美化自己的环境。每当人们走入天园小区的大门时就可以看到五颜六色的花朵争相盛开，有大丽花、美人蕉、柳叶桃、醉蝶、串串红和五彩喇叭花等，惹得人们驻足观赏。每到清晨和黄昏时，他和老伴都会提着水走30米的路程来为花浇水。这三年时间里不论多忙，他们都能够保证一天两次，把每一盆花都看作是他们的孩子一样，悉心呵护。

每次种植一批新品种时朱耀权都要骑着自行车来回走几十公里的路来搬运肥料。或是探亲访友，或是旅游观光，只要看到特别好看或者是特别有新意的花卉，总能够被深深吸引。为了这份喜爱之情，也为了满足自己多年积淀在自身心中的意念，同时也为了提升城镇居民群众绿化的环境，他都会将种子或者是花的枝叶带回来，研究这些花的习性、特征以及引进花类的温度和水分等相关信息，结合自身多年的种花经验，尊重植物的生长规律，让那些只适合生长在温暖潮湿的南方的花卉也能够在寒冷干燥的北方生机勃发。

朱耀权老人今年已有80岁高龄，他用余下的人生来引导人们追求绿色文明的意识，唤醒小区居民甚至是小城人民对于美、对于绿色的认知，一位古稀的老人尚且如此，我们还在等待什么呢？

文体大有为

蔡义川：为文化艺术而奔走

78 岁的蔡义川，1999 年从廊坊市人大常委会副主任的岗位上退休，现任市老年书画研究会会长。

2006 年 10 月，蔡义川同志受市委老干部局负责同志再三邀请，担任市老年书画研究会会长。蔡义川首先强化班子建设，在已有班子的基础上将喜欢书画，并在群众中有威望的老干部、艺术家和活动骨干充实进去，增强了凝聚力和活力。研究制定了各项活动制度。而后，深入到各县（市、区）帮助建班子、定制度、落实场地与经费。不到一年的时间，全市形成上下协调统一的老年群体，并逐步向街道、社区、乡镇、村街延伸。到目前为止，市县两级会员已经发展到了 1400 多人，其中 156 人已成为中国老年书画研究会会员。

为更好地保护廊坊的书画佳作，挖掘、传承文化遗产，蔡义川组织研究会会员，深入到各县（市、区），搜集、整理廊坊晋朝以来散落民间的名家、名人的书画、碑文、典籍、匾额等文物，经过 2 年多的辛苦努力，辑印出版了《廊坊市历代书画民间收藏选》两卷，成为廊坊一张亮丽的文化名片。

蔡老还是一名颇具水平的摄影爱好者。不管走到哪里，都是相机不离手，随时随地记录廊坊新貌和社会生活。迄今已出版摄影集《瞬间》。担任老年摄影协会的顾问期间，他把市老年摄影协会办得有声有色，学员达 60 多名。

2001 年底，青梅竹马、几十年相濡以沫的老伴突发脑出血，经抢救虽保住了生命，却成了植物人。从此他开始了十几年如一日的细心照顾，从未动摇过。每天早上 5 点是蔡老为老伴配餐做饭的固定时间。中午 11 点，还要为上班的儿女、保姆做午饭。13 年来，在他的精心照料下，老伴从未得过并发症，也未生过一块褥疮，从来没有一顿吃不上饭。

作为一名老干部，蔡义川把弘扬老年文化事业作为自己的神圣职责；作为一名老年书画艺术的爱好者，他孜孜不倦、痴心不改；作为一位可敬的老人，他尽心尽力呵护自己的亲人、爱人。"落红不是无情物，化作春泥更护花"，是他最喜欢和经常吟诵的诗句。

何基生：兴安铁路线上文宣标兵

南宁铁路局桂林工务段的职工何基生，1994 年 5 月退休后担任桂林工务段兴安地区退管党支部书记。20 年来，他秉承全心全意为退休职工服务的宗旨，着力构建文化养老新平台，积极探索文化养老新途径，让退休职工老有所为、老有所乐，促使退休职工生活质量和幸福指数不断提升。

2008 年，何基生组织了一支由 20 多名退休职工组成的文艺宣传队，演身边的事，唱身边的歌，职工家属和附近居民都很受教育，至今已自编自演 15 个节目。其中小品《劝君莫赌博》《铁路法》《十八大精神闪金光》获得广泛好评和奖项。他经常组织文艺宣传队深入沿线铁路站区和附近乡村演出，受到站区职工家属和沿线群众的广泛欢迎，在兴安铁路地区形成了浓厚的文化艺术氛围。

何基生为了丰富健康知识文化平台，主动与兴安县人民医院联系，签署了《职工健康知识定期讲座协议》，针对季节变化和每次职工体检结果，邀请专家，采取季度末集中课堂、现场答疑等形式传授健康知识。为改变部分退休职工爱喝生水的不良生活习惯，他先后购买了《改变了你的坏习惯》《无病一身轻》等书籍200多套，发到退休职工手中；组织开展"关注健康，珍爱生命"主题宣传活动，广泛宣传健康常识。

何基生还积极开展心理文化辅导工作，针对退休职工家庭矛盾、子女下岗待岗等问题引发的心理健康问题，他建立了支部党员为骨干的亲情化心理文化疏导员队伍，建立"心理疏导站"和"心理咨询电话"。如今年80岁的退休职工蒋镇银患有间歇性老年痴呆症，平时无精打采，经常闷闷不乐，情绪波动较大，何基生主动多次到他家里进行心理疏导，用真诚的话语、耐心的讲解帮助蒋镇银缓解心理压力，取得了良好的成效。截至目前，何基生已成功疏导化解退休职工心理问题115件，登门看望慰问遇到困难挫折的老同志200多人次。

在何基生二十年如一日的不懈努力下，如今兴安铁路地区退休职工的精神文化生活丰富多彩，文化养老的氛围日渐浓厚。

李本傅：热心的老通讯员

曾连续荣获第七届（2009年1月）、第八届（2013年10月）全国健康老人称号的退休干部李本傅是一位深受人们欢迎和敬重的老人。

1979年底，年届花甲的李本傅光荣退休了。他和老伴拥有一个四男四女四代同堂的美满家庭，然而老李没有在儿孙绕膝下享受天伦之乐，而是实践着他在《退休证》扉页上亲笔题写的"面向社会，服务各方，奉献余热，报效祖国"十六字座右铭，揣着滚烫的心投身到为老人事业服务之中，开始了新一轮激情燃烧的岁月，一干就是35年，给他人生中的第二个青春增辉添彩。

1982年春，他和十几位离退休职工怀着一颗为老年人服务的美好心愿，立志要小一个老人活动点。经过多方努力，终于在1982年4月，得到了驻军某部的鼎力支持，慨然拨出一座位于风光秀丽的狮山上的旧马厩，无偿借给他们创办起"狮山幸福园"作为老人登山游览的活动场所。他在大岩石上题刻的"幸福园"三个见方大字，雄劲、粗犷，至今仍被书法界认为上档次作品。

幸福园是在解放军的鼎力支持下才能创办起来的，李本傅饮水思源感谢解放军，始终积极拥军。1989年，厦门水警区690艇，请李本傅教交谊舞和唱歌。一天晚上，他得知690艇已远航归来，就连夜冒着倾盆大雨赶到艇上教唱歌，不误该艇参加水警区歌咏比赛。水兵们看李老浑身被雨淋透，深受感动。各部队要给李本傅一些补贴和报酬，这个拥军积极分子都婉言谢绝，就连到营区的来往车费也是自理的。他热心拥军，热爱子弟兵，被人誉为"军营老积极，拥军闲不住。"厦门警备区大校韩志刚夸老李是真诚拥军的榜样，某部十一连连长王迎军曾对李本傅这样说："我们连队都把你看成是'活雷锋'，向你学习"。1987年某部七连指战员放鞭炮来到市离退休职工联合会，把一面题为"献余热，军营增新辉"的锦旗赠送给李本傅表示感谢。至今厦门市东坪山上某部连队旧址大石头上，还保留着李本傅当年天天顶着炎炎夏日，上山义务为连队布置军人俱乐部时所题写的"戎园"两字，依旧闪烁着"军爱民，民拥军"的光芒。

35年间，作为党报通讯员的李本傅曾积极向省内外新闻单位发表各种题材的文章、诗文、书法、照片等1500余篇，仅《厦门日报》就发表李本傅写的600多篇文稿，他曾连续六年被厦门日报评为积极通讯员，实现"六连冠"。

李老热心社会公益事业，特别关爱残疾人，1985年5月，北京武术馆硬轻气功团来厦，为厦门残疾人福利基金会（下称福利基金会）举行义演。老李主动参与协助市福利基金会募捐，全身心地日夜劝募，并不辞辛苦地把当天全市捐款中的好人好事连夜向厦门日报写稿。

李德滨：中国老年社会学的拓荒者

　　李德滨老人生于 1944 年，从事社会学研究 30 多年，被称为中国老年社会学的拓荒者，而退休后，李德滨老人依然笔耕不辍，以他的社会学专业为本，为社会贡献余热。

　　退休十年，李德滨把社会学研究视为自己的生命，视为自己安身立命之根本，他为电台做过老年人节目的主持嘉宾，为老年工作者培训班讲过课，为省社会科学院做过社会学硕士答辩委员会答辩主席，为市党代会、政府工作报告作咨询建议……忙，是李德滨退休生活的一个突出特征。2005 年到 2013 年，他共主持的国家、省、市课题 20 余项，平均每年近 3 个课题。仅 2008 年获得聘书就有市专顾委委员、市行政复议委员会委员、市政府特邀信息员、哈尔滨市志特约编审、省社科院社会学硕士学位答辩委员会主席等。

　　2008 年李德滨承担了《黑龙江省人口发展功能区研究》课题。为做好课题，他和其团队利用半年多时间，在黑龙江省各个不同社区搞调研。跑遍全省大部分市县，北至北极村，西至兴凯湖，南至绥芬河、东南山地，西至齐齐哈尔扎龙。课题成果将黑龙江省原来提出的四大功能区提升为八大功能区。其研究报告对策部分呈报省里后，时任省长、副省长等均作以重要批示。

　　李德滨退休前在移民、老年、女性等领域已有十余部学术专著，是国内资深社会学家。退休后，他继续在移民、老年等领域从事学术研究的登攀之路。他经过一年时间进行攻关，翻阅了《论语》《孟子》《孝经》《诸子集成》等大量国学经典，追根溯源，从社会学的视角，深入剖析了孝经在中国历史上的复杂性，写成了一份有价值的论文《对孝道的社会学反思》。

　　1988 年，李德滨的《老年社会学》由人民出版社出版，中国社会学学会原会长郑杭生曾在《中国社会学 30 年》给予高度肯定，20 年后李德滨又撰写了一部 50 多万字的学术专著《中国老年社会学》。郑杭生再次评价道，它"为老年社会学梳理和构建了一套社会学学科化的系统"。

李永高：生命不息，奋斗不止

李永高，1983 年在解放军总后勤部离休。他选择了自己喜爱的事情——学练书法。他到北京丰台区文化馆报名，成了书法班的学员。1985 年，受朋友之邀，他到中国老年书画研究会工作。在这里，他有了自己喜爱的且能发挥才能的舞台。

2011 年，在中国老年书画研究会第三次会员代表大会上，已经 82 岁的李老代表上届理事会做工作报告，并被代表们一致推选为名誉副会长。研究会主办的 20 多次有重大影响的军内、国内、国际大型书画展，他除了积极参与策划和组织外，更是一位普通工作者。他参与编辑出版了《中国历代名家书法字帖选萃》《中国书画选》等 10 多部书画集，为中国老年书画研究会留下了宝贵的资料，在老年书画界也有很大影响，颇受国内外书画家的好评。

1992 年，为庆祝中日邦交正常化 20 周年和筹集老年福利基金，李永高同志代表中国老年书画研究会参与在日本神户成功举办的中国书画名作展销会，有 70 幅展品被观众收购。这次展销会为中国书画走向国际市场做了一次有益的尝试。这些活动中，李老为中国老年书画走出国门，为促进国际间书画界友好交流，增进友谊，做出了他自己的贡献。而他自己的书法作品也入选了《中国书画选》《中南海诗联书法集》《亚洲书法交流大展集》等 400 多部书画集。

每年他总要抽出时间深入到军内外基层单位，对书法爱好者进行辅导，交流自己练习书法的体会、感悟。春节期间，他到农村为老百姓写春联。在救灾扶贫、助残助学和为老年福利事业等方面，他更是不遗余力，乐此不疲。他捐赠的书法作品，仅有登记的就达 150 余幅。

"白发苍苍老妪翁，攻书学画劲如童。辛持梦笔成宏卷，喜见霜枫分外红。"李老创作的这首诗，是他离休生活的真实写照。30 年来，他获得过许多荣誉，然而他并不满足已有的成就，更不愿躺在功劳簿上享清福。看书，写字，参加会议，切磋技艺，仍然是他每天的主要工作。当得知中国老年书画研究会要推荐他参加全国"老有所为"先进典型人物评选时，他写下了自己的心声："今年我已 85 岁，决心生命不息，奋斗不止。要继续服务老年书画事业，要继续新的长征……"

毛文斌：以文心化人心

73 岁的毛文兵是青海省海东区的退休干部，退休后的毛文兵一直在为地方文化事业、老年服务和儿童教育跑前跑后。

为了在乐都修建一个老年服务中心，毛文斌多次向县政府争取，最后申请到投资 60 万元，他个人又向社会和企业集资 28 万元，建成了占地 1.6 亩、建筑面积 1200 平方米的老年活动中心，他被选举成为活动中心主任。在任期间，原来的 5 个队 180 多人发展到现在的 25 个队 860 多人。在此基础上成立的乐都文化艺术团，包括管乐队、民乐队和舞蹈团，艺术团在农村和社区里以文艺形式宣传政策方针，广受欢迎。

乐都有一处乾隆年间建成的凤山书院，20 世纪 50 年代停办，毛文斌联合文化人士提出恢复凤山书院并尽心力操作。书院成立后，他邀请了十几位省级学者专家与书院会员共同商定了今后五到十年书院的主要研究议题，并分工负责，有序开展各项工作。完成了《河湟民族文化丛书》和《乐都历史文化丛书》各 200 万字相关工作，他所从事的工作对乐都历史文化和河湟历史文化是一次抢救性的整理和创新。

毛文斌从小酷爱书法艺术，本着弘扬地方文化的初心，他希望在县委的支持下在青海河边建一处碑林。为此他自负差旅费食宿费82000元，跑遍了北京、南京、杭州、绍兴、广州、西安、兰州、西宁等，通过当地书协组织，征集了近百幅石刻作品；到陕西富平县和河南偃师市，现场查看刻字石材料和加工工艺；他还到河南开封市《翰园碑林》取经学习，并将从事《翰园碑林》的刻字工聘请到乐都为河湟碑林刻碑。前后历时六年，青海河湟碑林终于落成。

曾经担任过小学教师和学区校长的毛文斌，始终关注着贫困山区儿童的学习和生活，他常带领区关工委成员去贫困村看望儿童，给他们买学习用品，有时还送去演出。他自己帮扶两名贫困家庭儿童完成了九年义务教育，并动员十名老年中心原处科级干部每人帮扶一名贫困儿童。

对文化的真心热爱，对老人和儿童的真诚关怀，使乐都受益，百姓受益，毛文斌自己也乐在其中。

彭多：余热不余

彭多老人1970年参加工作，2002年从市政协副主席的位置退了下来，但心未退，仍然怀着对党的事业的执着追求，践行"老西藏精神"，为事业、为和谐社会奉献自己的余热。

彭多虽然退休了，但她仍然时刻关心日喀则市的发展，每当组织需要她的时候，她总是以敏锐的眼光向在任的领导提出很多有建设性的建议和想法。2005年，在她退休3年后，组织再次先后抽调她组织《日喀则市组织史》《日喀则市党史》《日喀则市地方志》等图书的编撰工作，她带领编辑队伍历时三年圆满完成了组织交办的工作。

2009年9月起，彭多同志再次担负起了日喀则地区历史上第一个主要为离退休干部职工建立的老年之家——日喀则市老年大学的筹备工作。筹备初期，面对既没资金又没场地的现状，彭多同志全身心扑到筹建工作中，她积极多方奔走，先后争取资金达 40 多万元。老年大学成立以来，彭多全身心扑到日常工作中，她本着提高老同志身心健康的目标，为了增强老同志们健身的积极性和参与性，组织开展了丰富多彩的文体健身活动。日常工作中，她积极组织老同志参加太极拳、民族舞等各项体育锻炼活动，并组建老年文艺队经常下乡慰问演出，以群众喜闻乐见的形式宣传党的政策。

彭多在组织活动时，既严格坚持制度，又从实际出发，以"简便、易行"而又丰富多彩的活动来不断增强老干部队伍的活力。以支部为依托，组织老党员过好组织生活。还经常组织老同志集中学习和活动，既保证了老党员、老干部准确及时地把握中央、区、地、市有关指示精神，也充分发挥了老党员、老干部在宣传、教育方面的优势，发挥好老干部老党员的先锋模范作用，在她的领导下，越来越多的老同志走进了老年大学。

为了日喀则的发展和群众的利益，退休 12 年的彭多一刻也没有停止过工作，她的脚步踏遍了全市的山山水水，她经常说："党和人民给予我很多，我非常满意，非常满足，只要还活着，就会有继续奉献爱心的一片蓝天！"

师云升：拳坛不老松

山西洪洞县是我国著名的太极拳之乡，师云升自幼就对这项古老的传统体育运动充满了浓厚的兴趣。14 岁便从山西省洪洞县抗日高校当兵入伍，从此走上了革命道路，跟随部队南征北战。1959 年，师云升在北京政法干校进修时，系统地学习了杨氏太极拳，这使他第一次对太极拳有了科学的认识。经过长期艰苦的习练，师云升的太极拳技艺有了很大提高。

离休二十多年来，师云升始终醉心于太极拳的推广和普及工作。

在他的带动下，青海省已经有 15000 多人加入到了练习太极拳的行列之中，太极拳研究会在全省相继成立了 142 个老年太极拳辅导站（点）。为了更好地普及太极拳，师云升还时常自费前往一些州县亲自传授技艺。乘班车、啃大饼几乎成了家常便饭。对于师云升这种拼命三郎的作风，家人不理解，而师云升总是这样劝慰他们："我为老年人工作，乐在其中。"

2004 年 12 月，青海省老干部大学聘请师云升为省老干部大学太极拳教研组负责人。十年来，他亲自起草编写多本太极拳书籍和相关材料下发给教师、学员，没有占用学校一分钱的办公费用，而且从来不要课时费。当老干部大学领导表示付报酬时，师云升说："我不是为了钱，是为老干部服务，为学员学好太极拳做贡献。"

为了更好地推广太极拳，师云升编写了《太极拳好》、《全民健身歌》等多首广为传唱的歌曲。他在歌词中写道："长我民族志，兴我太极风"、"全民齐健身，生活奔小康"。为了推广太极拳技艺，年过八旬的师云升学会了电脑操作，为太极拳研究会的会员下载的各类资料足足有一麻袋之多。

经过多年的培养，青海省老干部、老年人太极拳研究会已经拥有国家级社会体育指导员 7 名。一级社会体育指导员 122 名，太极拳教练员 631 名，一级裁判员 22 名，二级裁判员 34 名。

如今的师云升为推广太极拳运动仍然忙碌奔波着，他说："只要我生命不息，弘扬太极拳健身的工作就不会停止。"

田得祥：赛场上的医疗专家

田得祥教授以特聘医疗专家身份，被国家体育总局连续聘请担任 4 届奥运会中国体育代表团医务部专家组组长。在每届奥运会开始的前两年就要每周去国家队各集训基地，为集训运动员诊治伤病及做预防指导。运动会期间在中国代表团驻地每天从早 6 点多工作到晚上 11 点、12 点，为多名因伤病不能上场的运动员治疗，使他们能再上场参加比赛。

田教授定期每周、每月到国家队和北京市体育局运动队会诊治疗，到训练场医务监督观察训练，与教练员商讨研究预防伤病，保障运动员正常训练比赛。他经常利用节假日休息时间到外省市训练队会诊：国家队每周 1 天，北京队每周 1 天，广东每月 1 次，江苏 1—2 个月 1 次，解放军体工队、军事五项队等也不定期前往会诊服务。

田得祥教授已年满 81 岁高龄，但至今仍继续工作在第一线，坚持在医院全日整班工作：每周出门诊、查病房、上手术、下场地。随着全民健身运动的开展，运动创伤的患者越来越多，为了尽量满足要求，常有外地患者来京看病非常困难，本市挂号也非易事，田得祥大夫非常同情，尽量照顾，从不推脱，加号天天有。常常加一两倍的挂号量。他常年坚持提前半小时上班到岗，下班什么时间不定，家中吃饭不等，服务做到全心全意热情周到。每周一次门诊，时间从早晨七点半到下午两点以后，最晚要到下午四点。没时间吃午饭，急病人所急，满足病人迫切的要求，千方百计为病人解除病痛。每周参加全科大查房，解决住院疑难重症病人问题，从不请假缺席。他还坚持每周上一台手术，并指导年轻医师手术提高技能。他是北京大学第三医院临床关节镜技术的开创与带头应用者，近三年继续亲自操作并有新的改进。

田得祥教授至今还是我国运动创伤学的学科带头人，对专业运动员的伤病诊疗研究不断有创新和发展。退休后坚持为北京大学医学部教学授课，培养青年医师和进修医师，他还应邀到全国各地和各部门讲学、讲课和举办科普讲座，指导各省市运动队医生提高业务水平等。

王仁斯：用兵团精神提升新闻热度

1961 年 7 月，风华正茂年仅 23 岁的山东汉子王仁斯，怀着对边疆建设的美好憧憬，从渤海湾的威海市，来到天山脚下被朱德副主席赞誉为花园农场的 143 团所在地，他在这块土地上生活、笔耕了 53 个春秋。53 年来，他采写的各类稿件，已被全国 225 家新闻媒体采用稿件累计达 21662 篇（幅），成为新疆第一个率先用稿突破一万篇（幅）大关的个人。

1996 年，他为一分场的二连、一连和五连三个单位 102 户职工挽回 106.29 万元的经济损失。为打赢这场官司，他写的报道，相继在《新疆日报》发了一份内参。后又在《新疆日报》发了一篇头版头条，《兵团日报》连发了两个头版头条和两个短评。这几篇报道为打赢这场官司创造了一个先决条件。

2002 年 5 月，有人向他反映说，一分场有 2000 吨玉米尚未找到买主，仍堆在场上，风吹日晒，老鼠啃吃。于是他写了一篇题为《两千吨玉米谁来买》的读者来信，在《石河子日报》一版显著位置刊登并在新疆人民广播电台广播，仅几天时间，2000 吨玉米就被客户抢购一空。

多年来，王仁斯养成了这样的习惯，办公室里呆不住，有点时间就想往基层跑，由于他跑的多，对全团每天发生的新鲜事，基本上都能了如指掌。写稿本来是一件苦差事，可是当写成的稿子由钢笔字变成了铅字，苦也就变成乐了。一年 365 天，他在灯下爬格子足有 300 天。晚上除了新闻基本没有看过电视、电影，更没有打过扑克，下过象棋，玩过麻将。白天采访到手的材料，全靠晚上来写，不写成，觉睡不着，饭吃不香，每晚一写就是大半夜。当天采访到手的新闻决不放到第二天写。

1991 年他从农场退休。退休 15 年来，手中的笔也一天没有停止过，所采写的稿件，被地市级以上新闻媒体采用 13342 篇（幅）。因为长时间写稿，他的右胳膊累得筋骨痛，所以每次写稿都是强忍着阵阵剧痛。他从小还得了腰痛病，所以写稿不是坐着写，而是站着写。如今上网也是站着，每晚发稿一站就是三四个小时。

兵团精神和新闻精神镌刻在王老的生命中，始终如一，令人敬佩。

阿布都米吉提·麦麦提艾力：钨之精神

1965 年，13 岁的阿布都米吉提被学校推选去北京，得到了毛泽东的接见。1967 年，全国取消高考，阿布都米吉提无法继续学习，就下基层在今喀什市乃则巴格镇十五村参加了知识青年再教育工作。1984年至 1987 年，他重温梦想，在喀什广播电视大学维吾尔语言文学专业(大专班) 学习。他十分珍惜这个学习机会，三年期间，都是骑着自行车单程走 35 公里路。

1988 年到 2005 年，阿布都米吉提一直在喀什市第十六中学任教。2000 年 6 月，阿布都米吉提被学校派到喀什市浩罕乡十一村，开展"两基"扫盲工作。他挨家挨户做工作，组织全村 40 名文化水平低的青年农民全天上维吾尔语言文学课，克服家远、酷热、管理等方面的困难，顺利完成任务。

阿布都米吉提于 2005 年 2 月退休。因学校缺乏维语语法教师，他主动申请不要报酬来学校上课，一周上 10 到 15 节课，从不耽误。

阿布都米吉提不仅是一名优秀的教师，同时也是一名刻苦的文学家、教育研究员。发表了多部小说和论文。他还非常热爱电影艺术，1988 年，阿布都米吉提发现以前摄制的优秀中外影片，很少再能看到，于是就开始了收集工作。20 多年以来，他收集保存的中外优秀影片达百余部，有些影片找不到维语配音，他就自己投资邀请爱好者为这些影片翻译和配音，还整理打印出 13 部老电影和老话剧的剧本交到出版社。2011 年 2 月，阿布都米吉提得知麦盖提县有一名电影爱好者有《雷锋》维语影片，毫不犹豫地去麦盖提找到那位电影爱好者购买下来。利用学校电教设施连续为全校师生播放《雷锋》《刘胡兰》《董存瑞》等影片。

在找维语配音的过程中，阿布都米吉提与一名汉族青年蒋涛联手翻译了《库尔班大叔上北京》。从此，他们建立了深厚的友谊，蒋涛因为是从内地到喀什来种地，阿布都米吉提老师帮助他克服各种困难，逐渐适应了喀什的环境。蒋涛经常说："阿布都米吉提老师是真正的好人。"

他是一位优秀共产党员、无私奉献的园丁、精益求精的文字工作者、不知疲倦的社会活动者、电影艺术的勤奋探索者、教学工作的创新者。

忻惠芬：中华武术的另类带头人

在中国浙江的舟山，有一位中华武术的另类带头人，她虽因患病截掉了 8 根肋骨，却巾帼不让须眉，20 多年来致力传播太极文化，为弘扬中华武术做出了卓越的贡献。她就是忻惠芬老人。

自 1990 年，忻惠芬开始义务教太极拳、剑、扇，十几年如一日，到 2013 年，共举办 400 多期太极拳、剑、扇培训班，学员达到 6500 余人次。在她的发动和带领下，普陀区成立武术辅导站 60 多个，武术协会会员已经发展到 900 人，其中中国武术协会会员 243 人，每天参加武术锻炼达近万人。

20 多年来，忻惠芬的足迹几乎踏遍了全区海岛乡镇。作为一名社会体育指导员，她有着普及全区全民健身运动的责任感，将自己的所知毫无保留地教授给广大健身群众，服务基层，服务大众，教学耐心细致。她常动员群众都来参加健身运动，保持健康状态，投入到工作和学习之中去。

20 多年来，忻惠芬义务教拳，从不收取一分钱，而且还为个别困难群众送上书籍、录像带和练功服。并每年都向社区捐款。全区举办各种体育文体骨干培训班，都有她的身影。哪里开展活动有困难，大家都会想到找忻惠芬，她在全区广大群众心目中有了较高的威望。

20 多年来，忻惠芬结缘太极，把太极技艺毫无保留地传授出去，让更多的人共享健康人生。为了适应广大农村群众的锻炼需求，忻惠芬简化了太极拳套路，自编了一套十五式太极健身操。她反复琢磨授课方式，带着录音机一个点一个点推广。由于拳法简单好学，得到了广大群众的认可和好评。

2013 年，忻惠芬出任区老年体协副主席，工作中，她积极调动各级老年体协的积极性，加强老体队伍的日常管理，在她的辛勤努力下，区老年体协顺利通过了舟山市 AAAAA 级社会团体评估，被评为 2013 年度舟山市"全民健身先进单位"。

"全民健身国倡导，公益事业立功劳，言传身教太极拳，学人得益难忘教。浩浩阴阳人过客，千载难逢奇特时，矫健之躯永保持，留得芳名人敬慕。"这正是忻惠芬 20 多年如一日无私奉献的真实写照。

于春芳：抗联历史的宣传人

于春芳，原为牡丹江市林口县政协主席，2002 年 10 月退休，11 月去深圳打工两年。2004 年 11 月，返回林口，任林口县老年学学会会长。他以打工所得报酬为基础，在县委、县政府和社会各界的支持下，除倾全力完成学会本职工作职责外，还自费专门从事歌颂革命烈士功绩的诗词创作和林口抗联史调研考证工作至今。在他的带领下，县老年学学会被牡丹江市和黑龙江省老年学学会评为先进单位。

林口县，是国家一类革命老区。是抗日战争时期的"八女投江"殉难地。为弘扬和挖掘林口的抗联历史，他历时 10 年之久，耗资近 30 万元，先后率队赴多省市及林口周边的各乡镇、村屯，遍访抗联老战士与抗联史知情人，查询有关历史史实，参观有关纪念馆，收集抗联史有关资料。他踏察深山密林、涉溪趟河，考证抗联遗址，测定地理坐标，绘制相关图表，通过史料比对，实地核对，纠正了史实偏误，增补了史实缺漏，终于取得了丰硕成果。

他编写出版多部"八女投江"相关著作，均无偿地分发到全县的各机关单位和赠送给全国的有关纪念馆和抗联史专业人士，以扩大林口抗联史的宣传面，此举得到了有关部门、学者和社会各界人士的广泛好评。

2009 年，在纪念新中国成立 60 周年宣传"双百"人物之时，中央电视台和新华社记者针对刘英俊事迹对于春芳进行了专访，有关"八女投江"的史实也在中央电视台七套与国家民政部联合摄制组的采访后在全国播出。2011 年，纪念中国共产党建党 90 周年之际，于春芳再次接受了中央电视台等多家新闻单位关于"八女投江"和刘英俊事迹的采访，并应约为吉林文史出版社编著了"100 位为新中国成立做出突出贡献的英雄模范人物"之一的《八女投江》。2013 年，该书被列为国家出版基金项目中的优秀青少年图书。2011 年，于春芳所著的 40 余万字的《东北抗日联军林口遗址与战事》由黑龙江人民出版社出版，书中配发图表、照片150 余幅。该书受到了社会的广泛关注和党史部门的高度评价。《八女颂》《八女投江史实考》和《东北抗日联军林口遗址与战事》与《林口抗联遗址与周保中转战林口路线图》均被北京市中国人民抗日战争纪念馆收藏。

于春芳现正在积极参与有关单位策划的 30 集电视连续剧《八女投江》的拍摄工作。

于继承：舞动人生

于继承是"行进间有氧健身操"的创始人，今年 64 岁，中共党员，退休前是佳木斯前进区法院办公室主任。

十几年前，因为工作繁忙、应酬多，缺乏体育锻炼，身高 1.74 米的他，由原来 150 斤的体重猛增到 187 斤，随着体重的增加，疾病也都找上门来，他和老伴儿商量决定制订锻炼计划，每天早晚走步、扭大秧歌，还自编一些原地操，以顽强的毅力坚持锻炼了三四年，体重慢慢回到 150 斤，病痛缓解了，药吃得也少了。同时，萌发在于继承内心的编操灵感忍不住地迸发出来。

2008 年 3 月，他和老伴儿等人和往常一样在沿江公园的地板上走步，听到了附近传来悠扬欢快的乐曲，好像要把积攒在心中多年的体育能量一下子释放出来，他就踏着有节奏感的音乐，随意编起操来。一个晚上就编出三四个动作，后边跟着一行人比画着。从此他开始一发不可收拾，就连吃饭、看电视、走路都注意观察哪些动作可以编成操，跟老伴儿俩互帮互学，有时编到深夜也不觉得困倦，晚上编好，白天教大家做。

2012 年 12 月份，他和佳木斯体育局的领导一同参加由中国老年人体协举办的"佳木斯快乐舞步培训班"，站在北京体育大学的讲台上，为来自全国三十四个省、市一百来名社会体育指导员讲授"快乐舞步健身操"基础知识。

自 2008 年编操以来，他在本市沿江公园大塔下，一年 365 天，不论严寒酷暑，从不间断为群众、外地学员耐心辅导，培养出了一大批健身爱好者尖子学员。

于继承的锻炼口号是"我运动、我健康、我快乐"。2014 年春节他和老伴儿又去了上海、昆山、新昌、浙江等地教操，广大健身爱好者做操热情高涨，特别是浙江一带农民，他们特别有钱，渴望健康的心情更加强烈，每天开着小轿车按时去做操。

2012 年 9 月在黑龙江省体育局主办的"首届老年人体育健身交流大会"上，获得"创新项目贡献奖"。目前黑龙江省体育局、老龄委、文艺电视台已成功举办了两届"舞动龙江快乐舞步争霸赛"。快乐舞步走进千家万户，走进中老年朋友的心中，做操锻炼已成为众多百姓生活内容不可缺少的一部分。

张俊荣：一心为了构建和谐社会

张俊荣老人 1996 年参加了睢阳区老年义务普法宣传队，不久后成为了宣传队长，18 年中他带领队员们搞普法宣传，自编自演群众喜闻乐见的节目，调解民事矛盾，为构建和谐社会尽了自己最大的努力。

1997 年以来，张俊荣先后创作了豫剧小品《三子不孝》、《好媳妇》《会亲家》、《新三子争父》和快板《三子不养妈》等，巡回演出 1200 多场，深受群众赞誉。

2003 年 4 月，在国家举办的"中原万里禁毒行"活动中，张俊荣带领队员们在北关最热闹的地方，挂上禁毒宣传图片展示，又编排了小品《千万别吸第一口》和群口快板《打一场禁毒人民战争》在北门口公演，受到了国家禁毒局和中国妇联的奖励，并在全省电视台法制频道上演，全省播放。2004 年 9 月，在睢阳区人民法院精心策划指导下，以张俊荣创作的《三子不孝》为主题，展开了百场"模拟法庭"进千村普法宣传教育，使千万名群众受到法制教育，收到良好的社会效果。

民事调解，一直都是张俊荣非常关注的，做思想工作，化解矛盾，张俊荣作为一名义务调解员绝不能辜负领导和人民群众的信任。十几年来不辞劳苦，来回奔波，经过苦口婆心劝解，耐心细致地做好双方的思想工作，成功调解 30 多起民事矛盾。1999 年 2 月，有两家邻居，因为拉墙头，两家闹得不可开交，得知后，张俊荣和石登高队长前去调解，最后两家互相谦让，和好如初，送给张俊荣锦旗一面，表示感谢，题词：捍卫法律，公正调解。

　　还有一个案例更为典型，一对父子，父亲叫田先友，儿子田智勇，父子已有十多年不搭腔，也不照顾老人，老人找到张俊荣说明情况后，张俊荣首先说明老人年轻时做得有点轻率，才导致今天矛盾重重，张俊荣多次跑到儿子和儿媳家中劝解，最后由儿媳从中说和，最终和好，儿媳每天伺候公爹，老人晚年有了依靠和照应。儿媳经张俊荣推荐，被区妇联评为"好媳妇"，在全区作为典型进行表彰。

　　张俊荣用他的行动诠释了一位退休老人追求和谐社会的决心，社区和谐也因他的努力而更加绚烂、辉煌。

张式贞：太极传承用心血

　　张式贞退休前，在象山县曾担任过乡长、县妇联主席、县委常委、副县长、县人大常委会副主任等职。1987 年 9 月退休后，她一直从事为老服务工作，被邀担任县老年体协副秘书长，后选为常务副主席、主席和丹城地区退管会主任。

　　二十多年来，张式贞同志不为名、不为利，不计报酬，一心扑在老年体协和退管服务岗位上。在县老年体协成立之初的头两年，她义务执教 24 式、42 式太极拳、剑，组织办班，培训骨干，把县城 350 余名离退休干部培训成老年体育骨干和辅导员。1995 年她带领 8 位积极分子到宁波学习双剑，住在同行的亲戚家里，吃快餐，打地铺，以苦为乐，勤学苦练，四天学成，回县后就举办培训班，认真教练，不厌其烦，迅速推广。20 多年来，她亲自执教办班，上门施教辅导已难以计数，从不收取他人钱物。至今，全县老年体育人口已达 5.9 万人，占老年人口的 61.5%。

　　2003 年为筹集县第五届老年运动会的资金，在"非典"期间，她不顾个人安危，亲自到上海向象山县的三家建筑企业筹集资金 4.5 万元，确保老运会的顺利举办。据统计，20 多年来，张式贞同志为县老年体协、丹城地区退管会和老龄委文体艺术团筹集资金 200 余万元。

张式贞还担任县老龄委文体艺术团团长，文艺团在她的带领下，年年下海岛上高山进行义务演出，送戏下乡。所到之处，不管是露天还是室内，观众场场爆满，每次演出受到广大农村老年人的热烈欢迎和交口称赞。一次在零下 3 摄氏度的冬夜，她带领艺术团到泗洲头镇塘岸村演出，400 多村民掌声不断，并有观众向台上递糖果、水果等物品，以表感激之情，演出结束，许多老人还拥到台边与演出人员握手致谢。

张式贞用尽平生心血，将退管工作开展得有声有色。一是建立退休人员学习日制度，几十年如一日雷打不动；二是为使退休人员"老有所乐、老有所为"，经常组织开展健康活泼、积极向上的文体活动，如"三八"国际妇女劳动节，组织退休女同志开展有益身心健康的体育活动，从 1988 年至今，26 年来从未间断；三是组织退休人员外出参观学习，让退休人员开阔视野，增强知识，提高凝聚力。

我在你身边

白云：鲁西大地的民生守护者

在聊城，人们更为熟悉的白云，不是云，也不是小品里黑土的妻子，而是已经退休多年的原东昌府区人民检察院原副检察长。

2011 年，正在聊城大学作报告的白云收到一条短信："白云检察长，我想单独谈谈我的困惑。"报告结束，白云见到了这个中等身材、略显文静的女孩。她只是泪流，不肯说话。白云叮嘱她："我不知道你发生了什么，但我愿意帮助你，等你想好了，就给我打电话。"不久，女孩来信问："可以用纸笔写吗？"白云赶紧骑上电动车去见她。女孩双眼含泪，默默递过一张字条："一个女孩被强行侮辱了怎么办？父母离婚了怎么办？没心学习只想死怎么办？"白云平静了许久，说："孩子，不方便就写信吧，我帮你。"就这样，在来往的信件中，白云根据女孩遭遇剖析案情，讲解人生，鼓励她树立生活的勇气和目标。在没有其他人知晓的情况下，女孩又鼓起了生活勇气，完成学业，找到工作，开始了崭新生活。

2003 年 11 月 8 日，聊城市东昌府区人民检察院开通了以白云名字命名的法律服务热线——白云热线。开通 10 年多来，白云和值班人员先后接听电话 76248 个、接待群众来访 4960 起，解答法律咨询 38657 件，为群众办理实事 6221 件。2006 年，有人举报说："有人买了一个 3 岁多的男孩。"白云立即向公安局通报，并协助调查，最后终于确定了两个犯罪嫌疑人，他们把一妇女打伤，把她怀中的孩子抢走并卖到聊城。最终孩子在时隔 8 个月之后，重新回到妈妈的怀抱。2012 年，王双阵村村民王振河找到白云，说他女儿王艳霞患有精神分裂症，与丈夫离婚，没有生活来源。一家四口人仅靠二亩地的微薄收入，难以维持，恳求热线帮忙。了解到王艳霞母子的情况后，白云积极主动地协调民政部门，根据国家的惠民政策，帮助王艳霞母子申请最低生活保障金。

有人说，白云精神的核心是为民，它不仅体现在他作为一名检察官的铁面无私上，更体现在他接地气、连民心，为人民排忧解难上，这正是白云精神的生命力所在。

蔡树楠：存心慈善会里的老义工

创于 1899 年的存心慈善会在潮汕大地是家喻户晓的一所民间慈善组织，百余年光辉历史的存心慈善会吸引了无数有志服务社会的人，蔡树楠，就是他们中的优秀代表。

蔡树楠原是汕头市司法局下劳动教养管理所副主任科员、医生，2007 年退休后，他便加入了存心慈善会。2008 年存心义工协会成立后，蔡树楠主动申请加入义工协会，成为了一名最年长的义工。成为义工之后，他每周日上午到鮀江街道桑浦山龙泉岩清理周边环境卫生，下午清洁存心养老院的卫生，是他雷打不动的义工活动。

2013 年 4 月，居民姚文亮因家里接二连三的变故，身无分文又患上直肠癌，病情恶化陷入半昏迷状态，其妻子和 3 个孩子生活无依无靠，三餐难度。妻子表达丈夫"要将眼角膜捐献给有需要的人"的最后心愿，并希望得到社会的救助。当收到这个消息时，蔡树楠等数名存心义工冒雨赶到他们临时租住的出租屋，为他们送去了爱心粮油、方便面和救助款，并把病危的姚文亮接入市存心养老院，让他宁静地走完生命的最后一程。

2013 年 8 月 18 日，汕头潮阳区发生内涝灾害，近 20 万群众受困，蔡树楠与众多义工在慈善会的组织下，第一时间将救灾物资送到救灾指挥中心。19 日傍晚，一名不满 2 周岁的小女孩被救出，蔡树楠发现孩子正发烧，他立即为其做初步的检查，根据其表现出的症状，判断为手足口病，情况十分紧急。看到这种情况，救援队员吴宏文开车协同蔡树楠将其送往普宁人民医院急救，到达医院医生接诊后说还好及时送到，孩子得以救治……

2013 年 10 月，存心慈善会下属的存心养老院乔迁新址后，蔡树楠被任命为存心养老院院长，自此蔡树楠 24 小时坚守在养老院中，尽心尽力无微不至地关心养老院的每一位老人，从去年至今，蔡树楠从濒临死亡线上救活的老人近 10 位……蔡树楠用自己的行动影响周边一大批人，在他的带动下，很多亲朋好友都主动来为老人服务，到养老院奉献爱心。

蔡小法：从热血青年到老年演讲家

1965 年，一个 28 岁的杭州青年，为了响应国家的号召，在没和母亲及新婚妻子商量的情况下，写血书自愿到宁夏支援建设。待到了宁夏后，他才给家里写信，并把报道杭州青年支援宁夏建设的《宁夏日报》寄家里，这个热血的青年，就是蔡小法，如今他已经是一位 78 岁的老人了。

1960 年，蔡小法开始了他的教师职业生涯。"到农村去，到边疆去，到祖国最需要的地方去！"1965 年，蔡小法响应号召，积极报名支边援建。最终蔡小法成为了 635 名援建知青之一，离开杭州，去了宁夏。凭着一腔爱国热情，蔡小法在宁夏一待就是三年。三年只回过一次家。

退休前，蔡小法是从事教书育人事业的辛勤园丁，退休后，他依然战斗在他喜爱的教育岗位上。退休 17 年来，蔡小法自带一杯白开水，进社区，下部队，去学校，发挥他的光和热。从退休到 2013 年底，蔡小法已经讲课达 935 次，听众 26 万多人次，足迹遍布学校、机关、部队、社区……《家庭教育基本原则》《禁毒宣传》《国际形势》《法制教育》《学习雷锋》《伟大的党，光辉的历史——建党 90 周年》都是他演讲中取之不尽、用之不竭的源泉。

一次，针对环境污染，蔡小法"班门弄斧"，到路桥区环保局为 30 多名机关干部作了《环境保护与可持续发展》报告。他旁征博引，别具一格的演讲，把台下的环保专业毕业的本科生、研究生迷住了。演讲结束后，他们围住了蔡小法说："你的演讲不仅让我们增长了课堂上没学到的知识，也让我们更加清醒地意识到这份沉甸甸的责任。"

除了演讲，蔡小法还热爱健身，每天晚饭后都会和老伴儿邱菊梅步行锻炼。"只有强壮的身体，才能应对繁重的工作，才能减少子女的负担。"蔡小法说，"平均一天要走 20 里路，一般外出都是步行，晚饭后还坚持走一小时，我把自行车都卖了。"蔡小法说。蔡小法还组织翻印了"老年养生保健知识集锦"和组织过全区 52932 名老人开展健身走活动。

"人生不是一种享乐，而是一桩十分沉重的工作。精彩的人生，应该在苦干中度过。"这是蔡小法的家庭格言。

陈志明：平凡心不凡事

"山大沟深西吉县，贫困缺水天下传。改革开放政策好，退耕还林搞环保，种植结构调整好，鼓励农民挖水窖，计划生育抓得牢，少生孩子有养老，抓教育、建学校，治贫、治困先治愚，西吉洋芋呱呱叫，全国各地名气高……"这段脍炙人口的快板是义务法律宣传员陈志明在乡村集镇宣传时，自编的开场白。

没文化，不识字，却是村里的明白人，群众威信高的陈志明被穆斯林选任公易村清真寺寺管会主任，一任就是 11 年。他经常向穆斯林讲述爱国爱教、学法守法，提倡以寺养寺，减轻农民负担的道理。

苦于不认识字，陈志明只能靠死记硬背，编成通俗上口的顺口溜，利用赶集的机会向农民宣传。为了解答难题，陈志明多次到公安、法院等有关部门索取宣传材料，回家先让儿子看懂了再讲给他听，他超人的记忆力、滔滔不绝的演讲，令许多读书人听后也自叹不如。

义务宣传法律，被人称为"公益人"，也被人叫做"揽闲毛"（管闲事）"。陈志明坦诚幽默地说："明明白白我的心，渴望一份真理解"。每逢集日，清晨 5 点起床，礼拜过后，他和老伴先忙地里的活，再给牛备好草料。吃完早饭，如果到离家远的集镇，儿子检查"专用宣传车"的油箱、水箱，他和老伴装上宣传展板，插上彩旗，按时出发。如果到近的集镇，陈老汉就一人骑车或拿着展板搭乘便车去赶集宣传。

30 多年来，他走遍全区 15 个县、40 个乡镇、367 个村、328 所学校、89 个农贸市场、124 个清真寺、1358 户农家，最远的到过甘肃省的静宁县和张家川回族自治县，开展义务法律宣传，举办法制图片展览，向群众讲解有关法律知识 800 多场（次），散发有关宣传资料 57000 多份，约有 12 万群众受到法制宣传教育。县里南部山区对贫困农家子弟施行"两免一补"政策，他不误时机地加强宣传，使公易村 140 多户人家没有一个孩子辍学。

现在，热心肠的陈老汉他和儿子还在开着法制宣传车，拉着法制宣传品和宣传展板跑在乡村崎岖的山路上。

丁显松：做自己的人生加油站

丁显松 19 岁参加工作，退休前任副市长兼公安局长，1995 年退休，1996 年又担任了市老年体协党委书记、主席、学会会长、老科协主席四职。

　　惯于享受工作忙碌的他刚接手这四项工作，脑海里是一片空白，但他从小就形成爱钻研、勤学习，干一行就非要干出个名堂的个性。在没有一分钱的情况下，他大胆拍板修建老年人文体活动中心。当时，有些人认为是天方夜谭，但他以顽强的毅力大胆创新，走自己的路。先后率领班子成员跑南昌赴九江下乡镇化缘了 60 多万元，他自己率先捐了1200 元，在他的影响下，全市各单位和广大老年人纷纷解囊，有钱出钱，有物捐物，无钱献工，不到一年工夫，一栋 2000 平方米的大楼在市人民公园拔地而起。

　　生命在于运动，运动要讲科学，1996 年学会刚成立时，这个落地"婴儿"尚不被人们认识，少数人说，这些老头子，吃了饭无事干，还未过足官瘾，打打门球、钓钓鱼、跳跳舞就可以了，还能搞出什么名堂？但丁显松说"别人能做到的，我们为何不能做到，既然要搞，就要争创一流"。当时一无办公地点，二无活动经费，他就把理事召集到家里商量良策，他提出"四个一点"的办法（政府安排一点，社会赞助一点，经济实体赚一点，会员交一点），很快解决了"无米之炊"。他凭着执着的热情和耐心的工作，终于使这个"婴儿"登上市财政的"户口"。2000 年，市学会还创办了老年人康复中心，14 年来为老年人义检18.6 万人次，且建立了个人健康档案，共减免医疗费用 12 万多元，举办卫生保健讲座 200 余次，下乡村进行科普宣传 198 次，使全市 86.5%的老人受到教育。去年 10 月份，全省为老年人减免医疗费用、指导老年人科学健身现场会在该市召开，省老年体协向全省推广他们的做法和经验。丁显松谦逊地说："荣誉是上级对我们的鞭策，它只能说明过去，在人生的道路上没有休养所，只有加油站。"

何涛：平凡中的闪光

何涛是海口市卫生局一名退休干部，现年 80 岁，1996 年退休的他却没有停下奉献的脚步，近二十年间，为保障老年人合法权益，发展老龄事业，做了力所能及的工作，尽到了自己的责任。

何涛 1996 年退休，1998 年 3 月，应海口市人事局邀请，到市退休干部协会协助工作。同年 7 月，该会召开第二届会员代表大会，何涛被选为副会长兼秘书长，任该会法人代表，负责全面日常工作。协会在第二届理事会活动时，遇到了很多困难。为了打开工作新局面，何涛根据党中央关于加强老龄工作的决定精神和全国《老年法》的规定要求，以围绕大局、服务中心、敬老助老、构建和睦的原则，带动老年工作骨干，发挥他们在协会各个方面的骨干带头作用，推动协会工作健康发展。

老有所医，是最贴近老年人的重大问题。从 1999 年开始，协会一直把老年人的医疗医药问题列为活动的主要问题之一，利用有利条件，争取数十个医疗、医药单位关心支持，每年免费为本会老年人进行体检，优惠优先供应药品和保健食品。海口市龙华区国贸社区卫生服务中心，从 2004 年至今，坚持每年免费为会员体检一次，并全年给予优先诊病，优惠购药。海南广安堂药品超市，从 2006 年至今，先后在会员中聘请 2100 余人次任药品监督员，并为 2000 多名老年人赠送敬老购药卡，实行 8 折优惠购药。

2000 年 3 月，海口市卫生局关工委成立，何涛接受组织安排担任海口市卫生系统关工委主任。21 年来，他协助局党组做了两件事。一是在 2001 年上半年，分别把局关工委和所属 11 个单位的关工委建立起来。二是大胆创新，利用有利条件把工作搞活。从 2004 年开始，协会从指导思想、工作内容等方面，开展一系列活动，先后成立了海口市老少健康促进会、海口市关爱老少健康服务团，创办《海口老少健康园地》专刊等多个平台。

相比很多人，何涛的爱老事迹并没有特别让人感动的事情，然而正是因为他的兢兢业业才成就了海口全市爱老敬老工作的顺利开展，这正是何涛老人的闪光之处。

滑兵来：老促会新来的负责人

2003 年，滑兵来从天津警备区司令员的领导岗位退下来后，几位老同志力荐他出任天津市老区建设促进会会长，并多次登门，介绍情况，竭诚相邀。他下定了为革命老区人民干一番事业的决心和信心，挑起了新的重担，迈上了新的征程。

主持老促会工作不久，滑兵来在调查研究、总结经验、反复思考的基础上，明确提出了市老促会工作的主导思想，即始终把老促会作为特殊性质的社会团体，通过我们的工作真正体现出老促会的政治、社会、历史价值，为老百姓排忧解难、雪中送炭。

通过调研，滑兵来深切认识到，老区最薄弱的环节是教育，最缺少的是人才。9 年来，滑兵来跑机关、下工厂、访社团、找战友，先后协调募集资金物资合计 3779.7 万元，共兴建希望学校 55 所，建特教学校 1 所，为 11 所学校建了电教室或生物实验室，为 48 所学校购置了桌椅 5064 套，为 202 所学校改善了教学条件。资助贫困学生 2148 名。还为河北省 20 多个老区的数十所学校捐赠教学设备器材 134500 余件，价值 1077.6 万元。

滑兵来热心鼓励和支持市老促会名誉会长杨慧洁和顾问李树夫等老领导、老专家、老学者，在蓟县下营、罗庄子、孙各庄、城关等 11 个老区乡镇，实施了"山区优质果树产业化示范工程"。先后建示范田 63200 余亩，参试果农达到 15600 户，果农年增收 7000 余万元。他协调市科委将宝坻区"三辣"产业化生产和宁河县"种苗"基地建设列入2011年重点科技项目。

在不少老区村庄，特别是边远山区，看病难、出行难等问题依然存在，直接影响着群众的生产和生活。滑兵来把群众的这些实际困难时刻装在心里，并作为老区工作的重点任务摆上日程。几年来，救助慰问"五老"人员3282户，救助单亲母亲1780名，向50名散居孤儿发放了"困难救助金"，为790名贫困母亲和76名特困孤儿上了医疗保险。为宁河县敬老院购置了100台电视机，为老区区县光荣院捐赠了衣服、被褥、毛毯、健身器材31200余件。

每到老区考察，滑兵来必须首先去看望那些最困难的村、最贫穷的户、最难走的路。他说，我们到老区就是来发现问题、解决问题的，光看好的、光听好的、光说好的怎么行？有一年春节慰问宝坻老区，他特意让区老促会安排了两个不通公路、汽车又进不去的村、几个最困难的户。当来到一位单身母亲的家时，他得知其丈夫去世，一个男孩正在上学，一个初中还没毕业的女儿外出打工，生活十分困难，便代表市老促会把慰问金和大米、面粉、食用油交给了这位母亲。春节一过，滑兵来立即走访市政工程部门，请求给予支持，市政公路局很快筹资500余万元，为宝坻这两个老区村修建了两条标准级乡村公路，极大地改善了周边村镇的交通条件。

滑兵来了解到老区百姓存在"看病难、看病贵"的问题，想方设法为老区百姓送医送药送健康。几年来，每年都主动协调有关医疗部门，组织医务专家和医护人员，先后赴46个老区乡镇，为58050名老区贫困群众进行义诊，捐送药品价值56万余元。特别是协调会员单位天津眼科医院一次性投资80万元，为老区100名白内障患者免费作了复明手术，使他们重见光明，恢复了正常劳动生活能力。他还协调泰达国际心血管医院免费为67名先心病患儿做了手术。协调国家发改委支持了350万元，为蓟县出头岭乡建了卫生院。协调272医院为蓟县石头营村捐赠 30 种医疗器械、25 种药品和各类医疗床等。

9 年来，滑兵来带领市老促会一班人和全体会员，以全方位、全辐射、全过程的视角和标准，在支持老区经济建设和社会发展中，取得了突出的成绩。

黄安祥：没有他，就没有巢湖 134 所老年学校

黄安祥，男，今年 79 岁，从事教育和行政工作多年。1995 年，他从巢湖市人事局领导岗位上退下来后，担任市老龄委副主任，主管全市老年教育工作。2013 年，他又兼任巢湖市老年教育委员会副主任、市老教办主任。

黄老自从主持全市老年教育工作以来，退而不休，发扬革命的老黄牛精神，勤勤恳恳，一步一个脚印，为全市老年教育事业的发展做出了突出贡献。截至 2013 年底，全市 18 个乡镇街道和 200 个村居，共办老年学校 134 所，在校老年学员 14561 人，办学率达 67%。

巢湖市第一所老年大学是柘皋镇于 1997 年创办的。2001 年，卧牛山街道仵贾村创办了该市第一所村办老年学校。黄安祥抓住这两个典型，数次跑遍全市 18 个乡镇、街道，找主要负责人协商办学。功夫不负苦心人，各地办学如雨后春笋，仅 2003 年一年，全市就新办老年学校 26 所。

黄安祥抓老年教育的具体举措有四：一是采取利用公用闲置房、基础教育多余房、村居办公一室多用房等办法，解决了老年学校无教室的难题。二是采取组建市、乡镇街道两级老年教育讲师团和聘用部分兼职教师的办法，解决了老年学校教师难题。三是增开选修，满足老年人有学、有乐、有为的要求。四是组织人员编写教材。经过数年的努力，已编《高质量设计晚年生活》《给你快乐心》等适合老年人阅读的教材 15 本，共 100 多万字。

　　黄安祥的办公室有一张三人沙发，旁边叠着整齐的毛巾被。这就是他临时休息的场所。别人劝他注意休息，他总是笑着说："没事，该干的事还是要干。"他一心扑在老年教育事业上，呕心沥血，全市 134 所老年学校凝聚着他多少辛勤的汗水。134 所老年学校的校长、学员没有不认识他的，每当他到场都会报以热烈的掌声。老年学员感慨地说："没有黄安祥，就没有我们老年学校。"

　　"老骥伏枥，志在千里"。最近，黄老正在组织编制《巢湖市基层老年教育三年规划》，描绘全市老年教育的宏伟蓝图，他想在有生之年，为巢湖市的老年教育事业做出更多、更大的贡献。

解黎明：捐资助学，平凡而伟大的事迹

　　今年 86 岁的解黎明，1947 年参加革命工作，1953 年加入中国共产党，1985 年由原临汾地区电业局工会副主席的岗位上离休。一位普普通通的离休干部，在趋于平淡的晚年生活中迸发出耀眼的光芒，用 13 年时间使 150 名山区孩子圆了上学梦。

　　1997 年 3 月，曾经在汾西县插队的北京知青程玮放弃优越的生活条件，离职舍家自筹资金来到国家扶贫开发工作重点县大宁县搞扶贫开发。已经离休在家 12 年的解黎明和同为离休干部的老伴寇志清看到她的事迹后深受感动，夜不能寐。很快，解黎明和老伴商量后决定，要尽一个共产党员的责任和力量去支持和帮助她。1998 年 5 月 18 日，当解黎明老人的儿子专程将 1 万元钱送到程玮手中时，这个性格豪爽、意志坚定的女强人禁不住热泪盈眶。那年，程玮将那 1 万元钱全部用于当地希望小学建设上，解决了 19 名儿童上学问题。

　　2000 年 7 月 1 日，解黎明和老伴向尧都区区委、区政府和单位党委写信，以书面形式郑重承诺：在每年 7 月 1 日党的生日这天，他们每人拿出 1000 元捐助贫困学生，表示一点爱心。这份爱心延续时间直至

他俩离开人世。尧都区刘村中学 139 班的张杰云成为这份承诺的第一个受益者。当年,张杰云以 539 分的优异成绩考上天津商学院,但因为家庭贫困,难以入学。当尧都区副区长王九菊陪同解黎明把 2000 元钱送到张杰云家时,全家惊喜交加。不仅如此,解黎明还为张杰云准备了三大包衣物和日用品。

自 1998 年至 2011 年,解黎明 13 年来共资助学生 150 人,资助金额 97500 元。解黎明说,一两千元对有些人来说可能不算什么,但是对于那些贫困家庭的孩子也许就能改变命运。他们的高尚品德也深深感染了当地干部群众,在他们的带动下,短短 9 天,尧都区政府就收到社会资助贫困生捐款 11 万元,解决了 41 个贫困学生的入学问题。

很多受到解老资助的学生在评价解老捐资助学行为时,都不约而同地选用了"平凡而伟大"这个词。这个词已深深镌刻在很多孩子的心里,也必将激励他们在今后的日子里奋勇前行。

李代全:寄情气排球

1995 年,李代全退休后,在领导和群众的支持下,担当了成都铁路局老年气排球队运动员和教练员的工作。

李代全心里装满了气排球,在她的书桌上、床头上放的,背包里装的都是气排球的书和资料。凭借在排球界的资历和气排球专业上的深厚底蕴,自 2005 年以来,李代全受中国老年体协委托,连续 9 年担任了全国气排球赛的正、副裁判长工作。2005 年开始,她担任全国老年气排球教练员、裁判员培训教师,先后到全国 10 多个省、市和行业系统 40 多个培训班授课,培训人数达 3500 多人次。

为了推广提高老年气排球竞技水平和影响力,她根据自己平时累积的经验和打球的体会,刻苦钻研、查阅资料、反复修改,编写出了《怎样当好气排球教练员》《怎样当好气排球裁判员》两本内部参考资料,后成为全国和全路气排球教练员、裁判员的培训教材。同时，她也被邀请参与中国老体协气排球规则的修订工作。

在训练场和规则培训班上，她认真负责，一丝不苟，不顾伤痛陪练，反复讲解动作要领和裁判规则。有人不理解，说打气排球是健身、减肥的，又不是正规排球队，要求那么严格干啥？她说，健身、减肥也得认真到位。

李代全以全部身心投入到气排球运动的事业中，她认为，气排球适合老年人，是一项全民健身、给老年朋友带来健康快乐的好运动，促进老年气排球运动的普及是自己义不容辞的责任和义务，要竭尽全力，绝不退缩。

2006年6月，成都市老年气排球比赛安排在西南交通大学室外气排球场进行。由于参赛队多、裁判少，她除担任裁判长工作外，还要亲自执裁。连裁两场后，她感到胃不舒服，吃完药以后不见好，反而疼起来了，加上天气闷热，疼得大汗淋漓，可是又没有人替换，她就用左手顶住疼点，坚持吹完比赛。回到家中，她就晕倒了，经医生检查是疲劳过度，缺血性休克。服药后休息了一夜，第二天她又坚持到球场担任裁判工作，直到比赛结束。

把全部的爱毫不保留地献给了老年气排球运动。这就是今年74岁的李代全。

林淑莲：春风化雨

林淑莲出生于印度尼西亚雅加达。1965年，全家随父迁到厦门居住。退休后她先是在市青少年宫从事后勤工作，2000年至今，参加厦门老年大学机关工委老妈妈帮教组。

十几年来，林淑莲一直把做好关心下一代的工作作为自己老有所为最重要的选择。特别是对工读学校偏差生的关爱，胜过自己的子女。她整天忙忙碌碌，往返奔波于工读学校、偏差生的家。学校的教室里、会议室里、学生宿舍里、操场上、餐桌上，都留下了她与工读生手拉手谈心的身影。她经常与学校老师、学生家长密切配合，用炽热的心去融化工读学生心里冰冷的"顽石"。她联手帮教组的老妈妈，挽救了一批又一批的偏差生，挽救了一个又一个破碎的家庭。

工读学校女生小孙，因不满父母亲把她送到工读学校，认为自己被父母抛弃了，喝下了一大瓶的肥皂水自杀，后来难受了，不是告诉值班老师，也不跟父母说，而是求助于林淑莲老妈妈。林妈妈得知情况后，马上联系值班老师，再打电话给小孙的父母告知情况。小孙被及时送医抢救，终于脱离危险。事后，小孙打电话给林妈妈，表示自己以后不再做傻事，要好好学习。

工读生杨某毕业离校后到福州某专业学校就读，林妈妈担心杨某思想波动，多次自费到学校与班主任交谈，做好杨某的思想工作，继续开展帮教工作，学校的领导和老师对林妈妈高度认真负责的精神深深感动，表示要向林妈妈学习，并一定照顾好杨某，让他成为社会的有用之材，将来报效祖国，回报社会，感恩林妈妈。

林淑莲经济上并不宽裕，却每年都省吃俭用拿出 1200 多元捐资助学帮助工读学校学生。10 多年来，林妈妈用爱心和亲情挽救了一颗颗破碎的心，唤醒了一批又一批迷惘的孩子，化解了许多家庭矛盾，她的爱心善举感动了许多人，学生都喜欢她，把她当作最知心的朋友，每年拍毕业照的时候，学生都把林妈妈抱在一起合影留念，亲切地把她当作班上的一员。

林妈妈说："我爱孩子，很乐意和孩子在一起。这群当年在大多数人眼中已'无可救药'的孩子，经过我的帮教后重塑自我，走向新生，看到他们渐渐长大，有出息了，我比什么都高兴。他们的转变和对社会的贡献，就是对我最好的回报！"

刘华荣：留守儿童的"知心爷爷"

四川省遂宁市蓬溪县天福镇茶房沟村 68 岁的村关工委副主任刘华荣，热心公益事业，八年常态坚持，真情志愿服务社会，亲情关爱留守儿童，被村里留守孩子称为"知心爷爷"。

2005 年，刘华荣带着 3 个儿女的小孩，7 个人在街上租房求学，负责照顾和接送孩子上学，每天亲历同龄老人到网吧、游戏厅寻找夜不归宿的孙子、孙女的苦楚和留守老人的孤独。现实与现状和强烈的社会责任感萌生了他改变现状、志愿服务的念头。

2006 年 2 月，拿出自己多年积攒的 5 万多元，准备对积蓄已久的构想付诸行动，从活动室选址、材料购买、房屋设计等各个环节都亲力亲为，全身心投入，开工修建了一座 90 平方米的老少活动楼房，一楼作老年活动室，二楼作留守学生之家。从县道口到"留守儿童活动室"有 3 公里路程路面凹凸不平，为了全村老小出行方便，他又拿出 3 万元，铺了水泥路面。在此基础上，为村里的老人、孩子无偿提供活动场地，建起了他心中筹措已久的服务老人、孩子的"亲情驿站"。活动室建起后，为了让留守儿童玩得开心，过得快乐。他又省吃俭用筹集 5000 余元，购买了 400 多册图书、一台彩电、一台 VCD 以及学习用的桌凳，先后添置了乒乓球、羽毛球、篮球等用品。

自 2007 年以来，刘华荣每年拿出 2000 元给村党支部，用来慰问贫困儿童、五保老人。每年开展老人、孩子集体联谊活动达 50 多次，先后 10 余次组织留守学生及监护人到广安小平故里、射洪平安森林公园、现代农业示范园参观，激励孩子们保持积极向上的健康心态，热爱生活，茁壮成长。10 多年来，在刘华荣的关心照顾下，刘莉、张清、蒋继泽等10 余名留守孩子先后考入蓬溪中学、成都师范大学等校学习。

"天地之间有杆秤，那砣就是老百姓，你对群众有多好，群众对你就会有多亲。"走进天福镇茶房沟村，只要一谈起刘华荣，当地人都会忍不住发出啧啧的称赞声。刘华荣一心关爱他人，无私奉献助困，演绎了一名共产党员老有所为、为民服务的动人故事！

刘振华：身残志坚的当代吕梁英雄

刘振华 1946 年参加革命，1949 年因公受伤，失去右手，成为终身重残。在党和国家关心下，他身残志坚，一直坚持工作。1993 年从领导岗位上退下来，至今 20 年也没赋闲，先后担任山西省 8 个老年社团组织的理事和吕梁市老年大学校长等。

刘振华出生在吕梁山区，对山区有着深厚的眷恋之情。由他编著、新华出版社出版发行的《山区农业经济简论》《村级组织建设概论》参加在吕梁召开的全国拍卖"四荒"使用权座谈会后，他将综合分析的材料寄送国务院研究室农村司，研究室以《决策参考》总 296 号印送中共中央政治局、全国人大、全国政协、国务院领导及国家计委等 11 个部委，得到党和国家领导人及有关部门的重视。

2005 年至 2010 年期间。刘振华不断研究和探索新形势下老龄人才开发工作，使老龄人才开发工作得到了健康有序的发展。他亲自编辑印发了反映老龄人才老有所为的先进事迹专辑《满目青山夕照明》，刊载了全市 63 位老有所为先进个人事迹，反映了老同志离退休后，在各条战线为建设新吕梁所做的贡献；整理编印了《健康长寿诸家谈》《健康长寿论文集》，深受老年人的欢迎。

中共吕梁地委于 2002 年 7 月 3 日，讨论决定成立吕梁地区老年大学，刘振华被任命为校长。从开始上课至今已经过去了 13 个年头，在刘振华与全校人员共同努力下，老年大学已由开学时的 5 个专业班逐步增加到音乐、舞蹈、电子琴、摄影、绘画、书法、文学、剪纸等 19 个专业，先后共有 6000 多个学员。同时，为提高广大学员政治思想水平，积极组织校园文化活动，始终把政治理论教育贯穿到学校工作全过程，使广大学员不只学到了文化知识，也提高了政治思想水平。

"老牛自知夕阳晚，不用扬鞭自奋蹄"，刘振华经常讲自己老了，给党给人民做事的时间已越来越少，恨不得不吃饭、不睡觉去工作，从他身上可以看到一个真正共产党员的形象，看到我们党从胜利走向了胜利的真实原因。

娄良鸿：身体力行的老年协会带头人

娄良鸿老先生今年 86 岁。从他青年时代参加党的地下工作到新中国成立，曾先后在市总工会、科协、文化局、市体委、地委、省体委、安徽工程大学等多部门担任领导工作。其间，多次被评为优秀党员、先进工作者。早在 1956 年，他就在中南海受到毛泽东、刘少奇、朱德、邓小平等中央领导人的亲切接见。

芜湖市老年学学会和协会，是全市建立最早的社团组织，会员都来自党政机关事业单位离退休的老领导、老革命、老专家、老艺术家和老同志等。如何把这支庞大的老年队伍带好，作为会长的娄良鸿，首先想到的是五位学会创始老人，那就是，继承先师，与时俱进，团结大家，努力构建"学习型、服务型、和谐型、欢乐型"的老年人组织。在喜迎、欢庆党的十八大活动中，他积极组织书画展和文艺演出及宣讲等多种活动，在这些活动中，娄良鸿既是引领、倡导者，也是带头参与者。他和学会众多"志愿者讲师"一样，走上学会自办的"南山松"人文讲坛作报告，40 多场均不记报酬，且打的费自理。

有一次，黄埔同学会会长请他去给大家讲课，并送两条香烟说："娄老，你毕竟是多年的老党员，请你也不容易，这是大家的心意！"娄良鸿立刻谢绝，说："老兄弟，有你老党员这句话，我就心满意足了。我们公益活动，绝不收费。"人文讲坛在全市设立最早，20 多名志愿者讲师，列出国事、民生、养老等专题 200 多项。10 多年来，在社区、学校、农村、军营讲课几百场，颇有影响。因此，省民政厅曾给该讲坛拨专款 6 万元给予支持和鼓励。

前几年，有的分会对学术研究不够重视，甚至对动笔写论文不感兴趣，成为学术方面的空白点。为此，娄良鸿逢会必讲，分管副会长何荣铨专门召开会议，确定今后吸收新会员时，以"学"字当头，优先入会，要求各分会把好这一关。不仅如此，他还亲自深入分会，发动会员参与学术研讨，写出好的论文来。自此，从 2010 年开始，分会在他的促动下，会员拿起笔来，积极参与学习和探讨，从论文写作零的突破，到论文数量超过各分会获第四名，其中 5 篇文章获得优秀论文奖，另一篇入编全国论文集。

米烈汉：用生命价值托举医学人生

1951 年出生的米烈汉教授秉承其中医世家独到的中医药学理论，在陕西省乃至我国中医药阵地，40 余年如一日，为老年及广大患者救治疑难顽疾做出了突出贡献。现虽已是花甲之龄，却仍然坚持奋斗在医疗第一线，为解除广大患者的病痛默默奉献。

米烈汉精于医术，诚于服务，继承父训医德，恪守医者对病人不分高低贵贱的准则，皆一视同仁，视病人为亲人，其医德、医术广博盛赞。在他的坐诊日里，不远万里慕名而来的患者络绎不绝。米烈汉从不推拖患者，总是尽心尽力为患者诊病疗疾，对于老年高龄患者则格外照顾。延时延点下班、废寝忘食、兢兢业业为患者无私服务已是司空见惯。

米烈汉作为陕西省专家讲师团副团长，针对社会老龄化现状，面向老年群体传播中医养生防病健康理念，已做学术报告 40 余场。米烈汉辗转奔波于黄陵县、柞水县、洛川县、陕南汉中等市县，义务做常见老

年慢性病预防知识及科学养生讲座，帮助中老年人通过中医养生自我保
健，预防疾病。每场讲座结束后，米烈汉总是不辞辛苦、不厌其烦地为
慕名而来的在场患者义诊，答疑解惑。

作为全国政协委员，米烈汉先后提交近百份公共医疗和老年人社会
保障方面的议案，受到中共中央和陕西省相关部门关注，很多提案和建
议均被采纳。针对时下高层住宅不能够放置担架这一关乎老年人突发疾
病的切身问题，米烈汉连续两年在全国"两会"期间提出了《建议国家
解决高层住宅居民医疗急救隐患的建议》，最终得到国家城防建设部的
办理答复。

身为中国老年学学会常务理事，米烈汉针对老年人生理、病理特
点，潜心研制出治疗骨质疏松症的新药"壮骨滋肾片"和冠心病外治新
药"三益冠心宝"，已通过临床应用，广泛地解除了老年患者的疾苦。

在艾滋病防治方面，米烈汉早年深入山阳艾滋病区，调查了解病情
并处以中医药方进行施治，解除艾滋病患者的疾苦。对于大骨节病的防
治，他不辞艰辛，长时间深入偏远山区，潜心研制出新药"滋骨片"，
为大骨节病的防治做出了贡献。这一研究成果被列入了陕西省"九五"
地方病攻关计划。

2013 年，"长安米氏内科流派"被国家中医药管理局批准为国家重
点建设项目。而米烈汉作为长安米氏内科流派的代表性传承人，带领众
多弟子为传播米氏内科学术思想、发扬光大祖国医学、造福于广大人民
群众做出了巨大贡献。

米烈汉花甲之年仍笔耕不辍，著有《中华中医昆仑·米伯让卷》《米
伯让先生医案》《中医临床家米伯让》《气功疗养汇编》等 30 多部中医
药论著，供医者研究传承；先后在国家和省级核心期刊发表论文 80 篇；
荣获科技进步奖 10 项；主持完成国家临床新药观察 30 余项。

米烈汉非常重视坚持政治理论学习，牢固树立科学发展观。他在
《党的机关工作》杂志上发表了"领会精神实质、明确奋斗目标，积极

践行社会主义核心价值体系"的文章，体现了自己在思想上、政治上和行动上与党中央保持高度一致的爱国情怀。

"德不近佛者不可以为医，才不近仙者不可以为医"，米烈汉常常以此自勉。

西北工业大学红枫叶中老年志愿者协会：青春不老

西北工业大学红枫叶中老年志愿者协会是在离退休党委、离退休工作处指导下由离退休教职工自发组织的群众团体。学校有 70 岁以上空巢家庭 400 多户，独居老人 30 多人。

因为空巢老人发病不定时，志愿者经常在凌晨接到老人的电话。有位志愿者接到一位突发重病老同志的电话后，将病者送到校医院，推着老人做了全部化验和检查后，又自掏腰包给老人办理了住院手续。住院 7 天期间，志愿者每天都去医院看望，并细心照顾老人的生活，直至出院。一位住在学校的志愿者曾在家中听到卫生间水管有异常声，他判断单元东户人家可能管道发生漏水现象，担心老人在家中发生危险，便挨家挨户地询问排查，终于被他查到是一位独居老人家中的马桶漏水了。这位老人听力不好，根本没有察觉家中的异常，幸好志愿者及时发现，帮老人关好了阀门。曾经一位老人家里的冰箱坏了，食物全部变质，整个房屋散发着一阵阵的恶臭。志愿者得知此情况后，赶紧请来维修人员和搬运工，及时帮老人把冰箱搬到维修点修好，并带来新鲜蔬果，帮老人做好饭菜，老人吃着志愿者做好的饭菜，心里尽是感激之情。

老年人最大的敌人是孤独。作为独居老人，常年无人陪伴，其精神孤独可想而知。志愿者协会除日常上门关心外，还想方设法丰富老年人的精神生活。2013 年，志愿者带领退休老师游览了汉城湖公园，还参观了汉文化博物馆。老人都感慨地说，若不是这次组织浏览，他们还不知道西安近年新开发了这么好的景区，也不能了解一些民族文化等历史知识。

有位志愿者还将自己周边的 7—8 户老人家庭聚集在一起，每天一起散步，经常聚餐、聊天等。哪位老人因事一天没和大家见面都会觉得遗憾。大家其乐融融，就像一个大家庭。志愿者利用自己的专长，义务为邻里老人维护、维修各类家电。更检查和维修好了天然气灶、疏通气道，增加电磁线，防灶头漏气，更换元件等，不但解决了他们的做饭之急，更帮老人们排除了诸多安全隐患。

孙茂芳：北京城里的"活雷锋"

今年已经年过七旬的孙茂芳退休前是北京军区总医院副政委。或许是军人出身的关系，不论是当战士，还是当医生，孙茂芳都始终以雷锋为榜样，从 70 年代起，他就带领着医护人员在南门仓社区建立了 30 多户家庭病床。退休后，孙茂芳不忘雷锋精神，无微不至地照顾起社区里的 5 位孤寡老人和 8 位特困老人，他也因此被誉为北京城里的活雷锋。

王炎老人是孙茂芳照顾的孤寡老人之一，因为骨折，王炎老人曾卧床 4 年，孙茂芳每天去老人家中喂饭喂药、端屎端尿。87 岁时，王炎老人又得了白内障，孙茂芳背着他到医院住院，守在病床前整整 15 天。17 年间孙茂芳为老人洗脚、端屎倒尿 3000 多次，彻底感动了老人。王炎老人无儿无女，多病缠身，且脾气古怪，对谁都存有戒心，唯独对孙茂芳例外。老人 91 岁那年，要立遗嘱，执意把一笔存款和一座四合院的私房全部赠给孙茂芳。但孙茂芳坚决拒绝了。

高志云老人的 4 个儿子先后去世后，只有老人独自生活。孙茂芳来到高志云老人家中，郑重地承诺当她的儿子。从那时起，直至老人去世的 11 年间，孙茂芳每天都要到老人家中，为老人送饭，陪老人看一小时电视，用轮椅将老人推到院外晒一小时太阳，国庆节带老人到天安门观光……临终前，高志云老人拉着孙茂芳的手嘱咐：你要把我的骨灰埋在长城边。在那里，我时刻都能感到是一个解放军大干部为我养老送终。

为了传承中华美德，感染和带动身边的人学雷锋。孙茂芳在社区组建了"树新风、孝敬老人联络网"网站，每月与青少年网友一起为卧床老人理发，到敬老院慰问老人。每年定时领着小学生"学雷锋义务打（自行车）气队"服务路人，用雷锋精神滋润着一颗颗幼小的心田。他给自己定出了"百千万"学雷锋目标：在5年内讲一百堂道德课、培养千名青少年雷锋、发动万名网友学雷锋做好事。

"爱是动词，不是名词。要想保持人生一辈子的精彩，就要始终把人民当做母亲。"孙茂芳如是说。

天津市老年人大学教职工群体：一面旗帜

天津市老年人大学从1985年4月6日创建至今，从校长到普通工作人员全部都是离退休人员。学校是在一无校舍、二无经费、三无编制的艰苦条件下大家一起白手起家建立起来的。近30年来，学校逐步发展，管理工作人员不断增加、更替，一茬接一茬，传承无私奉献的光荣传统，老有所为，不为名不为利，不计报酬，奉献了退休后休闲的美好时光，兢兢业业奋斗在老年教育岗位上。

2007年，天津市老年人大学在全国率先建成"双过万"（校舍面积1万平方米，在校学员1万人）老年大学。"十一五"末"十二五"初以来，又适时提出"百尺竿头，更进一步"，2010年学校招生规模达到14177名学员，继续居全国之首。

2011年市政府投资5700万元，实现校舍改扩建，同时，校长王鸿江及时提出"扩建、教学两不误"，2011年学员达到16684人，2012年学员达到18332人。2013年改扩建后的15277平方米校舍全部起用后，更新后的教学设备、设施位于国内先进行列，2012年下半年又提出

"一体两翼"新的办学模式，即校本部为办学主体，"章鱼式"办学模式和老年远程学习网为腾飞两翼的创新发展新格局，进一步提升市老年人大学辐射服务功能。现在已开设 695 个专业教学班，63 门专业，298 门课程，在校学员达 24890 人，创全国老年人大学之最。在校外建有 61 个社区教学基地，开设 15 大类课程，参加活动达 2 万余人。建立班主任制度是天津市老年人大学的一个优势和显著特点。把班主任管理作为基础管理工作的中心环节，不断提高管理水平，在 92 名工作人员中，专门做班主任工作的占一半以上，而且处室工作人员也适当兼班主任，每位班主任每周要带 12—14 个教学班，工作量极大。

全国老龄办副主任吴玉韶曾三次来校视察、调研，对学校办学成果给予高度评价，指出："天津市老年人大学在全国始终是老年人大学的一面旗帜，走在全国老年人大学的前列。"正是学校有这样的一批勤奋、敬业、务实的队伍，才能有天津市老年人大学的今天。

王孟华：志愿精神

王孟华，青岛市民政系统退休干部，现任青岛市七彩风华龄志愿团团长。退休后他一直热心社会公益活动，以严谨的工作态度和忘我的敬业精神，在老年志愿者岗位上默默奉献。

2002 年离岗待退后，王孟华便开始从事社会志愿者公益活动，多次组织、实施了有创意、有影响力、有社会效果的志愿服务活动，志愿团各项工作不断深入推进，得到了市老龄办、市文明办、团市委等相关业务部门的高度赞扬。

平时在路上人们总能够看到他清理非法小广告和捡拾、清理瓜果皮核、烟头纸屑、白色塑料垃圾的身影，多年来共清理非法小广告 10 几万张，买涂料清理楼道内乱涂乱画的非法广告几千条。

王孟华经常说"志愿团健康和谐发展首先要靠团委'一班人'的精

诚团结，第二要靠团队精神，也就是加强团队的凝聚力、向心力建设，每位团员都要有集体荣誉感"。奥帆测试赛会结束后他又与七彩风华龄志愿团的 10 名华龄奥帆志愿者组成了人文奥运宣讲团，深入到部队、院校、社区并且到广播电台宣传、宣讲奥运知识，听众达 10 余万人。

2006 年，王孟华与团领导精心策划、安排、组织了近百名志愿者参加的"我做文明行路人"活动，此次活动参加值勤的志愿者达几千人次，疏导交通人流达近 200 万人次，车辆安全文明通过率 2000 万辆次，发放"我做文明行路人"宣传材料 5000 余份。多年来，他参加志愿服务近 3 万小时，个人获得诸多殊荣，七彩风华龄志愿服务团已经成为"香飘齐鲁、饮誉全国"的老有所为典型。

世园会是青岛市继 2008 年奥帆赛举办的又一国际盛会，市委、市政府高度重视，提出了举全市之力办一届"世界一流、中国时尚、山东特色、青岛品牌"的国际盛会的目标。志愿团积极响应上级号召，2013 年招募了 174 名热心公益的老年志愿者，成立了"青岛市服务世园会银龄志愿团"，提前为青岛世园会储备了老年志愿者人才。王孟华老人不断地在为青岛市精神文明建设做出新的更大贡献。

王佩：把慈善当作人生新起点

王佩，1941 年出生，1963 年 9 月参加革命工作，1976 年 7 月入党，1998 年 3 月从区人大常委会副主任岗位上退休，她把退休作为实现人生价值的新起点，创建鄞州区慈善总会，并任首届驻会副会长。

1998 年，王佩从县级领导岗位退休不久，就受命筹建鄞县慈善总会。事业初创，没有办公用房，先借用民政局的会议室；没有办公的纸和笔，就从家里往单位拿；没有车子，紧急时向人大机关借。在这些日子里，王佩行程几万里，跑遍全区所有镇乡（街道），造访几百家企业，走访许多个贫困家庭。过度的劳累，使她终于病倒了。可就是在住院的日子里，她的心还记挂着筹集善款的事，病房被她当成了临时募捐指挥部。病还未痊愈，她硬是从医院里跑出来，投入到紧张的筹备工作之中。265 天，没日没夜的辛勤劳动终于换来了丰硕的成果：1327 万余元的创始基金募集到位了！

2003 年元月，杖锡燕子窠 4 户村民家里发生火灾，想到这些灾民无法御寒过冬，她夜不能寐，第二天一早带上捐助的衣被就往山上赶，海拔 800 多米高的杖锡白雪皑皑，汽车在覆盖积雪的山区公路上艰难爬行，几次出现险情，就这样，她把扶助金和棉被、衣服及时送到了灾民手中，把党和政府的关怀送进了灾民的心坎里。

2005 年，由于年事已高，王佩第二次"退休"了，但"退"不了的，是她那颗火热的慈善之心。退休后的日子，王佩依然忙碌而充实。结对学子的学习和生活，成了她最大的牵挂。每个学生的家庭情况、学习情况，她都了如指掌。每年的 7 月 1 日这天，她都亲自来到区慈善总会捐款，几年来从未间断。

王佩爱好艺术，退休后，她看到许多有艺术特长的退休老干部因为失去了自己表演舞台而苦闷，于是萌生了组建夕阳红艺术团的念头，在她的努力和多方的帮助下，2001 年夕阳红艺术团在老干部局组建起来。

王佩常常要求自己"不要忘记自己来自老百姓，不要忘记自己是个共产党员，不要忘记自己曾经做过领导干部，所以生活享受要以老百姓为标准，言行举止要以干部的标准来要求自己"。她是这样说的也是这样做的。

王世豪：深入浅出教保健

在上海老年教育界，王世豪是拥有老年学员最多的教师。1994 年他担任上海金秋保健研究所所长期间，就开始开展老年病门诊、科研和保健培训三结合的探索，并把科研成果应用于门诊治疗和充实培训教材。从那时起，老年保健教育便成为王世豪的一项重要工作。1995 年王世豪开始专职从事老年教育，他先后在多所学校执教授科普保健类课程，并以自己的专业知识和长期的医疗实践经验先后编写了通俗易懂的教材。其中《老年实用保健》被列为"上海老年教育推荐教材"进行推广，在上海地区多次出版，发行量达 1 万余册。《简易穴位按摩疗法》更是供不应求，上海科学技术出版社连印 3 版，发行达 11 万多册。

王世豪上课的特点是，教学内容始终切合学员的实际。当他发现学员中普遍存在"重治病，轻防病""关心生理指标，忽视心理状态"和"重单打一保健方法，轻基础性健康生活方式"的现象时，他就把教学内容扩展到树立正确的健康理念和保健基础知识上，以适应学员的潜在需求。他讲课时声音洪亮，抑扬顿挫，引经据典，深入浅出，善于采用形象比喻的形式，并注意适当重复，使不同基础的老年学员都能有收获。王世豪年近古稀，仍好学不倦，他学习电脑操作，学习编写电脑演示文稿和收发 E-mail 等，上课时能熟练地运用计算机进行辅助教学。

2001 年，他应上海东方电台邀请，在《老年学堂》主讲"养生保健"，受到老年听众的热烈欢迎。2004 年他的《老年实用保健》课程被"上海空中老年大学"选中，经录制后于 2005—2006 年间，分 4 个学期，在上海教育电视台《空大》栏目播出，在全市引起轰动，每学期均有 30 万人左右收视，4 个学期收视总人次高达 122 万，创下《空大》单门课程收视率的新纪录。

2007 年，王世豪应邀参与"上海老年人学习网"开设的"养生保健专家咨询服务"栏目，兼任"养生保健"栏目专家，他利用休息时间，志愿服务，无偿在网上为广大学员答疑解惑，耐心地给予回复。

因为他无私的奉献、精湛的教学，使他始终受到老年朋友的尊敬和爱戴。

王淑梅：把义工做成一种品牌

2006 年，王淑梅从大连市政协退休后到市慈善总会工作，现为大连市慈善总会副秘书长、义工分会会长。2006 年初，她刚到慈善总会工作时，全市慈善义工不到 1 万人，面对慈善事业迅猛发展的形势，她提出要将慈善义工发展向注重团体行业义工队（站）发展与自然人个体发展并重转变，还提出要加大对有爱心、有激情、有能力、有专业的社会力量加入义工队伍的发展工作。此后，各类团体行业义工站如雨后春笋般成立，截至目前，全市慈善义工队伍已达 59 万余人。

为更好地开展社会志愿服务活动，她带领广大慈善义工，以"自愿无偿"为原则，以"我心有你、助人悦己"为格言，在慈善救助、社会服务和紧急救援三大方面，围绕"安老、抚幼、助残、济困、助医、助学"等内容，开展服务项目 444 个，打造出一大批"社会需要、义工能做、群众欢迎"的品牌服务项目，建立了"铁打的项目，流动的义工"的稳定服务模式。大连慈善义工组建 12 年来，组织各种社会公益活动 17 万次，有 354 万人次义工参与，无偿献血 228 万毫升，累计奉献时间 1191 万小时，帮助困难群众 351 万余人次。

她时刻关注老年人，设计并组织开展了大量的助老服务活动。如为福利院老人免费理发、修脚的"银发梳理"和"手足情"项目，免除了老人外出理发和根治脚病的烦忧；做"三无"老人好儿女项目，使得社区空巢老人有了随时为他们提供帮扶的义工好儿女。

作为一名退休干部，王淑梅时刻关心青少年的成长教育，并倾注了大量的心血。每年都会多次到大连市社会福利院孤残儿童寄养基地和大连市日新社会福利院看望孩子；组织慈善义工到市救助站开展活动，带孩子们参观博物馆、动物园，看电影。与春柳街道敦煌社区联合建立的流浪儿童爱心驿站，对不愿到救助站接受照顾的流浪儿童提供帮助，让这些没有亲人关爱的流浪儿童得到了来自慈善义工的关爱；她关爱残疾儿童，组织慈善义工到盲聋学校、智障学校开展服务活动，为盲童建有声书库，组织残障、智障孩子参加手工制品义卖；她关爱外来儿童，组织大学生义工开展"牵手梦想"活动，慈善义工走进外来务工人员子女较多的学校开展活动。

现在，"有困难找义工，有时间做义工"，已经成为大连的一种时尚。

王同林：最美不过夕阳红

人生是美丽的，为人民奋斗的人生更美丽。安阳市老龄委名誉主任王同林以自己不懈的追求和永不停息的奋斗经历，诠释了一名共产党人的人生哲学。

2004 年，时任安阳市老龄委主任、安阳市老年体协主席的王同林开始领导建设安阳市第一所国有非营利性老年公寓——夕阳红颐养院，为把颐养院真正建设成为全国一流的养老设施，他多方筹资 2000 余万元，按照"设施一流化、功能全面化、服务周到化"的建院宗旨。2005 年 5 月，经过一年的紧张施工，安阳市夕阳红颐养院顺利落成并交付使用，并成了安阳一道亮丽的风景线。很多子女对老人住颐养院很放心，因此有更大地精力投入到事业中，颐养院的投入使用对建设和谐社会、和谐家庭都起到了积极作用。

2006 年秋冬的一天，一封有 30 多名老年人联名书写的请求信摆在了王同林的办公室桌头，信里反映他们作为冬泳爱好者，由于安阳市没有合适的冬泳场所，每年冬天只能在安阳河里游泳，非常不安全，已经有两位老人发生了意外。王同林看完这封信后心情十分沉重，他立刻和这些老年人见了面，在听取老人和群众意见后，王同林下决心在老年文体苑内建一座冬泳池。决定作出后，王同林跑规划建设审批、现场选址定位、敲定设计方案、联系施工……2008 年 6 月，安阳市夕阳红冬泳池终于建成。

文体苑的 8 个门球场是利用率最高的活动场地，时常满员，可一遇到刮风下雨，到处是沙土，影响老年人活动。了解到外地目前已经流行一种人造草坪门球场后，王同林立刻指示老年体工委办公室考察了解详细情况。改建这种门球场需要几十万元的资金，他多方奔走，协调资金，一遍不行两遍，两遍不行三遍，终于在 2008 年底开工对 8 个门球场进行了改建，并加盖了顶棚，使 8 个门球场成为全天候的无风雨球场，2010 年安阳市老年文体苑被全国老年体协命名为"全国老年人健身示范基地"。

今年已 85 岁的王同林，身体依然很健硕，每天依然忙碌着，他在用自己的实际行动谱写着一曲优美而感人的夕阳之歌。

韦欢娥：大爱无边

1993 年，韦欢娥的儿子遭遇车祸，原本活泼可爱的儿子因此昏迷不醒地躺在医院的病床上。韦欢娥用耐心和爱坚持了 4 年，终于让儿子回归正常人的生活。她也因此萌生了一个念头，要建立一个残疾人康复综合服务中心，让更多的残疾人通过中心的治疗、康复培训后能融入到社会中去。想到就做，韦欢娥于 2005 年到武汉参加中残联康复学习培训班，回来后，即刻着手筹办康复中心。

韦欢娥家建筑面积 1480 平方米，为三层楼，正可以作为残疾人康复中心，但资金成了首要的问题。韦欢娥把自己所有的积蓄都拿了出来，又跟亲戚朋友筹措了一些钱，自筹资金 10 万元创办了儋州市残疾人康复综合服务中心。

残疾人康复综合服务中心是为残疾人和孤寡老人提供康复服务的窗口和工作平台。为逐步满足残疾人和老年人日益增长的康复需求，韦欢娥又筹集资金着手建立智力、精神残疾人托养站，向银行贷款，利用自家的 50 亩土地建设了托养站，并担任站长。该站建在距离市区 10 公里的小山村，可接纳 50—80 名残疾老人入住。室外有 80 余平方米的景观露台可作残疾人休息、健身、康复之用，旁边有较大的可拓展的空间，非常适宜托养残疾人和孤寡老人生活发展。

目前，在册的精神病患者 16 人、智力患者 24 人，他们都是儋州市家庭贫困、智力和精神及其他方面有残疾的人，他们将在这里免费享受医疗、康复、托养等一系列服务。为解决残疾人的就业问题，2012 年 5 月，韦欢娥贷款 50 万元建猪栏及设备，现已正式投入使用，总面积为 2000 平方米，猪场建设为儋州市残疾人提供了一些就业岗位，同时提供了一定的技术指导。现已引进种母猪 200 头、种公猪 5 头，年产 4000 头。猪场现有技术人员 2 名，带动 8 名残疾人就业，每年还为残疾人免费发放鸡苗，解决日常生活困难。

针对贫困残疾人朋友和孤寡老人，中心给予了减免费治疗，5 年来，先后为 1560 名残疾人和孤寡老人免费送医送药，提高了残疾人和孤寡老人的生命质量，扩大了残疾人康复的受益面。

俞斌：山区孩子最亲爱的爷爷

在外人眼中，他是一名普通的退休中学教师，而在众多贫困学子眼中，他却是"最亲爱的爷爷"，他叫俞斌，是江苏无锡一位普通的退休教师。

俞斌助学始于 1994 年，那年他参加青少年发展基金会组织的"希望工程 1+1 助学行动"。与贵州开阳县立京小学失学的刘章武结成了助学"对子"。1996 年，学校安排教师三年一次的旅游，他选择了贵州，他要去看看刘章武。为了省钱，他在硬座坐了两天两夜。下了火车，先乘大客再换中巴，又走了 30 多里山路，终于到达了大山深处的龙岗镇杨家山村。现实生活中的小山村比想象中的还要贫困得多，许多人家徒四壁，刘章武家中更是已断炊多日。于是，他临时取消了没有去过很想去的黄果树瀑布的旅游计划，除了留下最便宜的返程车费，将其余的1000 多元倾囊捐出，他还与刘章武家签订了帮困协议书，解决种子、化肥和农药，帮助恢复生产，一年后刘章武来信说，烟叶、油菜籽丰收，他们家脱贫了，他很高兴。

安徽定远县张桥镇一个女孩给俞斌写了一封"求援信"。信中说："我叫周家华，今年 12 岁，因父亲患白血病，求亲靠友，贷款借钱替爸治病，我和弟弟无钱上学……如果爷爷能圆我们上学梦是我们一生的幸福……"求助信感动了俞斌，他马上回信并汇去了学费。同年夏天他带着两大包衣物去安徽定远看望周家人，他揪心地发现，周家华家庭似乎已走到了绝境，因父亲去世、母亲改嫁，孤儿寡女别说上学，吃饭都得靠伯父周青海接济。俞斌当时也没有钱，他动员三个好心人一起资助这四个孩子上学。就这样，一个个濒临失学的孩子在他和众人无私的帮助下重返了校园。20 年来，他直接资助的学费、生活费累计逾 27 万元，电视机、衣被物资等大量物资源源不断流进大别山。

每当记者问俞斌：是什么力量使你不畏山高路远，帮助那么多穷孩子？他的回答是一个字"善"——"心存善良使我怜贫惜弱、乐善好施。善良使我存好心、说好话、行好事、做好人……用金钱和善心换来强大的精神力量，成为我的精神支柱。"

张平：从见义勇为到爱老楷模

2005 年 4 月 12 日上午 10 点多，一位老人在保定市青年路闹市区面对公开抢劫的两名劫匪，不顾个人生命安危追出 1000 多米，只身与两名劫匪搏斗，最终保全了人民财产，维护了社会正义。他就是先后被河北省委文明办授予"河北省优秀志愿者""河北省十大优秀志愿者标兵"等光荣称号的保定市爱心敬老协会会长张平。

作为保定市爱心敬老协会的会长,张平始终把"行善事、献爱心、助人为乐、弘扬社会正气",为人民"办实事、办好事、办善事、做好人"当成他做人的原则。5年多来,他先后组织各种爱心敬老、帮困、扶贫、慈善活动200多场次,直接用于关爱帮助老人、救助特困家庭、残疾人、帮扶贫困地区学校、在全国首创建立"百岁老寿星亲情关爱档案",捐赠善款和物资达100多万元。

协会成立以来,在元旦、春节、重阳节等中华民族最重要的节日里。张平从没有在家和家人团聚过,而是到养老院、特困家庭家里和老人们一起手拉手过佳节。每年最热的一天和最冷的一天,他都到养老院检查供暖保温及防暑降温工作。在协会进行的各种访贫慰问活动中,协会始终坚持不扰民的原则,几年来坚持不吃被慰问贫困家庭和帮扶对象的饭,搞完活动后经常有时近下午2点才能吃上午饭,在涞水县一户贫困家庭他亲自为老人洗脚、换上新袜子和新鞋,很多老人看见他都会像亲人一样拥抱他,舍不得让他走。

作为协会领导的张平常常自费购买棉衣、棉被、羽绒服、桌、床、食品等慰问品给老人、贫困家庭和孤残儿童,他常说:"作为会长更要严格要求自己,更要做出表率,要只办事不扰民,大家捐来的钱绝不能我们去乱花一分钱,否则是丧良心,要遭报应的,这是必须坚持的一个原则。"

当年,张平为了更好地为老人服务、为社会服务,更好地推崇中华民族的传统孝文化,毅然辞去了企业职务和优厚的年薪待遇。如今,他的梦想成真,将自己事业的句号和人生的晚年价值,画在和奉献给爱心公益事业上。

张湘成：开启马战村敬老扶幼之风

年届 72 岁的张湘成，退休后成为了北盛镇马战村党总支第三支部书记、村委会理财小组长。10 余年间他时刻保持了一名老党员的高尚情操和优良作风，心系家乡社会发展，团结和带领当地党员、群众为马战村的社会建设和发展奉献着光和热。

作为老年人中的一员，张湘成理解广大老年人的需求，针对全村孤寡、空巢老人较多的情况，张湘成动员组建了以 35 名老年人为主体的志愿者服务队伍，采取一帮一、多帮一结对帮扶的方式，建立了帮扶台账，明确了帮扶计划，为 25 名病残体弱的空巢、孤寡老人免费提供精神慰藉、打扫卫生、物资采购等服务。到目前为止，各项服务已达 2700 余次。在居家养老服务过程中，他身先士卒，率先垂范，10 余年来他本人先后走访老人 1000 多人次；调解各类家庭纠纷、婆媳矛盾 40 余次；慰问患病老人 90 多人次。通过一系列的活动，全村爱老氛围日益浓厚，典型事例层出不穷，涌现了湖南省十大孝星潘楚明等人，有效带动和推进了马战村老龄事业的发展。

敬老，同时不忘扶幼。每年马战村都要结合党的中心工作和重大纪念日，抓住主题，在青少年中开展多种形式的教育活动。从 2005 年起，先后开展了纪念王震将军诞辰 100 周年系列革命传统教育（马战村是王震的故乡）、抗震救灾献爱心教育活动、纪念建国 60 周年系列活动、纪念中国共产党建党 90 周年教育活动等。党的十八大胜利召开后，又开展了学习党的十八大精神，争做中国特色社会主义接班人的教育活动。同时开展法制、公民道德教育活动，张湘成为青年亲自授课 36 场，听课人达 6800 余人次，引导广大青少年坚定爱党、爱国、爱社会主义的信念。

张湘成说："我感谢组织给了我这个发挥余热的舞台，辛勤的劳动，换来了一定的成果，我感到欣慰，也感受到晚年人生的价值，我虽年届古稀，仍会继续为党和人民做出应有的贡献。"马战村的全体乡亲见证了他的高尚情操和无私奉献。

张玉奎：古有虎门销烟，今有江淮禁毒

张玉奎一辈子从事教书育人工作，退休后，在享受国家改革开放成果时，耳闻目睹了国际毒品的泛滥。于是他愤怒地拿起笔作武器，向毒品宣战。

为了使青少年远离毒品，茁壮成长，张玉奎早出晚归，购买有关禁毒教育的报刊书籍，阅读、研讨、整理、编辑、撰写、找人合作，成立编委会，历经数年，一本国内外独一无二的、图文并茂的禁毒预防教育书籍——《远离毒品——青少年禁毒教育读本》于 2004 年 12 月正式出版，向全国公开发行。

为了把禁毒教育工作深入持久地进行下去，继《远离毒品》出版后，张玉奎又独自编写了大量禁毒文艺作品。他的第一篇作品是《禁毒教育三字经》，他广泛收集材料、多方征求意见，几易其稿，把什么是毒品、毒品的危害、戒毒的方法、禁毒的意义讲得清清楚楚，言简意赅，朗朗上口，此文首先在《淮南民进》上发表，接着不少报刊纷纷转载，安徽电视台还把它改编成少儿歌舞，拍成电视，作为经典保留下来，并在省、市电视台多次播放。此外张玉奎还写了大量的宣传文章，包括《反邪教三字经》《环保三字经》《中国禁毒志愿者之歌》《中国城管志愿者之歌》等。

张玉奎利用书信方式，给全国亲友寄发，淮南师院宣传部还把刊有此文的报纸，寄往全国各大专院校，扩大宣传范围。他连续多年策划组织全市性的文艺会演，尤其是在"6·26"国际禁毒日，他亲自编写节目、导演节目，在全市进行禁毒巡回演出，他创作的小品《从头再来》被评为全国优秀小品二等奖。

张玉奎为了让更多的人参加到禁毒教育中来，找人合作，共同策划，组建了淮南市禁毒志愿者支队，结束了淮南市没有禁毒志愿者队伍的历史。为了把禁毒教育做好，张玉奎一年到头从未闲过，百里煤城的大街小巷、田间地头、机关、学校、幼儿园、公司社区居委会等单位都留下他不知疲倦的身影。

张玉奎说："我的梦想，活到老，战斗不止，让全球都无毒。"从他的话中，我们能深切地感受到社会责任感在他心中强大的生命力。

章金媛：莫道桑榆晚，为霞尚满天

章金媛老人，1992 年退休从事社区老年服务，在她的感召下，爱心团队从最初的 17 名退休护士发展到拥有近 6000 名志愿者的队伍，先后为 350 多个社区的百万人提供爱心服务，并将服务模式延伸至全国 19 个省、市、自治区及美国、德国、日本等地，无数鳏寡孤独者因此不再寂寞孤苦，无数病痛残疾者开始重燃生活希望。爱心团队累计进行公益服务 11.2 亿多个小时，为近 160 万人进行爱心服务。

章金媛从事老年服务工作 15 年，借鉴国外介护理念结合国情开展护老养老事业。拥有 50 年临床护理经验的她，发现老年患者绝大部分反复出入医院，原因多是后续护理未到位。1992 年退休后有较多的机会广泛地接触社会，开始关注老年护理服务。1999 年受香港大学编写"护老情真"的启发，章金媛正式组建护理同仁走出医院进入社区活动。由于多年探索、收集、访视社区、家庭中百名老年人的需求，渴求保健卫生指导，2000 年规划创建志愿服务。2001 年她自编《养老护理员小册》千余本，得到东湖区民政局领导的关注并支持鼓励设定服务区。2002 年建立护老养老个案，服务范围逐渐扩大到 120 个社区。

2004 年创建"居家护老志愿服务模式"得到香港红十字会志愿者高度评价，并在《大公报》上报道推广"章金媛工作模式"。2005 年以志愿服务开展养老服务的成效，获首届中华慈善会奖。2006年全国巡讲在19个省市推行"章金媛居家护老志愿服务模式"，撰写养老护理理念由《现代护理报》推荐应用，2007年自费参加上海红十字会日本介护学习班后，她立即在200个社区建立介护技能对接养老服务，并在省民政厅领导下，在江西省民政学校创建"章金媛养老护理班"，主编《养老护理技术》理论课程，在全国千余个福利院开展"老年护理"讲学。在民政学校系统培养三年制养老护理学员400余名，毕业学生百余名，在北京、上海、天津、江浙等地养老院深受欢迎，现已有4位学员走向领导岗位。

2008年章金媛在小金台3号院组建居家养老，2010年创建居家护老五全（全人、全家、全护、全面、全程）链条服务模式，以"居家为基础、社区为依托、医院为支撑"，推进"康复纳入社区、保健走进家庭"服务新模式，让老人居住在家中、生活在小区、活动在社区、保健在医院。现有6个社区建立成样板护老养老服务站，15个单元450户1254位老人受益，接受省、市18家福利院、校参观、学习、交流推广应用，2011年创建社区—医院—家庭—志愿者模式。以"医院为支撑、社区为依托、家庭为基础、志愿者为粘合体"，形成一体化服务模式，整合资源探索"长期照顾协同服务模式"，调动家庭孝老、尊老、发挥老人的潜能，让老人有尊严地生活，感受到幸福。

"莫道桑榆晚，为霞尚满天"，这正是章金媛精神风貌的写照，耄耋之年的她至今仍奔走在志愿服务的道路上，不遗余力，坚持不懈。她用无私奉献、不求名利的高尚品格，一颗永远年轻的心和求知创新的生活态度让晚年的生活变得精彩无限，也为社会公益事业贡献自己的余热。

赵生泉：在郭明义的故乡续写老年新篇章

赵生泉老人今年80岁了，参加工作前，他只读过两年书。后来，他一边工作，一边上夜校，从小学开始，坚持读到大专毕业。正是工作后几年的文化积累，使他日后能够胜任 37 年的政治工作，并且在退休后依然积极发挥余热。

赵生泉退休前是鞍山市工会干部学校校长，文字能力出众，退休后他运用这个特长，义务帮助社区居民写申请书，给市老年办写老年节征文，给市关工委写关心下一代论文，还写评论文章、建议书、先进典型事迹等。随着形势的发展，老年志愿者组织建立，赵生泉立即加入其中，扩大了写讲稿和搞宣讲的范围。

赵生泉写环保知识的讲稿，给市老年环保志愿者骨干学习班义务讲课，讲了中华传统与生态文明、中国环保 30 年、低碳生活是低碳经济的社会基础、鞍山环保条例、大力推进生态文明建设等；他写时事政治讲稿，给社区党员讲党课，他讲郭明义先进事迹、党史、辛亥革命，也讲中央加强党的建设的决定等。赵生泉不仅写讲稿，还下力气备课，真正讲的时候完全是脱稿宣传，他说这样有利于与听者产生共鸣，他也被社区居民称为"演讲达人"。

社区的党课学习，每月一次，他次次都准时参加。由于他平时刻苦学习党的知识和时事政治，做到精读细读，写出学习体会并背熟，所以他主动承担讲党课的任务。三年来，他一共讲了二十八次党课。

赵生泉是市老年环保协会和山南街道老年志愿者协会的骨干，他历年参加市老年环保志愿者协会组织的大型活动 40 余次，如清洗路边小广告、捡山林中的白色垃圾、拔豚草、灭白蛾等。他在社区同老年志愿者一起，每年都利用边角空地建小花园。

多年以来，赵生泉把快乐和欢笑带给社区，把真情和暖意带给人们，用真心和爱心共同谱写社区志愿者服务新篇章。

朱尚俭：为老奉献的快乐

在安徽省怀远县，老年人权益保障协会的会员一提起朱尚俭，无不竖起大拇指，夸赞朱尚俭会长是老年会员的"贴心人"。

怀远县老年人权益保障协会（老年学学会）于 2003 年 11 月 16 日成立，74 岁的离休老干部朱尚俭被老年协会会员推选为县老年人权益保障协会会长，十年来，在他的带领下，协会工作稳步较快发展，会员队伍不断壮大，由建会初期的 150 余人发展到 4000 余人。

县里的航运公司倒闭后，500 多名老人，生活无有着落，衣、食、住都非常困难。县协会拟出关于航运公司 500 多名老人生活非常困难的专题报告报上去，县委书记听过汇报后说："县老年协会《工作简报》每期我都看了，你们做了很多工作。县航运公司低保问题凡符合政策的有多少解决多少。"在县委、县政府关心下，242 户船民告别了以船为家的漂荡生活，搬进新居，并办了低保。

县协会建会十年来，在维护老年人合法权益方面做了大量工作。朱尚俭会长想老年会员所想，急老年会员所急，想方设法为老年会员排忧解难，被老年会员誉为"贴心人"。建会十年来，县协会共表彰、奖励孝亲敬老先进集体 20 个，先进个人 251 个，和谐家庭 53 户。

朱会长十分重视协会文化工作，协会现有文化艺术团 1 个，文艺队 18 个。自编自演，笑口常开，在城乡宣传演出，既娱乐了身心，又给群众送欢乐，既宣传《老年法》，又锻炼了身体，老有所乐。朱会长还先后到浙江长兴、江西南昌、江苏南京参加由中国老年学学会举办的涉老工作会，学习外地经验，回报本会工作。

县协会是个社团组织，协会共编印《工作简报》87 期，年画 8000 张，制作展板 14 块，《中国老年报》《安徽老年报》《蚌埠日报》、安徽《黄山松》、江西《开心老年》等报纸杂志先后刊载协会好人好事 42 次，中央、省、市、县电视台报道协会工作 200 多次。如今，朱尚俭会长已经 85 岁了，他说，只要身体能够适应，我要继续努力干好协会工作，问心无愧为老年人服务，我奉献，我快乐。

三　人物回访

　　"最美老有所为人物"向全社会公布后，这些可爱的老人受到了社会各界的广泛关注，他们对老有所为的认识与实践，是对老年人的感召、对中年人的激励、对青年人的榜样树立。而当我们再次走进这些老人的内心，也更多地感受到了融化在他们心中的坚守，最朴素的心愿和话语，和他们的快乐与感慨。

邬沧萍

运起荣

尉凤英

李　贺

姚梅芳

喻朝芬

岗　祖

杨格桑

魏世杰

陆良八老

邬沧萍

1. 问：您在国内读书时，有什么印象比较深的事情吗？

邬：印象最深的就是学校中强烈的爱国氛围。在"九一八"国耻日那天，校长会带领全校学生进行勿忘国耻的纪念活动，当时校长、教师和学生都痛哭流涕，每个人都捐款捐物。

2. 问：您现在是许多人崇拜的偶像，请问您年轻时有崇拜的偶像吗？

邬：邹韬奋是我非常尊敬的人，我们当时看的杂志和读的书很多是他出版的，他是一个爱国的知识分子，此外比如闻一多也是。

3. 问：您对今天的教育怎么看？您是否建议今天的中国学生还要到欧美留学？

邬：中国今天的教育，中小学教育的基础很好，比国外还要好，但是学生的动手能力、灵活运用和独立思维的能力较差。再就是我们中小学教育是非常严的，尤其是中学，但是进入了大学就一下子变得松了，实际上大学是应该专注于努力研究的。

我觉得对留学应该区别对待，比如学理工的，搞尖端科学的，就一定要去外国学习；而学社会科学的，尽可能晚一点去，等学生的三观稳定成熟了再去。

4. 问：您觉得今天是否还应该坚持计划生育？

邬：我觉得过去这么多年我们国家实施计划生育政策还是非常值得肯定的，因为中国是一个资源紧缺、环境破坏较为严重的国家，但坚持实行计划生育并不是单纯地等同于一胎制。

5. 问：东部沿海发达地区的人口越来越密集，而西部甚至是东北

的人口却是逐年降低的，您觉得对于中国这样一个大的国家来说，人口政策是否应该因地而异？另外，您对于中国人口的这种现状有什么建议吗？

邬：由于历史原因，中国很多地方的自然环境很不好，自然灾害较多，要改变非常不易，国家应该通过生产力的合理布局，结合每个地方的优势发展。

6.问：您觉得中国老人的未来是怎样的？目前的老人子女相对较多，赡养相对容易，而如果一对夫妻要赡养四位老人，这种情况怎么办？是送养老院、雇人，还是什么其他的方式？

邬：老人的赡养不应该完全依靠家庭，家庭当然需要，但是还需要社会的互助和福利，而老人应该提高自身的自理能力，正常情况下，六七十岁的老人应该完全可以独立生活。此外，每个家庭还要注意财富的积累。

7.问：未来中国老年学研究的重点方向应该是什么？

邬：从微观上看，老人应该提高健康水平、道德修养和文化水平；从宏观上看，社会要提高公众服务职能，强化社会组织的力量，同时一定要提高劳动生产力。

8.问：您今年93岁了，您的养生秘诀是什么？您觉得对于老年人最重要的是养生，还是其他比如爱好、事业等？

邬：长寿我觉得和遗传关系不大，重要的是有一个科学健康的生活方式，不吸烟、喝酒，退休不等于与社会隔离，持续地工作、发掘自身的潜能也很有帮助。

9.问：您目前在做什么研究？为什么选择这项研究？

邬：我现在的课题是：中国如何面对老龄化。客观地说，全世界对于老龄化都没有一个非常好的方案，我在2007年时就提出了我们国家要积极面对人口的老龄化，要积极而不是消极、被动地去面对。我刚刚交稿了一本书，题目就叫《全面建设小康社会，积极面对人口老龄化》。

10. 问：对于我们的国家，您最想说的是什么，或者是说给年青一代人的？

邬：我想说，中国共产党虽然犯过一些错误，我本人也经历了多个运动，但是从根本上讲，中国共产党是为公的。尤其是改革开放以来，国家的发展非常迅速，习近平总书记不久前发表了关于"四个全面"的战略布局，让我很有信心。

运起荣

1. 问：您能否介绍一下河西区老年人协会最近的发展情况？

运：河西区共有 13 个街道办事处，166 个社区，从 2003 年起陆续成立了街和社区老年人协会。2011 年 3 月成立河西区老协研究会，2013 年 4 月改为河西区老年人协会，从而在全市率先实现了从区到街和社区老年人协会的全覆盖。最近，各街道及社区老年人协会正在开展换届选举工作。同时，区老协已经明确把工作的重点放在基层，抓好典型，以点带面。

2. 问：您个人和在老年人协会的工作中，非常注重理论学习，能否谈谈您的初衷？

运：我们之所以注重理论学习，是因为理论是根本、源泉和滋养。正如古人所说："求木之长者，必固其根本。欲流之远者，必浚其源泉。"理论是管总的，管立场、管观点、管方法。理论上清楚，政治上才能明白，坚持传播正能量。

3. 问：您现在除了河西区老年人协会的工作外，还有其他的工作吗？

运：除了河西区老协会长和马场街老协会长外，我还兼任天津市人大常委会机关离退休干部党支部书记、河西区委时事政策与理论宣讲团成员、河西区马场街社区建设顾问、马场街劳卫里社区建设指导委员会主任、劳卫里老同志理论学习组组长、马场道 264 大院管委会主任和天津外语大学学生党组织校外导师等职。

4. 问：现在的中老年人，很多人每天都会去跳广场舞，然而却时有广场舞扰民的纠纷发生，您如何看待这样的事情？您觉得老年人的业

余生活应该怎样度过？

运：老年人参与文化、体育和娱乐活动，是《老年法》倡导的，有助于老年人的身心健康、延年益寿。然而，不论从情理还是从法律上讲，这样的活动都不应当扰民，不能把自己的欢乐建立在别人的痛苦之上。老年人的业余生活应该多样化、经常化，一要自愿，二要量力，三要因人而异，四要因地制宜。总之，活动是灵魂，应当持之以恒。

5. 问：当下社会，很多年轻人在外地打工，尤其是农村，几千万人常年到城市工作，他们平时很难陪伴父母，您能否谈谈这一现实问题？

运：农民工现象是国家经济发展的必然，属于历史范畴。随着四个现代化建设的进程，城乡会逐步走向一体化。在这期间，大量农民工不可能经常陪伴父母，短期内这一现象是难以避免的。政府应当采取有效措施，通过政策使农民工有适当时间探望和孝敬父母。

6. 问：您是一位法律方面的专家，国家近年大力提倡法制，也就是依法治国，您觉得依法治国的内涵是什么？

运：十八届四中全会史无前例地专题讨论全面推进依法治国问题，提出了全面推进依法治国的总目标。全面推进依法治国的总目标，就是建设中国特色社会主义法治体系，建设社会主义法治国家。这个总目标的内涵有三：一是建设法治中国的根本遵循是"在中国共产党领导下，坚持中国特色社会主义制度，贯彻中国特色社会主义法治理论"。二是建设法治中国的制度基石是"形成完备的法律规范体系、高效的法治实施体系、严密的法治监督体系、有力的法治保障体系，形成完善的党内法规体系"。三是建设法治中国的实现路径是"坚持依法治国、依法执政、依法行政共同推进，坚持法治国家、法治政府、法治社会一体建设，实现科学立法、严格执法、公正司法、全民守法"。

7.问：老年人在法律维权方面的困难您觉得有哪些？国家应该如何为老年人提供法律上的援助？

运：老年人维权的困难主要在两个方面：一是物质方面，一是精神方面。国家应该以多渠道、多形式在老年人中强化普法宣传，帮助他们增强法治意识，增加法律知识，提高维权能力。从实际情况看，城乡社区建立一些义务性的法律咨询服务组织是很有必要的。这样，可以方便老年人的法律咨询，帮助老年人维权。同时，要坚持法治和德治相结合的原则。法治属于政治文明，是他律，具有刚性特点，以其强制手段约束人们的行为。德治属于精神文明，是自律，具有柔性特点，以其教化手段提高人们的道德水准。

8.问：运老，您曾长期在政府机关工作，能否谈谈今天的公务员？

运：今天的公务员最大的优点是文化程度高，比过去我们进党政机关时高得多。总的看来，今天的公务员队伍的"四化"状况是好的，能够按照中央的战略部署履职尽责完成任务。但据我观察，今天的公务员中的不少人，看书学习的自觉性较低，远没有达到习近平总书记关于看书学习的要求，甚至对中国化马克思主义理论也知之甚少。应当说，这是一个必须解决的带有根本性的问题。在践行"四个全面"战略布局，实现"两个一百年"目标和中华民族伟大复兴的中国梦中，大力提高公务员马克思主义理论水平和克己奉公的精神，显然是刻不容缓的。

9.问：您觉得老年人最需要的是什么？

运：人到老年，既有物质需求，更有精神需求。随着时间的推移，老年人的精神需求越来越突出、越迫切。由于生理机能的衰退，许多老年人特别是"空巢"和"独居"老年人，虽然衣食无忧，却时常感到空虚、孤独、焦虑和抑郁。所以，他们渴望情感的关爱，企盼心灵的抚慰。

10. 问：您现在的身体如何？关于养生，您有什么好的建议？

运：我的身体很好。我的养生之道是多学、多做、多练。三者相辅相成、相得益彰。多学，有助于多做；多做，可促使多学；多学、多做，有益于身体健康；身体健康，为多学、多做提供保障。

尉凤英

1.问：您曾经是中国非常著名的人物，有着非凡的经历，这些经历是您一生的宝贵财富，您觉得这些经历对您最重要的影响是什么？

尉：凭着朴素的报恩思想参加工作，通过技术革新成为全国劳模。

2.问：您觉得对您一生影响比较大，或者说最大的事情是什么？

尉：是先后13次受到毛泽东主席的接见，受到历届党和国家领导人的关怀。

3.问：您一生中最敬佩的人是谁？

尉：过去的人中，我最敬佩的人是毛泽东主席、周恩来总理等。今天，我最敬佩习近平主席。

4.问：您觉得您工作的时候，最大的优点是什么？

尉：扎实肯干，勇于创新，平易近人。

5.问：您觉得当代和您刚刚工作的时代，最大的变化是什么？

尉：过去是艰苦奋斗，吃苦耐劳，勤俭节约，追求理想；当代人讲究现实，讲价值观，讲个人奋斗。

6.问：您觉得劳模精神的实质是什么？您心中的劳模应该是什么样的？

尉：爱岗敬业，勇于创新，无私奉献，在他们身上能反映时代精神，感受到正能量。如老一辈的孟泰、雷锋、王进喜、王崇伦。现在我的徒弟中的夏云龙、徐强、陈新海、夏志国等人都获得了全国劳模称号，也非常好。

7.问：您如何看待老有所为？您觉得什么样的人才算得上老有

所为?

尉：保持健康心态和健康身体，少为社会和他人找麻烦、添负担，力所能及地回报和服务社会。

李 贺

1. 问：李老您好，您生在东北，长在东北，您能说说您小时候的家乡，抑或东北的情况吗？

李：我的老家是吉林市磐石县明城镇七间房村，母亲生了六个孩子，前四个都夭折了，只有我和弟弟活了下来。母亲虽只有两个孩子，却养了八个孩子，姨家、叔家和大爷家的六个孩子也都是母亲养大的，母亲没有文化，但是勤劳本分善良，这些品德极大地影响了我和弟弟。小时候有一年我和弟弟捡了四大马车粪捐给了国家。

2. 问：今年是抗日战争胜利 70 周年，对于抗战，您还有什么特别的印象吗？

李：我是 1943 年生，当时太小了，只记得日本的喷气式飞机来轰炸，村里人就赶着车跑到山沟躲起来。

3. 问：今天中国的很多企业单位都没有工会，您能否谈谈工会的存在对于一个企业意味着什么？中国的工会发展是否遇到了瓶颈？

李：这个问题很重要，在中国工会的存在是特别重要和必要的，在国企里，工会能不能发挥作用，主要看是否有为（二声）和有为（四声）。工会可以提高生产效益，更重要的是维护职工的合法权益，避免欠薪和不发加班费。此外，工会还有监督的责任，这方面近年不是很好，有的领导出现了贪腐，群众监督跟不上去。现在的工会少了，很多企业借改革之名，撤并现象严重，和办公室等部门合并，对工会是一个削弱。

4. 问：李老，您长期在工厂工作，能否谈谈对于下岗职工来说，最大的打击是什么？

李：最大的打击还是没有了收入来源，很多家庭上有老下有小，难以为继。

5.问：特殊意义上的下岗在今天已经成为历史，关于下岗，您能谈谈您的感受吗？

李：下岗在当时可以说是一种必然，因为企业效益上不去，职工的工资就会过低，低到连基本的生活都保证不了，再或是欠薪。对于一些人来说，下岗不一定是坏事，能鼓励一部分人出去创业；但是对于大多数人不可能达到这个程度，企业在让一些人下岗之前，就要考虑到他们的再就业，先开渠，后放水。

6.问：很多当年的下岗职工，已经陆续进入到了退休的年龄，据您了解，他们目前的生活怎样？

李：生活可以说得到了改善，现在已经有正式的退休工资了，基本可以维持日常的生活开销。

7.问：东北的经济增长近年总排在全国的倒数几位，您觉得是什么原因造成的？振兴东北，最重要的是什么？

李：东北人思想观念应该进一步解放，东北的国有企业比重过大，应该鼓励和扶持民营企业尽快发展，国家政策上还应该进一步扶持。

8.问：您曾为很多下岗职工提供了就业方面的帮助，而今天，很多青年选择了自主创业，对于青年创业，您有什么建议吗？

李：政府对有这种意向的青年人要加强培训，请有实践经验的人来为他们授课，帮助他们创业。

9.问：国家近年大力提倡勤俭节约的优秀传统，您有什么想说的吗？

李：我特别赞同，毛主席说过贪污和浪费是极大的犯罪，在今天贪腐是犯罪每个人都知道，政府也下了很大的力气治理，但是没人觉得浪费就是犯罪。小到一个人，大到一些重大项目，都要尽可能地避免浪费。

10. 问：您现在每天忙什么?

李：我现在主要是为广西街农贸市场帮忙，很多业主都是下岗失业人员，我负责协调安置下岗人员和维护市场的稳定，前年市场的暖气坏了，我向吉化申请到了 280 万元的暖气改造费。总的说来，每天主要的精力还是用在为别人找工作吧。

姚梅芳

1.问：您现在的主要工作地点和内容是什么？

姚：我现在的工作单位还是上海第二军医大学长海医院，属于返聘于护理部的主任，工作时间弹性。另外还参加了杨浦区老年志愿者总队，主要做些为老年人服务的活动。

2.问：您的新疆情结从什么时候开始的？

姚：以前去新疆旅游过，但都是来去匆匆，从 2009 年开始参加老年志愿者团队的活动，真正深入到新疆工作后深深被它的美打动了。山那么美，景色那么美，人也是那么美。援建活动中我去了南疆的叶城、库尔勒、喀什、克拉玛依等地方，都是那么美丽，人也都非常纯朴。尽管医疗技术与环境和大城市有很大的差距，但这里同样是我们祖国的土地，正是因为他们的条件艰苦，而更突显出人民对新疆的热爱与奉献。

3.问：您觉得"银龄行动"的魅力是什么？为什么能一直参加五期仍感到激动热爱？

姚：我是在 2003 年的时候听到我们军休干休所的所长提到有这样的援建活动，我就报名了。上海的"银龄行动"就是 2003 年启动的，每年都组织一批老年知识分子赴新疆开展援助工作，开始只有医疗卫生方面，现在还包括了很多其他领域。我觉得这是一个很体现自身价值的事。不光是我，很多年纪已经很大的医生都报名参加，积极性非常高。但是这个援建活动对身体的要求是比较高的，如果自己的身体出了问题反倒会给别人带来麻烦，所以现在我年龄大一点了也不能继续去了。

4.问：退休以后，您觉得在工作和生活中的心理变化主要是怎

样的?

姚:因为从前上班每天都是非常忙碌的,所以一退下来突然轻松,感到有些无所适从,不知道该做什么好。以前一直觉得自己还是很年轻的,有点不太适应退休的状态。工作时也做过一些志愿者的工作,退休后依然感兴趣,2009年算是正式开始志愿者工作,加入了上海的沪江志愿者团队。觉得像是一下有了名分,有了组织关系,做起工作来也更有头绪了。志愿者这个事情,很多年轻人也在做,对于我自己来说感悟是很深的,重新激发了我的热情和能力。

5.问:您年轻时学习的是儿童护理,您觉得这一专业最需要的是什么?

姚:我是1961年开始学习护理的,到现在已有50多年了。对这个行业学习很多,对儿科来说新生儿的护理是很重要的,我到新疆的医院首先是做调查研究,对护士做辅导都是带着她们下到病房访病,结合病例讨论,临床示范。大家有什么问题都能及时发现解决。

6.问:现在的医患关系比较复杂,甚至有严重伤害出现,您怎么看待这种情况,怎样尽量避免?

姚:这些现象过去也存在,我觉得这还是全民素质的问题。过去的人相对比较老实,现在人们懂得多了,知道要维权。从客观角度来讲,为了自身的健康是要维权,但是要用法律,而不是用拳头。从医务人员角度讲,我们的忍耐性和包容性也要提高,不要针尖对麦芒,很多东西是很委屈的。以前当学生时,有一次我的老师很关心地请患者喝鱼汤,结果患者一碗鱼汤全部泼过去,泼到老师身上。当时我气得不行,但是老师没有生气,还对他说"你有难过的事说出来,我们一起解决",等到出了门我看到老师也抹了脸上的眼泪。对我来说这是真的言传身教。

7.问:在医疗战场上,您有足够的勇气和意志,同时兼具高超智慧和活跃思维,可以说是智勇双全,能否总结一下您的从业体验,给予后辈以启示?

姚：我对自己始终是有要求、有目标的，能够做到医生不动嘴就知道他需要什么。同时始终对年轻的医护强调，做优质的护理人要从自我做起，自我的角色很重要。无论是儿科或是其他科护士的水平很大一部分是体现在关怀上的。一所医院，护理科的队伍、护士长的管理很重要，护士长的认识理念强、人文关怀好、技术水平高，整个护理队伍肯定好。我特别重视护士的临终关怀，对危重病人的关怀，这是体现一个护士的职业素质的。对普通的患者也是一样，你去关心他，他才会更愿意交流，有助于病情的了解。

8. 问：您援建过的医院现在发展的情况如何，平常会有联系吗？

姚：我现在和新疆地区医院的朋友仍然有很多联系，电话、微信都有。他们发展得很快，也很乐于学习，经常告诉我医务人员去了北京、上海进修，有时我也会帮他们联系推荐。医院的环境和设施也在不断地建设和变化。我强调应该资源共享，现在通信技术都很发达，医疗资源和医学问题可以做到及时相互沟通来解决，应该说他们的水平是在不断进步提升的。

9. 问：您在援建地区工作，最感动您的是什么？

姚：去边疆医院这几年，我个人的收获是非常大的，我感到非常受益。在那里有许许多多的人才，在那样艰苦的环境下，把自己的青春都奉献给了边疆，那边的物质生活不丰富，就行业水平来说比大城市有十几年的差距，但是他们依然愿意坚守在那里。在新疆有一句流行的话："献了青春献终生"，这种精神非常值得学习，值得报道，可以说感动无处不在。那里的人民非常淳朴，对我们援建保护得都很好，非常热情亲切。我觉得比起这些奉献者我们是微不足道的。

10. 问：能否谈谈您对子女的教育观，或者说您家的家风是什么？

姚：对我的两个儿子我是有一点愧疚的，因为那时做护士长，工作是最忙的时候。1970 年大儿子出生，过两年二儿子出生，是由我妈妈照顾的，老公和我是两地分居，直到孩子七八岁时候才聚到一起。所以那时候生活方面由我妈妈来管，我来抓他们的学习。晚上回来我先检查他们的功课，再去干自己的工作，所以经常熬夜。我的两个儿子现在一个做国际贸易，一个在上海派出所任所长。家庭要靠大人影响，做榜样，父母本身正直，对孩子的错误不姑息，教育他们做一个正直的人，应该算是我们的家风了。

喻朝芬

1.问：您认为在当下，社区居委会对于所辖居民的具体意义是什么？

喻：我是 1997 年开始做社区工作的，对老百姓来讲，他们希望过上更好的生活，有更好的医疗条件，孩子能受到很好的教育。对社区工作者来说，就是帮助老百姓，让他们更好地生活，给予他们帮助。比如在西水社区，我们老城区的居民较多，贫困人口也较多。因此，留守儿童、空巢老人的关爱工作，社区都作为重要工作来抓，成立了领导小组，实行了社区干部、党员、居民小组长、志愿者"四位一体"的包保责任制，而且对他们的服务是尽心尽职的。社区居委会的主要任务就是全心全意为人民服务，就是应该把老百姓放在心中最高位置。

2.问：您成功调解了那么多纠纷，您觉得在调解的过程中，什么是最重要的，也就是说，什么在调解中能够起到关键作用？

喻：在基层调解工作中，最主要的是要出以公心，要公平公正，要根据实际情况，以法律法规为准则，实事求是地进行调处。而且，一般的民事纠纷以劝说为主，双方都理解对方，调解工作就好做了。

3.问：从您的事迹中可以看出，您有非常强的同情心，这与您从小受到的教育有什么关系吗？

喻：和小时候受到的家庭教育有关，更多的是受到党的教育。我是个近五十年的老党员，牢记为人民服务的宗旨，时刻记着把群众利益放在第一位，想群众之所想，急群众之所急，通过党的常年思想教育的熏陶和在实际工作中的切身体验，找对需要帮助的群众进行具体的关心和帮助。

4.问：2008年黔西县遭受严重低温冰雪凝冻灾害，您走遍了全社区有困难的3680户人家，在整个走访过程中您最大的感触是什么？

喻：当年的灾害非常严重，是百年不遇的，我们社区的工作者一起走访了受灾的群众。当时我刚被县里评为黔西县十佳劳动模范，发了一万元奖金，我就用这笔钱给没有水没有煤的百姓买了他们所需要的用品，并且送到他们家里。当时路上的条件非常不好，我们手拉着手，在鞋上套着袜子，拉着绳子才能爬得了坡路。那年春节，我们保证了所有受灾居民的家里都有肉，能过上年。我们社区有一万五千多居民，社区工作人员有二十多人，在每次的工作中，大家都尽心尽力，为人民服务，这是让人感动的。

5.问：您善于通过文体活动来进行社会宣传，能否具体谈一谈文体活动对于社区发展的影响？

喻：对党的方针政策等我们都会很好地宣传，大张旗鼓地宣传，我们将党的方针政策编写成快板、文琴戏、花灯等地方文艺形式，表现出党对老百姓的关爱，以及老百姓对党的感谢之情。这样的形式通俗易懂，能够更好地凝聚人心，在道德宣传的同时促进了邻里和谐。让党的惠民政策深入人心，让百姓更加热爱我们伟大、光荣、正确的中国共产党。

6.问：您如何理解杰出母亲这个光荣的称号？您心目中的好妈妈应该是怎样的？

喻：我是2008年被评为中国第三届十大杰出母亲的，我有四个儿女，两个在北京，两个在贵州。我对孩子的几个准则，一是要以身作则，二是要对孩子讲诚信，三是从小就教育他们要有爱心，要有感恩之心，有孝心。有一年，我出差前答应给大儿子买一本《十万个为什么》，花了3天的时间找遍毕节也没有，后来到贵阳才买得一套已经撕破了的，当我把这套书给大儿子时，我跟他说，承诺的事情一定要办，办不到的事情就不承诺。他们读书时都很认真，读到硕士、博士，毕业后工作也都很勤奋。对此我是很欣慰的。而要当好妈妈，作为社区党支部书记，我更应该将社区的老百姓放在心中，事事、时时、处处为他们着想，为他们排忧解难，才算一个人民心中的好妈妈。

7. 问：对于现在家庭不稳定，年轻人不愿意忍让另一半，对长辈不在乎等现象您有什么看法和建议？

喻：孝顺与感恩是分不开的，对父母孝顺会连带到夫妻的感情，一个人对父母好，才能对另一半好。我认为宣传教育是很重要的，我们社区定期开展道德讲堂，讲诚信守法，讲感恩。每半年还会评选孝子，对不孝顺的也评选，再对其进行教育。到现在已经开展了63次道德讲堂，有42次专讲感恩，特别是父母恩情。这样才能孝敬父母、夫妻互爱、家庭和睦。

8. 问：就长期的社区工作来看，您觉得当代老年人内心最需要的是什么？

喻：从现在来说，当代老年人内心最需要的是子女有较好的稳定的工作，能孝敬老人，抽时间陪陪老人，一家人和睦相处。

9. 问：您接触帮助过很多少年儿童，您觉得现在针对青少年的家庭教育，哪些是应该在今后的教育中比较注重的？

喻：对青少年儿童一定要多沟通，现在有些单亲家庭的孩子，要么只跟父亲要么只跟母亲，跟母亲的好些，跟父亲的，很多因为交流少，容易心灵受挫折。我们社区现在建立了留守儿童之家、亲情聊天室，会提前联系好留守儿童的父母，然后约定时间，请他们和子女视频聊天。应该说，我们整个贵州在这方面的工作做得都还是不错的。

10. 问：最后，我想请问您现在的主要工作是什么，未来您还有什么计划吗？

喻：我现在还在西水社区工作，现在社区已经取得非常多的荣誉，但对于社区的建设我希望可以再接再厉，对我自己来说，希望可以一直干到干不动为止吧。

岗 祖

1. 问：首先，请您介绍一下您是怎样走上社区服务的道路的。

岗：我深知旧社会的黑暗和堕落，是看在眼里，记在心里的，我23岁时，也就是1962年，参加了中印自卫反击战，在战火纷飞的时候，当时年纪较轻，心里更渐渐燃起了对祖国的热爱之情，因此，决定要干出一片天地，为祖国、为人民服务。当时就决定从基层开始，从社区着手，为辖区内居民群众服务。

2. 问：成立社会治安综合治理服务公司和人力三轮车管理服务公司等的初衷是怎样的？是否遇到阻力，您是如何化解的？

岗：当时我辖区内有许多待业青年，整天酗酒、打架，是牢房的常客，这也就使得辖区内有不稳定因素，当时，我绞尽脑汁，想了很多方法，最后，决定成立社区综合治理办公室和拉萨地区三轮车管理服务公司。成立后，需要有人管理秩序，所以想到了辖区内整天无所事事的青年，让他们穿上制服，对辖区内进行维持治安秩序。这一做法收到了良好的效果，不仅让他们有了固定的收入，将酗酒的坏习惯改掉，还让他们走上了人生的正路，而且辖区内治安明显有了改进。当时也受到了上级领导部门的一致肯定。

3. 问：您在冲赛康工作五十多年，其间也曾拒绝过很多单位提出的高待遇的诱惑，可见您对家乡的感情之深，回顾冲赛康的过去您最大的感触是什么？

岗：在过去，冲赛康西侧为拉萨有名的色琼当热（即色琼芦苇荡），实际上是个烂泥潭，整个冲赛康市场周围，死狗死猫、各种垃圾堆积如山，脏乱不堪。冲赛康市场只有市区周边的农牧民带着自己生产的产品（如土豆、萝卜、白菜、豌豆、牛羊肉、羊毛等）到此交易，其规模十分狭小，新中国成立后，在党和政府的领导下，特别是改革开放后，这里的发展变化实在太大了，冲赛康也和城市一样，道路平坦，环境干净而整洁，这里商家林立，热闹非凡，仅冲赛康商场就先后改建了两次，硬件也得到提升，而它的规模和商品的品种在拉萨也是数得着的，现在它已成为拉萨最有名的商品集散地之一。这是让我感触最大的一点。

4. 问：您认为社区居委会对地区的意义是什么？就西藏地区而言，居委会工作相较其他地区最大的困难是什么？

岗：我认为社区居委会作为最基层的人民团体组织，一方面要将党和政府的各项惠民政策宣讲到辖区各个居民群众家中，另一方面，要将辖区内居民群众最关心和最关注的民生问题向上级部门进行汇报。社区作为直接面对群众的平台，应知群众之冷暖，做群众之榜样。就西藏而言，我们要跟党和政府保持高度一致。冲赛康又位于拉萨的老城区中心，维稳任务相当严峻，要以治国必治边、治边先稳藏的精神，落实好辖区内各项维稳工作任务。促进民族团结是维稳工作重中之重，因此，首先把民族团结工作做好了，维稳工作相对来说就较为容易了。

5. 问：促进地区的民族团结是您工作的重心之一，能否谈谈在民族团结的工作中您主要采取怎样的方式方法，以供其他社区共享经验？

岗：我经常对辖区内来自祖国各地的商户和商贩们进行教育，56个民族是一个大家庭，无论谁有困难，相互帮助都是应该的，这是我们的责任。我们基层党组织，就应当成为让党放心、人民靠得住的坚强堡垒。冲赛康商场是全区著名的商品集散地之一，仅在冲赛康商场内的1300多商户中，就有70%的商户为汉、回以及来自新疆等地的商户。辖区内也不可避免地存在着夫妻之间、家庭成员之间、邻居之间不和的现象，所有这些问题直接关系到社区的和谐。如果不及时解决这些思想上的问题，势必会影响民族间的团结，并直接影响创建和谐社区。我对此进行了认真反思，及时将民族团结工作纳入了议事日程。

6. 问：您觉得过去获得的荣誉对您的工作的影响是什么？

岗：各式各样的荣誉对于本人来说是一种压力，同时也是一种动力，我一直将压力化为动力，继续为辖区发展尽自己的微薄之力。

7. 问：曾有人撰写文章称，在您身上有一股松赞干布般的硬气，您觉得这种硬气是怎样形成的？

岗：这种硬气是从学习各类道德模范的典范开始形成的，一方面学习先烈们怎样创造这一来之不易的生活的，另一方面我始终将服务居民群众放在第一位。

8. 问：您在工作中被感动的时候是什么？

岗：我退休之前作为社区的党支部书记，是居民群众举手表决和投票产生的，有时我为辖区居民群众做了我该做的一些微不足道的事情，居民群众都会热泪盈眶，这就使得我非常感动，同时也进一步让我坚定了全心全意为人民服务的信念。

9. 问：您理解的老有所为是怎样的？ 在西藏地区像您这样的老有所为人物应该还有很多，能否谈一谈您身边还有哪些老有所为的事迹？

岗：我个人理解，退出自己的岗位后，愿意用自己长年积累的知识、技能和经验，继续为辖区做出自己应有的贡献，就是老有所为。在我身边也有很多老有所为人物，比如：有些老人退休后，三三两两成立团队，对身边最需要帮助的人进行帮助，不只是物质方面的，而且在精神方面也给予很大的帮助。

10. 问：对于社区工作和发展您目前有什么具体的计划和设想？

岗：我于 2014 年 12 月正式退居二线，但我会秉承退休不褪色的精神，继续为冲赛康美好的未来尽一份自己的绵薄之力。

杨格桑

1. 问：能讲一下您年轻时在西藏的成长经历吗？是否有过一些记忆犹新的事情？这些经历对您日后的成长有什么影响？

杨：我生在藏区，长在藏区，一直生活工作在藏区。小时的苦难，当兵的磨砺等，我认为天生的善根性和后来的一切（主要是人的生存、生活环境、社会环境、处境），都是构成我日后成长的因素或要素。

2. 问：相较于其他的运动，您为什么喜爱登山，您能否谈谈登山的益处？

杨：我是山里出来的人，从小出门是山，天天与山打交道，对山有天生的情感，熟悉山的性格、脾气和山对人的恩典，所以我爱山爱水，爱大自然。仁者乐山，假如没有山，地球就没有气势与恢宏。登山的益处有很多，登高望远，眼界宽，心境宽，意境更宽。登山陶冶情操，能提高人的思想境界；锻炼身体，能提高人的意志品质；团结协作，能提升人的友爱互助、助人为乐、高尚的道德风尚；凝聚人心，能培养人的吃苦耐劳精神。

3. 问：现在很多人喜欢爬野山，觉得更有挑战，但是随之而来也经常出现失踪遇险等状况，您对此怎么看？

杨：很多的人喜欢户外运动，野外爬山只是其中项目之一，登山更是少数人的行为，绝大多数人并不适应也不适宜，有的人就干脆不喜欢。户外运动首先要因人而异，其次登山要科学合理，千万不能盲目蛮干，挑战和探险是少数专业人士的行为，一般人万万莫好奇，也别去逞能，特别是年轻人要千万注意，生命只有一次。运动锻炼是为了健康，为了延长生命，丢了命，那叫什么？

所以我一再倡导"保护性的锻炼"，而不是对自己身体"毁坏性的锻炼"，时时处处要安全第一，安全当先，在完全保障安全的前提和条件下去合理地登山或做其他有氧运动，适可而止，保住底线，不要超限！

4. 问：您曾提出过一个口号"一人带动万人健"，您理想中的全民健身应该是怎样的状态？

杨：提出"一人带动万人健"是我的真挚的理想，我想全民健身是历史的必然，中国的必然，时代的必然，国富民强，民强者，一个民族也不能少，一个人也不能少，就像对付外敌"全民皆兵"一样，应"全民皆健"！全民皆健是人人无疾病之痛苦，个个能长寿之安康。少吃药打针，多合理膳食；少懒惰，多运动；少忧愁烦恼，多开心，要科学，不迷信；自己是最好的医生，向上向善就是良药；为他人、为社会、为事业、为爱情、为家人忙着、乐着、做着就是幸福和健康，事无巨细，忙忙碌碌是健康，做人生活的热情激情都是健康！健康和快乐无时不在时时在，无处不有处处有，看你会不会享受。

5. 问：您觉得在西藏推行环保，应注意哪些问题？

杨：藏区是纯净、自然又原生态的。而藏族与生俱来就是热爱大自然、与大自然和谐相处生死与共的民族。佛教中不杀生是最大最好的实际与心灵的环境保护。

改革开放以来藏区的环保相对其他地方而言是安全的，空气污染少，蓝天白云多；青山绿水，鸟语花香，确实有人间仙境之感，无杞人忧天之忧。开发建设如修电站、公路（包括高速）、城市建设等，刚开始似乎乱七八糟，建好后，生态治理与恢复后比之前更美更好了。甘南州府合作已经建设得胜似天堂，在州委书记俞成辉的带领下，环境卫生特别好，正在创建甘肃省一流环境优美的城市。

因为工业少，农业也不多，环境污染并不严重，主要是废弃物和生活建筑垃圾，年轻人乱丢乱弃现象多。保护环境主要是思想意识要在观念问题和道德法规上下点功夫，多宣传，多教育，多引导，干部职工多作表率，城市和农牧村都要制定实施"环保治理区域责任制"，有人抓，有人管，万事都好办，特别是村、乡级干部要亲自参与践行环保。

6.问：您对文化艺术始终很感兴趣，由您发起建立的文化艺术协会现在发展到什么程度，更多的设想是什么？

杨：民间社会组织最大的难处就是无资金。我组建的文化艺术协会，目前因资金匮乏而无法排演，处于停滞状态。我能争取一点，活动就开展一天。

甘南是歌舞之乡，是香巴拉人间仙境，我的想法是群众性、广泛性参与，大家都跳起来唱起来，健康自己快乐别人。在组织形式上不断优化，重整组合，利用人才资源，开展民众文化娱乐及宣传活动。但是最最重要的是要有钱。

7.问：在种种活动中感受到参加活动的人们的变化和过程中的体会最让您高兴的是什么？

杨：退休十多年来，搞了种种活动，最让我高兴的是参加的人越来越多，越来越多的人比我还要高兴，越来越多的人健康起来了，健康就是幸福就是财富。健康给大家带来了快乐和幸福，我常给身边的人和当官的说"退休了你就要'一心一意谋健康，聚精会神搞锻炼'"。大家听后觉得此话有理。

8.问：您认为老有所为应该是一种怎样的状态？

杨：我想老有所为应该是：一要有对上苍对社会对国家对民族对家庭对人的感恩之心；二要时时处处有知足之心（对生命亦是如此）；三要保持童心不泯，壮心不已。以此为基础进一步在力所能及的范围内和条件允许的情况下，要知恩报恩，回馈社会，走出家门，走向社会和群体，为大家为社会再出点自己的人力、物力、财力，做点有益、有利、有趣味、有意义的好事善事，"送人攻瑰手有余香"乃真理也。并要尽力少消费，多节俭，少懒惰，多活动。天不亏人。

9. 问：您说"人活着就应该有激情"，如何理解激情在生活中具体所指？

杨："人活着就应该有激情。"激情是一种向往与追求，激情是力量和鼓舞，激情是目标和奋斗，激情更是一种人的世界观的升华和理想的燃烧及修养的高境界；激情又是促进剂，催化剂，同时还是乳化器和长进剂，它能激活人生奋斗与理想的智能与细胞，能提醒你做得永远不完善，能告知你对这个社会攫取的太多太多，而奉献的太少太少。所以要明明白白做人，踏踏实实做事，"一寸光阴一寸金"，勿虚度年华，别让一日闲度过。

10. 问：您未来还有什么针对团体建设的计划么？

杨：对社会团体的未来建设，我想，最重要的是保持组织队伍巩固壮大，有了队伍和人，什么事情都好说好办，空中楼阁是不行的。巩固壮大队伍要靠人气，靠慧性、真心、恒心和奉献与担当。社团和会员多开展有意义有吸引力的活动。不定期团聚、外出旅游，年终表彰奖励等；继续培养好骨干队伍，后继有人，永续开展；以保护环境为主带动户外运动，丰富活动形式，充实活动内容，脚踏实地讲求实效，达到环保健康双丰收，也叫双赢吧。另外，我正在筹建甘南州老年爱国宣传团。

魏世杰

1. 问：您还能记起当年在山东大学物理系学习时的情况吗？据说很多大学者都曾在山东大学物理系工作过，比如王淦昌、丁西林、束星北等人。

魏：我是 1957 年入学，当时这些人已经离开山东大学物理系了，当时的系主任是余寿绵老师，他非常敬业。现在还能记起的事儿是，在我毕业的时候，二机部到学校来选人，非常神秘，直接看的档案，主要考核标准就是又红又专。也不告诉我们干什么，把我和另一个同学叫到一间屋，告诉我们要去青海。

2. 问：您曾和王淦昌、邓稼先、朱光亚、周光召等这些人共事过，他们身上有什么特质最吸引您？能否举一些事例？

魏：他们对我的影响相当大，他们给我的最大感受就是平易近人，从来没有架子，我和王淦昌、邓稼先接触较多，他们从来没有把自己放在一个权威的位置，而是完全服从于真理，我提出的意见，他们只要觉得对就会采纳，而且会表扬我。

3. 问：在您的科研生涯中，一定有很多事情让您记忆犹新，能说几件吗？

魏：有两次比较严重的爆炸，一次在青海，一次在四川。在青海那一次，人已经被炸成了粉末，在四川时，尸体还是完整的。

4. 问：对于普通人，难免谈核色变，您从事核研究几十年，核改变了您的人生，您从核研究中所获得的最大收获是什么？

魏：通过二十多年的研究，我对科学研究有了更深刻的认识，并从每一次研究成果中都能获得乐趣。

5. 问：您写过很多科普文章和书，您最初写这些文章的想法是什么？

魏：我从高中时就比较喜欢写作，喜欢文学，进入大学后学的虽然是理工，但是对文学的喜爱却一点也没有变，基于此我想把我所学的科学和文学结合起来，这样我写得最多的就是科普，我发表的第一篇文章叫作《谈灰尘》，是发表在当时的《山东科技报》上，500 字左右，我当时读大二。

6. 问：您现在有什么写作计划或者已经开始撰写了？

魏：我现在的写作还是以科普为主，也写一些回忆录。因为年纪大了，写太长的不容易，我最近写了很多 1000 多字的短的科幻小说，已经有 20 多篇，发表在报刊和我的微博上。

7. 问：您写过很多书，也读过很多书，能不能对今天的读者在读书方面提一些建议，推荐一些您喜欢的书？

魏：我建议大家多读一些科普方面的图书，比如霍金的《时间简史》、爱因斯坦的《物理学的进化》，还有阿西莫夫的科幻小说，多读国外的科普作品可以开阔我们的眼界。

8. 问：您觉得人应该具备的最重要的品质是什么？

魏：说真话，不说假话。

9. 问：您觉得老年人退休后的生活状态应该是怎样的？

魏：老年人应该保持平和的心态，不管遇到什么难事都应该去积极面对。再就是力所能及地参加一些社会活动，别和社会离得太远了。

10. 问：您现在最大的心愿是什么？

魏：我希望我能够保持健康，这样我才能更好地照顾我的家人。

陆良八老

1.问：有种树想法的时候有没有想过以前人的失败？您觉得是什么让您拉到这样一帮兄弟一起来干？

陆：①我们是在前人直播的基础上，改变了种植方法，目的是改变当地的环境；②既然要做，就一定要把它做成功，这样，才拉到一帮兄弟一起来干。

2.问：现在回想起三十年种树的过程对自己来说是一种怎样的感受？

陆：现在回想起三十年种树的过程，感觉是苦中有乐的事，看到山上的树林有一种甚是欣慰的感受。

3.问：觉得媒体报道对你们的影响有多大？体现在哪里呢？

陆：①媒体报道对我们的影响既深远又长久，细致到我们的日常生活中的一个个小的细节，大到我们这个群体的共同理念；②媒体的报道使我们由一个普通的农民成为一个家喻户晓的知名人士，使我们的种树理念和为改变当地生态环境锲而不舍的精神得到传承和发扬。

4.问：从三四十岁到七八十岁，觉得几十年间你们的心理有什么变化吗？

陆：要说有什么心理变化，就是从期盼到欣慰，对一棵小小的树苗充满了期盼，通过大家的共同培育呵护，现在长成了参天大树，感到无比的欣慰。生活中，可能因为种树的艰辛，我们有过放弃和退缩。可是，每当看到那些光秃秃的山时，便会有一种信念在支撑着我们，不顾一切，一心种树，造福子孙。

5.问：对现在乡里的绿化状态是否满意？是否担心以后没人管山

种树？

陆：对现在乡里的绿化状态基本满意，至少不像还没有种树前那样，一眼望去，只有沙石尘土，现在看到的是满山的青松。

对于以后是否有人管山种树，当初或多或少有过忧虑和担心，那满山绿树承载着我们的汗水，那是我们共同辛勤劳动的见证，现在各级政府、林业主管部门非常关心，管山种树形成机制，当地老百姓已经意识到满山绿树给大家所带来的实实在在的好处，现在可以说，我们不用担心了，今后树会越来越多，山会越来越绿，老百姓会越来越好。

6. 问：为什么没有六十多岁的时候就退下来，只是因为对山的感情吗？

陆：年轻的时候我们在种树，而种完树的时候，看护山林又是一项艰巨的任务，出于对大山的感情，虽然是一桩苦差事，但我们看到树木一天一天地长大，也感受到其中的快乐，同时也体现了我们的价值，所以没有六十多岁的时候就退下来，我们选择了坚守。

7. 问：回首这片山林是否很有成就感，还是其他什么感觉？

陆：回首这片山林很有成就感不敢说，虽然没有直接为当地老百姓挣多少钱，但对改善当地环境，提高老百姓的绿化意识，带动周边种树起到了一定的作用，感到十分欣慰、十分幸福。

8. 问：参加老有所为的评奖过程，您的感受是什么？回去后是否影响了您的生活和想法？

陆：现在我们的感受是，自己用大半生的青春，不负所望，能换来"老有所为"这个荣誉，觉得过去为种树所付出的再多心血都值了。

回来后，得到了各级政府、好多爱心人士的关心和帮助，生活环境得到了较大的改善，比看山时要好很多，也让我们对这一辈子的人生进行了思考，如果还有选择的机会，还是一样要对社会和人民做有益的事，做一个老有所为的人。

9. 问：您觉得生活的环境对居住的人来说意味着什么？

陆：生活的环境对居住的人来说意味着大自然对人们的接纳程度，若生活的环境好，就能促进人们健康快乐地成长，给人们更好更多的机会和发展空间，若生活的环境不好，一定程度会制约人的发展。

10.问：老人们现在的生活状况怎样，每天都做些什么?

陆：老人们现在的生活质量提高了，有基本的生活保障。目前，因为老人们身体状况有所下降，已有两位老人离开了人世，其他老人每天生活很简单，跟周围的老百姓一样，在子女的照顾下颐养天年，但大家对种树的情结还在，对大山的感情还在。

后 记

　　2014 年 11 月 20 日，中宣部、全国老龄工作委员会办公室在中国网络电视台，向全社会发布了邬沧萍等 17 位"最美老有所为人物"的先进事迹。17 位最美老有所为人物的事迹被报道后，在全社会引起了强烈的反响，很多人都深受感动。为了让这 17 位老人的事迹能够被更多的人所知道，也为了中国的老年事业能够进一步向前迈进，全国老龄办决定出版这部图文并茂、内容更加完整翔实、囊括中国当代老有所为人物更广的《中国最美老人》一书。

　　提起"最美老有所为人物"，还要回溯到 2003 年。自 2003 年，全国老龄委开始倡导并组织以东部地区为主的大中城市离退休老年知识分子以各种形式向西部地区或经济欠发达地区开展智力援助行动。鉴于参与到这个活动中的老知识分子都已经满头银发，也就将这个活动简称为"银龄行动"。后来，又扩大为将一切以"老有所为"为主题内容的老年人活动都纳入到"银龄行动"。2013 年是"银龄行动"十周年，因此想对"银龄行动"中贡献比较突出的老人和一些当代的老有所为人物进行一次集中宣传。我们受到了感动中国和最美人物评选活动的启发，在得到了中宣部的支持并纳入中宣部"最美"评选系列后，举办了这次老有所为先进典型人物宣传活动，推选范围扩大为全中国老有所为人物。与此同时，老龄办还与中央电视台《夕阳红》节目组达成协议，用十一期节目来报道这一活动及"最美老人"事迹。

2014 年年末，我国 60 周岁及以上人口数为 21242 万人，占总人口比重 15.5%；65 周岁及以上人口数为 13755 万人，占比 10.1%，首次突破 10%。人口老龄化特征越发明显，未来 20 年，我国人口老龄化日益加剧，到 2030 年中国的老年人口规模将会翻一番，届时，"老有所依""老有所养""老有所为"的话题必将如今天的房价、股价一样成为人们热议和激辩的焦点。为此，我们应该未雨绸缪，积极应对人口老龄化，变被动为主动。目前，在全国范围内开展"老有所为"活动的全国性老年社会组织已发展到 14 家，其中部分社会组织已经形成了纵向到底、横向到边的省、市、县、乡、村五级网络体系，活跃在基层的 48 万个老年协会组织，涉及维护稳定、志愿服务、环境保护、社区共建、宣传教育等各个方面，老年志愿者人数近 2000 万人。"银龄行动"开展以来，累计参加的老年志愿者达 500 万人次，受益群众 3 亿多人次，创造经济价值 80 多亿元。

毫无疑问，我们当下的老龄事业有着广阔的发展潜力，未来大有可为。在撰写这部《中国最美老人》一书时，我们深切地感受到了社会上并不缺少那些感人至深的、具有强烈社会正能量的老人和事迹，我们所应该做的就是发现他们，并让更多的人了解他们的人生经历，从中获得灵魂的净化，使社会中的每一个人，都能为老人做一点善事，献一份爱心。由于篇幅所限，我们无法把这次活动中入围的 101 位老有所为老人的事迹都相对完整、图文并茂地予以书写，更多的老人我们只能通过简单地罗列事实和成果，来反映他们在中国当代老龄事业中所做出的贡献，但是正因为有了他们，中国的老龄事业才能一步一个脚印地坚实发展，我们有理由期待，在下一次老有所为先进典型人物宣传活动中，将有更多的老人和事迹能够入围，届时，随着"老有所为"的蔚然成风，一个人人理解、尊重、关心、帮助老年人的社会必将逐渐形成。

在这部书最后的采访部分，我们逐一采访了邬沧萍等17位荣获"最美老有所为人物"，他们的话语真诚、朴实，充满了智慧，每一段回答都是他们留给后人的宝贵财富。直至今天，我们还清楚地记得在采访魏世杰老人时，当问起最后一个问题，即您现在有什么理想时，他回答"希望能够保持身体的健康"，而更让人感动的则是后半句："这样我就可以照顾家人了。"

今天，我们每个人都在谈论中国梦，中国梦的内涵应该是国家的富强、民族的振兴、人民的幸福。在实现中华民族伟大复兴的道路上，我们最不能忽视的就是老人，希望这部书能够为中国的老龄事业尽其绵薄之力。